Recht und Steuern in der Kindertagespflege

Iris Vierheller
Cornelia Teichmann-Krauth

4., vollständig überarbeitete Auflage

Carl Link 2023

Bibliographische Information der Deutschen Nationalbibliothek
Die Deutsche Nationalbibliothek verzeichnet diese Publikation in der Deutschen Nationalbibliografie; detaillierte bibliografische Daten sind im Internet über http://dnb.d-nb.de abrufbar.

ISBN 978-3-556-08204-1

www.wolterskluwer.de

Umschlagkonzeption: Martina Busch, Grafikdesign, Homburg-Kirrberg
Umschlagbild: Fotolia.com – JenkoAtaman
Satz: Datagroup-Int SRL, Timisoara, Romania
Druck und Weiterverarbeitung: Wydawnictwo Diecezjalne i Drukarnia w Sandomierzu, Sandomierz, Polen

Gedruckt auf säurefreiem, alterungsbeständigem und chlorfreiem Papier.

Vorwort zur 4. Auflage

Vor Ihnen liegt mit der 4. Auflage eine aktualisierte Fassung unseres Werkes, das den Änderungen, die zwischenzeitlich z.T. durch Gesetze, z.T. durch die Rechtsprechung erfolgt sind, weitgehend angepasst wurde.

Die Struktur des Werkes haben wir beibehalten, d.h. es besteht nach wie vor aus drei Teilen, deren Bearbeitung wir entsprechend unserer fachlichen Ausrichtung als Rechtsanwältin bzw. Steuerberaterin vorgenommen haben.

Teil 1: Kindertagespflege als Leistung der Kinder- und Jugendhilfe
- Autorin: Iris Vierheller, Rechtsanwältin

Teil 2: Steuern in der Kindertagespflege
- Autorin: Cornelia Teichmann-Krauth, Steuerberaterin

Teil 3: Sozialversicherung in der Kindertagespflege
- Autorin: Iris Vierheller, Rechtsanwältin

Der Bereich der Kindertagespflege unterliegt einem ständigen Wandel und ist im Hinblick auf die unterschiedlichen landesrechtlichen Regelungen teilweise sehr unterschiedlich ausgestaltet. Aufgrund neuerer Rechtsprechung sind bisherige Verfahrensmuster teilweise neu zu überdenken und entsprechend anzupassen.

Im März 2020 wird außerdem das Masernschutzgesetz in Kraft treten und Auswirkungen auf den Kindertagespflegebereich haben. Da hinsichtlich der Umsetzung noch einige Fragen offen sind, wurde in diese Auflage lediglich eine grundlegende Information aufgenommen.

Wir empfehlen daher auch weiterhin, Gesetzesänderungen und Ausführungsbestimmungen – auch auf Landesebene – sowie die Rechtsprechung zum Themenbereich der Kindertagespflege möglichst im Auge zu behalten.

Wir hoffen, dass Ihnen auch diese 4. Auflage eine gute Hilfestellung bei der Lösung Ihrer Fragen im rechtlichen und steuerrechtlichen Bereich bieten kann und freuen uns auf Anregungen, Kritik und Informationen (z.B. über Gerichtsentscheidungen), die wir dann ggf. wieder in einer nächsten Auflage berücksichtigen können.

Usingen/Bad Homburg, Januar 2020

Iris Vierheller (Rechtsanwältin)
Cornelia Teichmann-Krauth (Steuerberaterin)

Inhaltsverzeichnis

Teil 1: Kindertagespflege als Leistung der Kinder- und Jugendhilfe

Das SGB VIII (Achtes Buch des Sozialgesetzbuches – Kinder- und Jugendhilfe) enthält die bundesrechtlichen Grundlagen der Kindertagespflege.

Es gibt den rechtlichen Rahmen vor, den die einzelnen Bundesländer in bestimmten Bereichen ergänzen bzw. näher ausführen können.

Da die Bundesländer von dieser Möglichkeit in unterschiedlichem Umfang Gebrauch gemacht haben, ergibt sich im Bereich der Kindertagespflege ein relativ buntes Bild.

Es ist deshalb nicht nur darauf zu achten, was das SGB VIII als Bundesgesetz regelt, sondern es kommt auch auf die jeweiligen landesrechtlichen Bestimmungen vor Ort an.

Unterschiede bestehen dabei u.a. in den Anforderungen an die Qualifizierung und den Vorgaben bei gemeinsamer Nutzung von Räumlichkeiten durch mehrere Tagespflegepersonen.

In diesem Teil wird im Wesentlichen auf die bundesrechtlichen Regelungen Bezug genommen.

1.1 Begriffsbestimmungen

Zunächst sollen die wichtigsten Begriffe des SGB VIII für den Bereich der Kindertagespflege erläutert werden.

Kindertagespflege

Unter *Kindertagespflege* versteht man die Erziehung, Bildung und Betreuung von Kindern durch eine geeignete Tagespflegeperson in ihrem Haushalt, im Haushalt der Personensorgeberechtigten oder – falls Landesrecht dies zulässt – in anderen geeigneten Räumen (§ 22 SGB VIII).

Kind

Kind ist, wer noch nicht 14 Jahre alt ist.

Die Altersgruppe der Kinder, die in Kindertagespflege betreut werden können, erstreckt sich demnach auf Kinder im Alter von 0 bis 13 Jahren.

Mit 14 Jahren wird das Kind zum Jugendlichen; Kindertagespflege ist für diese Altersgruppe nicht mehr vorgesehen (§ 7 Abs. 1 Nr. 1 SGB VIII).

Personensorgeberechtigter

Personensorgeberechtigter ist, wem allein oder gemeinsam mit einer anderen Person nach den Vorschriften des Bürgerlichen Gesetzbuches (BGB) die Personensorge zusteht (§ 7 Abs. 1 Nr. 5 SGB VIII).

Dies sind i.d.R. die Eltern des Kindes bzw. der Elternteil, dem das Familiengericht die alleinige Personensorge übertragen hat.

Erziehungsberechtigter

Erziehungsberechtigter ist der Personensorgeberechtigte und jede sonstige Person über 18 Jahren, soweit sie aufgrund einer Vereinbarung mit dem Personensorgeberechtigten nicht nur vorübergehend und nicht nur für einzelne Verrichtungen Aufgaben der Personensorge wahrnimmt (§ 7 Abs. 1 Nr. 6 SGB VIII).

Eine Vereinbarung mit dem Personensorgeberechtigten kann auch durch schlüssiges Handeln erfolgen.

Als Erziehungsberechtigte i.d.S. kommen z.B. Stiefelternteile oder nicht eheliche Lebenspartner der Personensorgeberechtigten in Betracht.

Träger der öffentlichen Jugendhilfe

Träger der öffentlichen Jugendhilfe sind die Verwaltungskörperschaften, die die Aufgaben der Kinder- und Jugendhilfe, die das SGB VIII vorgibt, erfüllen.

Die Entscheidung darüber, wer Träger der öffentlichen Jugendhilfe ist, wird gemäß § 69 SGB VIII durch das Landesrecht des jeweiligen Bundeslandes bestimmt.

Die Träger der öffentlichen Jugendhilfe unterscheiden sich in örtliche Träger und überörtliche Träger.

Überörtliche Träger

Überörtliche Träger sind die Landesjugendämter; die Organisationsform ist in den einzelnen Bundesländern sehr unterschiedlich.

Eine selbstständige Landesbehörde »Landesjugendamt« gibt es z.B. noch in Bayern, während die Aufgaben der Landesjugendämter z.B. in Nordrhein-Westfalen und Baden-Württemberg höheren Kommunalverbänden[1] und z.B. in Hessen und Thüringen Ministerien des Landes[2] zugewiesen sind.

Welche Aufgaben dem überörtlichen Träger der öffentlichen Jugendhilfe zugewiesen sind, regelt § 85 Abs. 2 SGB VIII.

Hinweis

Eine Karte der Landesjugendämter und Links zu deren Internetseiten finden Sie auf der Homepage der Bundesarbeitsgemeinschaft Landesjugendämter unter www.bagljae.de

Örtliche Träger der öffentlichen Jugendhilfe

Auch die *örtlichen Träger der öffentlichen Jugendhilfe* werden durch Landesrecht bestimmt. Träger sind meist die Landkreise und kreisfreien Städte.

Zur Wahrnehmung der Aufgaben der Kinder- und Jugendhilfe nach dem SGB VIII errichtet jeder Träger ein Jugendamt (§ 69 Abs. 3 SGB VIII).

1. In Nordrhein-Westfalen: Landschaftsverband Westfalen-Lippe und Landschaftsverband Rheinland; in Baden-Württemberg: Kommunalverband für Jugend und Soziales.
2. In Hessen: Ministerium für Soziales und Integration; in Thüringen: Ministerium für Bildung, Jugend und Sport.

Die Behörden vor Ort verwenden allerdings nicht mehr durchgängig die Bezeichnung »Jugendamt«; intern werden die vielfältigen Aufgaben häufig in unterschiedliche Abteilungsbereiche verteilt, die z.T. als »Servicestelle« oder »Fachdienst« bezeichnet werden.

Die örtlichen Träger der öffentlichen Jugendhilfe sind im Prinzip für alle Aufgaben des SGB VIII zuständig, die nicht dem Aufgabenbereich des überörtlichen Trägers zugewiesen sind.

Auf dem Gebiet der Kindertagespflege sind die örtlichen Träger (Jugendämter) zuständig für die Angebote zur Förderung von Kindern in Tageseinrichtungen und Kindertagespflege (§ 2 Abs. 2 Nr. 3 SGB VIII) sowie für die Erteilung, den Widerruf und die Zurücknahme der Pflegeerlaubnis (§ 2 Abs. 3 Nr. 3 SGB VIII).

Freie Träger der Jugendhilfe

Zahlreiche Leistungen der Kinder- und Jugendhilfe werden von sogenannten *freien Trägern der Jugendhilfe* erbracht.

Die öffentlichen Träger sind verpflichtet, freiwillige Tätigkeit auf dem Gebiet der Jugendhilfe anzuregen und sie – wenn bestimmte Voraussetzungen vorliegen – zu fördern (§ 74 SGB VIII). Die öffentlichen Träger sollen mit den Trägern der freien Jugendhilfe zum Wohl junger Menschen und ihrer Familien partnerschaftlich zusammenarbeiten (§ 4 SGB VIII).

Die Leistungsverpflichtungen des SGB VIII richten sich nur an die öffentlichen Träger.

Diese können zwar unter bestimmten Voraussetzungen die Durchführung ihrer Aufgaben teilweise oder ganz an anerkannte freie Träger übertragen, behalten jedoch immer die Gesamtverantwortung (§ 79 SGB VIII).

Zu den großen (gesetzlich) anerkannten freien Jugendhilfeträgern gehören z.B. das Diakonische Werk, der Deutsche Caritasverband, die Arbeiterwohlfahrt, das Deutsche Rote Kreuz und der Deutsche Paritätische Wohlfahrtsverband.

Daneben gibt es zahlreiche weitere freie Träger, die meist als gemeinnützige Vereine organisiert sind (z.B. Kindertagespflege- oder Kindertageselternvereine, Familien- bzw. Mütterzentren etc.).

Unter bestimmten Voraussetzungen können juristische Personen und Personenvereinigungen die Anerkennung als Träger der freien Jugendhilfe nach § 75 SGB VIII erhalten.

1.2 Kindertagespflege als Leistung der Jugendhilfe

Die Kindertagespflege ist gemäß § 2 Abs. 2 Nr. 3 SGB VIII eine Leistung der Kinder- und Jugendhilfe.

Die öffentlichen Jugendhilfeträger haben dafür Sorge zu tragen, dass entsprechende Angebote zur Verfügung stehen. Die Kindertagespflege ist demnach keine reine Privatangelegenheit mehr (als solche wurde sie lange Zeit verstanden), sondern auch Aufgabe des Staates.

Die Aufgaben, die die Kindertagespflege zu erfüllen hat, sind gemeinsam mit den Aufgaben der Tageseinrichtungen in § 22 Abs. 2 SGB VIII beschrieben.

Kindertageseinrichtungen und Kindertagespflege sollen danach

- die Entwicklung des Kindes zu einer eigenverantwortlichen und gemeinschaftsfähigen Persönlichkeit fördern,
- die Erziehung und Bildung in der Familie unterstützen und ergänzen und
- den Eltern dabei helfen, Erwerbstätigkeit und Kindererziehung besser miteinander vereinbaren zu können.

Der Förderauftrag umfasst gemäß § 22 Abs. 3 SGB VIII die Erziehung, Bildung und Betreuung der Kinder. Er bezieht sich dabei auf die soziale, emotionale, körperliche und geistige Entwicklung des Kindes und schließt die Vermittlung orientierender Werte und Regeln ein.

Die Förderung soll sich am Alter und Entwicklungsstand, den sprachlichen und sonstigen Fähigkeiten, der Lebenssituation sowie den Interessen und Bedürfnissen des einzelnen Kindes orientieren und seine ethnische Herkunft berücksichtigen.

In vielen Bundesländern wurden zur Unterstützung Bildungs- und Erziehungspläne entwickelt.

Ziel der Bildungs- und Erziehungspläne ist die möglichst optimale und nachhaltige Förderung der Entwicklung der Kinder. Während die Einbeziehung der Bildungs- und Erziehungspläne für Tageseinrichtungen zum Teil verbindlich ist, ist die Umsetzung im Kindertagespflegebereich (noch) teilweise verhalten.

Es zeichnet sich jedoch ab, dass auch Tagespflegepersonen vermehrt in die Umsetzung der Bildungs- und Erziehungspläne eingebunden werden.

Im Rahmen des Gute-Kita-Gesetzes wurde im Jahr 2019 in § 22 Abs. 4 SGB VIII die Verpflichtung aufgenommen, geeignete Maßnahmen zur Gewährleistung der Qualität der Förderung von Kindern in Tageseinrichtungen und in der Kindertagespflege weiterzuentwickeln.

1.3 Formen der Kindertagespflege

Die Ursprünge der Kindertagespflege liegen in der Betreuung in Privathaushalten der Erziehungsberechtigten oder der Tagespflegepersonen. Dies sind auch heute noch die gängigsten Formen.

Kindertagespflege im Haushalt der Tagespflegeperson

In der überwiegenden Zahl der Fälle wird die Kindertagespflege im Privathaushalt der Tagespflegeperson angeboten. D.h. die Tagespflegeperson betreut die Kinder bei sich zu Hause, häufig neben ihren eigenen Kindern.

Kindertagespflege im Haushalt der Erziehungsberechtigten

Teilweise findet Kindertagespflege auch im Haushalt der Erziehungsberechtigten statt, d.h. die Tagespflegeperson (landläufig auch als »Kinderfrau« bezeichnet) arbeitet im Haushalt der Familie des Kindes.

Diese Form der Tätigkeit bietet sich vor allem an, wenn die Kinder noch sehr jung sind und/oder die Betreuung zu besonderen Zeiten (z.B. frühmorgens, spätabends, über Nacht) erfolgt.

Problematisch kann es werden, wenn Eltern neben der Betreuung der Kinder die Übernahme von Haushaltstätigkeiten erwarten. Hier bedarf es einer klaren Abgrenzung der Aufgaben. Kindertagespflege beinhaltet die Betreuung, Bildung und Erziehung der Kinder, womit auch das Kochen von Mahlzeiten für die Kinder oder die Unterstützung beim Aufräumen des Kinderzimmers umfasst sein dürften. Weitergehende Haushaltstätigkeiten wie putzen, waschen, bügeln o.ä. werden von der Kindertagespflege dagegen grundsätzlich nicht umfasst.

Kindertagespflege in anderen geeigneten Räumen

Kindertagespflege außerhalb eines Privathaushalts der Tagespflegeperson oder der Erziehungsberechtigten ist nur möglich, soweit das Landesrecht des jeweiligen Bundeslandes die Kindertagespflege »in anderen geeigneten Räumen« ausdrücklich zulässt (§ 22 Abs. 1 S. 4 SGB VIII).

Ist die Nutzung anderer geeigneter Räume per Landesrecht zugelassen, entwickeln sich zum Teil unterschiedliche Formen.

Teilweise ist die Kindertagespflege in Räumen einer Tageseinrichtung ausdrücklich zugelassen,[3] teilweise ausdrücklich ausgeschlossen.[4]

Werden für die Kindertagespflege Räume angemietet, sind dort aufgrund der mit der Anmietung verbundenen höheren Kosten häufig zwei bis drei Tagespflegepersonen tätig. Diese Form der Kindertagespflege wird häufig als »Großtagespflege« bezeichnet.

Hinweis

Zu beachten ist, dass es sich bei der Kindertagespflege in anderen geeigneten Räumen nicht um eine Wohnnutzung handelt. Ggf. ist in diesen Fällen (z.B. wenn die Räume zuvor als Wohnräume genutzt wurden) eine Nutzungsänderung und in diesem Rahmen eine Abstimmung mit den Baubehörden erforderlich.

Großtagespflege

Nutzen mehrere Tagespflegepersonen gemeinsame Räumlichkeiten, wird dies meist als Großtagespflege bezeichnet. Die Großtagespflege wird häufig in anderen geeigneten – meist angemieteten – Räumen geleistet, ist jedoch auch im Haushalt der Tagespflegeperson (z.B. bei gemeinsamer Tätigkeit von Ehepaaren, Lebensgefährten, Verwandten) möglich.

Mit der Tätigkeit von zwei oder mehr Personen geht i.d.R. auch eine größere Zahl betreuter Kinder einher. Da sich in diesen Fällen regelmäßig die Frage stellt, ob die Betreuungsform noch als Kindertagespflege anzusehen oder stattdessen von einer Kindertageseinrichtung auszugehen ist, wird eine klare Abgrenzung erforderlich.

Abgrenzung der Großtagespflege zur Kindertageseinrichtung

Gegenüber den Tageseinrichtungen zeichnet sich die Kindertagespflege durch ihren nicht-institutionellen Charakter aus und weist – u.a. durch die Überschaubarkeit der agierenden Personen und Kinder – eine Familienähnlichkeit auf, die auch bei einer Nutzung gemeinsamer Räumlichkeiten durch mehrere Tagespflegepersonen erkennbar bleiben sollte.

3. Z.B. in Nordrhein-Westfalen gemäß § 4 Abs. 4 KiBiz bzw. § 22 Abs. 5 KiBiz n.F.
4. Z.B. in Rheinland-Pfalz gemäß § 1 Abs. 5 KiTaG.

Kindertagespflege zeichnet sich als höchstpersönlich zu erbringende soziale Dienstleistung aus, deren alleinige Erfüllung auch nicht in kleinerem Umfang auf einen Dritten delegiert werden darf.[5]

Diese Personengebundenheit ist Einrichtungen eher fremd. Auf die Betreuung durch bestimmte Personen besteht dort kein Anspruch, vielmehr deckt der Einrichtungsträger die Betreuungszeiten durch z.T. wechselndes Personal ab. Einflussnahme der bzw. Absprachen mit Erziehungsberechtigten sind im Vergleich zur Kindertagespflege eingeschränkt.

Dennoch hat es sich bisher als schwierig erwiesen, die Großtagespflege hinreichend bestimmt von Tageseinrichtungen abzugrenzen.

Eine klare Abgrenzung ist jedoch wegen der unterschiedlichen gesetzlichen Regelungen zur Erlaubnis (§ 43 SGB VIII oder § 45 SGB VIII) sowie zu Überprüfungsmöglichkeiten und Meldepflichten (§ 46 ff. SGB VIII gelten nur für Einrichtungen) erforderlich.

Es gilt dabei zu verhindern, dass Einrichtungen entstehen, die unter dem Deckmantel der »Kindertagespflege« die i.d.R. strengeren Regelungen der Einrichtungen zu umgehen versuchen.

Laut 14. Kinder- und Jugendbericht kann diese Betreuungsform »Gefahr laufen, nur als billige und auflagenärmere Alternative zur Krippengruppe genutzt zu werden, den einstigen ›Vorteil‹ der Kindertagespflege – den familiären, flexiblen Rahmen mit einem individuelleren Bindungsangebot – zu verspielen«.[6] Die Sachverständigenkommission spricht sich deshalb für einen klaren (länderspezifisch auszuformulierenden) konzeptionellen Rahmen und für Mindeststandards in der »Kindertagespflege in anderen Räumen« aus.

Der Begriff »Kindertagespflege in anderen Räumen« beschreibt die Betreuungsform der Großtagespflege, die eigentlich gemeint ist, m.E. allerdings zu ungenau.

Kindertagespflege in anderen geeigneten Räumen kann auch von einer einzelnen Tagespflegeperson z.B. in angemieteten oder in von ihrem Privathaushalt abgetrennten Räumen (Souterrainwohnung, 2. Wohnung im eigenen Haus o.ä.) geleistet werden. In diesen Fällen stellt sich das Problem der Abgrenzung zur Kindertageseinrichtung jedoch nicht.

Ein Abgrenzungsproblem entsteht vielmehr erst dann, wenn mehrere Tagespflegepersonen gemeinsam Räume nutzen. In diesem Fall erhöht sich

5. U.a. OVG NRW, 22.11.2012 – 12 B 1252/12.
6. 14. Kinder- und Jugendbericht, BT-Drucks. 17/12200, S. 313.

die Anzahl der Betreuungspersonen und u.U. auch die Anzahl der Kinder, sodass die Betreuungsform u.U. die Ausmaße einer Kleinsteinrichtung annimmt und/oder die für die Kindertagespflege typische Höchstpersönlichkeit der Dienstleistung in den Hintergrund tritt.

Vorgaben zur Abgrenzung

Einige Bundesländer haben an die gemeinsame Nutzung von Räumlichkeiten bestimmte Voraussetzungen geknüpft.

Zum Teil wird die vertragliche und persönliche/pädagogische Zuordnung des jeweiligen Kindes zu einer bestimmten Tagespflegeperson verlangt.[7] Teilweise wird auch die Gesamtzahl der zusammenarbeitenden Tagespflegepersonen und der betreuten Kinder nach oben begrenzt.[8]

Häufig bedarf es bei dieser Betreuungskonstellation einer »eigenständigen Erlaubnis«[9] oder einer »gesonderten Erlaubnis«[10] der Tagespflegepersonen, d.h. das Erlaubniserfordernis richtet sich nach § 43 SGB VIII i.V.m. der landesrechtlichen Norm. Aufgrund dessen kann eine Erlaubnis auch dann erforderlich sein, wenn die Kindertagespflege an weniger als 15 Wochenstunden geleistet wird.[11]

Im Saarland hat der Träger der öffentlichen Jugendhilfe zu gewährleisten, »dass jede Tagespflegeperson ausschließlich für die Kinder zuständig ist und die Verantwortung trägt, für die ein Betreuungsvertrag mit deren Erziehungsberechtigten abgeschlossen wurde«.[12]

Die persönliche Zuordnung eines Kindes zu einer bestimmten Tagespflegeperson wird aber auch allgemein als wesentliches Merkmal der Kindertagespflege angesehen.

Laut VGH Baden-Württemberg[13] sind die wesentlichen Abgrenzungskriterien zum einen »die Familienähnlichkeit durch eine jedem Kind direkt zugeordnete Tagespflegeperson« und zum anderen die beschränkte Zahl der gleichzeitig anwesenden fremden Kinder gemäß der in Baden-Württemberg geltenden Verwaltungsvorschrift.

---

7. § 4 Abs. 2 KiBiz bzw. § 22 Abs. 4 KiBiz n.F. (Nordrhein-Westfalen), § 29 Abs. 7 HKJGB (Hessen), § 15 Abs. 2 AG-KJHG (Niedersachsen).
8. § 4 Abs. 2 KiBiz bzw. § 22 Abs. 4 KiBiz n.F. (Nordrhein-Westfalen).
9. § 4 Abs. 2 KiBiz bzw. § 22 Abs. 4 KiBiz n.F. (Nordrhein-Westfalen).
10. § 5 Abs. 5 SKBBG (Saarland), § 29 Abs. 7 HKJGB (Hessen).
11. VG Düsseldorf, 12.05.2017 – 19 L 2181/17 mit Hinweis auf § 4 Abs. 2 KiBiz a.F.
12. § 12 Abs. 2 VO-Kindertagespflege (Saarland).
13. VGH Baden-Württemberg, 12.07.2017 – 12 S 102/15.

Vor dem Hintergrund, dass das Landesrecht in Baden-Württemberg keine spezielle Zuordnungsregelung enthält, ist aus den Ausführungen des VGH zu schließen, dass das Gericht die Zuordnung eines Kindes zu einer bestimmten Tagespflegeperson als besonderes – bundeseinheitlich geltendes – Merkmal der Kindertagespflege angesehen hat.

Nach Ansicht des VG Düsseldorf[14] ist Voraussetzung der Großtagespflege, dass die Tagespflegepersonen selbstständig tätig sind. »Bei Betreiben von Kinderbetreuung durch eine GmbH/Einzelperson« handelt es sich laut VG Düsseldorf nicht um Kindertagespflege gemäß § 43 Abs. 5 SGB VIII i.V.m. § 4 Abs. 2 KiBiz, sondern um eine erlaubnispflichtige Einrichtung i.S.d. § 45 SGB VIII.

Ergangen ist diese Entscheidung mit Hinweis auf ein Urteil des VG Stuttgart,[15] das ebenfalls die Auffassung vertrat, eine Großtagespflegestelle dürfe nicht durch – bei einer Tagespflegeperson angestellte – Personen durchgeführt werden. Das Urteil des VG Stuttgart wurde durch das o.g. Urteil des VGH Baden-Württemberg[16] nach umfangreicher Prüfung der Rechtsgrundlagen und mit m.E. überzeugender Begründung aufgehoben.

Das VG Düsseldorf hat dagegen in Bezugnahme auf das Landesrecht in zwei weiteren Entscheidungen die Auffassung vertreten, dass die Tätigkeit in einem Arbeitsverhältnis nicht den Vorgaben an eine Großtagespflegestelle entspricht. Ein Zusammenschluss zu einem Verbund i. S. d. § 4 Abs. 2 KiBiz (a.F.) impliziere gleichberechtigt handelnde Tagespflegepersonen; eine weisungsgebundene Tätigkeit sehe der Landesgesetzgeber nicht vor. Die Urteile sind noch nicht rechtskräftig.[17]

---

14. VG Düsseldorf, 12.05.2017 – 19 L 2181/17 und 07.07.2017 – 19 L 3035/17.
15. VG Stuttgart, 05.11.2014 – 7 K 459/13.
16. VGH Baden-Württemberg, 12.07.2017 – 12 S 102/15.
17. VG Düsseldorf, 25.06.2019 – 19 K 13975/16 u. 19 K 13976/16.

1.4 Anforderungen an die Tagespflegeperson

Wer in der Kindertagespflege tätig sein möchte, muss u.a. bestimmte Eignungskriterien erfüllen.

Erforderlich ist die Eignung zum einen, wenn es um die Förderung der Kindertagespflege nach § 23 SGB VIII geht.

Zum anderen ist die Eignung Voraussetzung für die Erteilung der Erlaubnis zur Kindertagespflege.

Die Eignungskriterien der §§ 23 und 43 SGB VIII stimmen im Wortlaut überein.

Geeignet sind gemäß § 23 Abs. 3 SGB VIII und § 43 Abs. 2 SGB VIII Personen, die sich durch ihre Persönlichkeit, Sachkompetenz und Kooperationsbereitschaft mit Erziehungsberechtigten und anderen Tagespflegepersonen auszeichnen und über kindgerechte Räume verfügen.

Die Personen sollen außerdem über vertiefte Kenntnisse hinsichtlich der Anforderungen der Kindertagespflege verfügen, die sie in qualifizierten Lehrgängen erworben oder in anderer Weise nachgewiesen haben.

Der übereinstimmende Wortlaut suggeriert, dass in beiden Bereichen dieselben Maßstäbe gelten.

§ 43 SGB VIII enthält einen präventiven Erlaubnisvorbehalt zwecks Mindeststandardsicherung sowohl für die öffentlich finanzierte als auch die privat finanzierte Kindertagespflege des Kindes außerhalb seines elterlichen Haushalts.[18]

Nach Auffassung des OVG Nordrhein-Westfalen sollen jedoch über das Merkmal der Eignung der Tagespflegeperson in § 43 Abs. 2 SGB VIII auch Qualitätsstandards gesetzt und eine in jeder Beziehung kindgerechte Pflege der zu betreuenden Kinder sichergestellt werden.[19]

Darüber hinaus stellt sich die Frage, ob die Kriterien des § 23 SGB VIII, der die Förderung durch den Jugendhilfeträger regelt, abweichend von § 43 Abs. 2 SGB VIII ausgelegt werden können, um im Rahmen der Förderung gewisse Qualitätsstandards vorgeben zu können und nicht lediglich auf die Einhaltung von Mindeststandards zu setzen.

---

18. OVG NRW, 25.02.2013 – 12 A 56/13.
19. OVG NRW, 11.09.2018 – 12 B 503/18 m.w.N.

Dies ist m.E. noch nicht abschließend geklärt.

Eine Steuerung dürfte jedoch zumindest durch die Ausgestaltung der laufenden Geldleistung möglich sein, da der Gestaltungsspielraum der Jugendhilfeträger – soweit Landesrecht nichts anderes bestimmt – in diesem Bereich recht groß ist.

Die Anforderungen an die Eignungskriterien werden im Folgenden erläutert.

1.4.1 Persönliche Eignung

Geeignet sind Personen, die sich durch ihre Persönlichkeit, Sachkompetenz und Kooperationsbereitschaft mit Erziehungsberechtigten und anderen Tagespflegepersonen auszeichnen.

Die gesetzlichen Anforderungen sind recht allgemein gefasst und können im Einzelnen näher ausgeführt werden.

Dementsprechend gibt es eine Vielzahl von Erläuterungen und Empfehlungen, die sich mit dieser Thematik befassen. Hinweise finden sich z.B. in den Kommentierungen der gesetzlichen Regelungen,[20] in Empfehlungen auf Landesebene oder auch in Empfehlungen und Handreichungen bundesweit tätiger Institutionen (z.B. dem Deutschen Jugendinstitut, DJI).

Eine Orientierung bieten u.a. die im Auftrag des Bundesministeriums für Familie, Senioren, Frauen und Jugend (BMFSFJ) vom DJI entwickelten Praxisempfehlungen zur Eignung von Tagespflegepersonen.

Hinsichtlich der Anforderungen an die Persönlichkeit werden u.a. folgende Kriterien angeführt:[21]

- Freude und Erfahrung im Umgang mit Kindern
- Interesse an deren Betreuung, Bildung und Erziehung
- Beachtung des Rechts des Kindes auf gewaltfreie Erziehung
- Positive, engagierte Einstellung zur Kindertagespflege
- Einfühlungsvermögen
- Physische und psychische Belastbarkeit, emotionale Stabilität

20. Z.B. jeweils zu §§ 23 und 43 SGB VIII: Wiesner, R. (2015): Kommentar zum SGB VIII, 5. Aufl. München: C.H. Beck; Münder, J./Meysen, T./Trenczek, T. (2019): Frankfurter Kommentar zum SGB VIII, 8. Aufl. Baden-Baden: Nomos.

21. Vgl. Bundesministerium für Familie, Senioren, Frauen und Jugend/Deutsches Jugendinstitut (Hrsg.) (2009): Eignung von Tagespflegepersonen in der Kindertagespflege, Praxisempfehlungen für die Jugendämter, Nr. 2, Oktober 2009.

- Zuverlässigkeit und Verantwortungsbewusstsein
- Toleranz gegenüber anderen Lebensentwürfen und Erziehungsstilen
- Fähigkeit zur Bewältigung von Stresssituationen (auch die Fähigkeit, sich ggf. rechtzeitig Hilfe zu holen)
- Lernfähigkeit und Lernbereitschaft, Bereitschaft zu Qualifizierung und Fortbildung
- Organisationskompetenz (Haushaltsführung, Strukturierung des Tagesablaufs)
- Offenheit für die rechtlichen und finanziellen Rahmenbedingungen der Kindertagespflege
- Bereitschaft zur Entwicklung eines professionellen Profils

Gefordert wird in diesem Zusammenhang u.a. das Interesse an einer längerfristigen Tätigkeit als Tagespflegeperson, eine geregelte Einkommenssituation und ein gesicherter Aufenthaltsstatus sowie neben einem guten Hauptschulabschluss die Fähigkeit, sich auch in deutscher Sprache hinreichend ausdrücken zu können.

Als nicht geeignet gelten dagegen Personen mit Suchtproblemen, mangelnder Sensibilität im Umgang mit Kindern und anderen Menschen, gewaltbereitem Partner oder einer Weltanschauung, die mit dem Menschenbild des Grundgesetzes nicht vereinbar ist.[22]

Tagespflegepersonen müssen sich zudem durch Sachkompetenz auszeichnen.

Unter *Sachkompetenz* wird zum einen das Wissen um die besonderen Anforderungen und Bedürfnisse im Zusammenhang mit der Kindertagespflege verstanden; zum anderen muss die Person auch über die praktischen Fähigkeiten zur Betreuung, Bildung und Erziehung von Kindern verfügen.[23]

Im Regelfall dürfte der Nachweis der »fachlichen Eignung (Sachkompetenz)« laut OVG Nordrhein-Westfalen[24] durch die Vorlage des Zertifikates des Bundesverbandes für Kindertagespflege erbracht sein.

Ein weiteres, wesentliches Merkmal für die Eignung der Tagespflegeperson ist ihre Kooperationsbereitschaft.

---

22. Struck in Wiesner, R. (2015): Kommentar zum SGB VIII, 5. Aufl. München: C.H. Beck, § 23 Rn. 24.
23. Mörsberger in Wiesner, R. (2015): Kommentar zum SGB VIII, 5. Aufl. München: C.H. Beck, § 43 Rn. 24.
24. OVG NRW, 19.05.2017 – 12 B 333/17.

Die *Kooperationsbereitschaft* bezieht sich auf die Bereitschaft, im Interesse und zum Wohle des Tagespflegekindes mit Personen, die im Zusammenhang mit dieser Tätigkeit stehen, Kontakt aufzubauen und zu pflegen bzw. mit diesen zusammenzuarbeiten.

In den gesetzlichen Regelungen wird allerdings nur die Kooperationsbereitschaft mit den Erziehungsberechtigten und anderen Tagespflegepersonen aufgeführt. Ob diese Aufzählung abschließend ist, erscheint fraglich.

Aus dem Gesamtzusammenhang und im Hinblick darauf, dass die Kindertagespflege als Leistung der Kinder- und Jugendhilfe im SGB VIII verankert ist, dürfte auch die Kooperationsbereitschaft mit dem Jugendhilfeträger erforderlich sein.[25]

Die Auffassungen der Gerichte sind in diesem Punkt unterschiedlich.

Laut VG München[26] ergibt sich das Erfordernis der Kooperationsbereitschaft mit der Fachbegleitung auch aus der Unterrichtungspflicht des § 43 Abs. 3 Satz 6 SGB VIII. Danach hat eine Tagespflegeperson den Jugendhilfeträger über wichtige Ereignisse zu informieren, die für die Betreuung des Kindes bedeutsam sind.

Auch andere Verwaltungsgerichte[27] haben die Kooperationsbereitschaft als erforderlich angesehen.

Laut Bayerischem VGH[28] und OVG Sachsen[29] ist die Kooperationsbereitschaft mit dem Jugendamt dagegen »rein rechtlich betrachtet« kein Eignungskriterium im Sinne des § 43 Abs. 2 Satz 2 SGB VIII, da diese dort nicht explizit aufgeführt ist.

Nach Auffassung des VG Düsseldorf[30] wird eine Kooperationsbereitschaft mit dem Jugendamt auch in § 23 SGB VIII vom Gesetzgeber nicht verlangt. Der Gesetzgeber normiere für Tagespflegepersonen Anforderungen im Hinblick auf die ihnen anvertrauten Kinder, nicht jedoch im Hinblick auf reibungslose Abläufe im Jugendamt.

Da die Eignung einer Tagespflegeperson nicht allein von der Kooperationsbereitschaft abhängig ist, sondern auch die weiteren Eignungskriterien zu

---

25. OVG Münster, 02.09.2008 – 12 B 1224/08; VG Saarland, 08.12.2010 – 11 L 942/10.
26. VG München, 05.10.2011 – M 18 K 11.3479 und 25.04.2012 – M 18 K 10.5583.
27. VG Saarland, 08.12.2010 – 11 L 942/10; VG Köln, 14.05.2012 – 26 K 6063/11; VG Frankfurt, 23.09.2013 – 7 K 2844/12.F.
28. BayVGH, 18.10.2012 – 12 B 12.1048.
29. OVG Sachsen, 23.10.2017 – 4 B 173/17.
30. VG Düsseldorf, 29.09.2015 – 19 K 5883/14.

beachten sind, dürften die unterschiedlichen Auffassungen im Regelfall nicht entscheidungserheblich sein.

1.4.2 Vertiefte Kenntnisse/Qualifizierung

Eine geeignete Tagespflegeperson soll über vertiefte Kenntnisse hinsichtlich der Anforderungen der Kindertagespflege verfügen, die sie in qualifizierten Lehrgängen erworben oder in anderer Weise nachgewiesen hat.

Streng genommen kann ein Nachweis, der in qualifizierten Lehrgängen erworben wurde, erst nach Abschluss der Grundqualifizierung erbracht werden.

Tatsächlich findet jedoch ein Teil der Qualifizierung häufig tätigkeitsbegleitend statt. Diese Verfahrensweise findet streng genommen im Gesetz keine Stütze.

Auch wenn der Nachweis vertiefter Kenntnisse »nur« als Soll-Vorschrift vorgegeben ist, ist diese Vorgabe im Regelfall als verbindlich anzusehen. Eine Abweichung von einer Soll-Vorschrift ist grundsätzlich nur in begründeten Ausnahmefällen zulässig.

Gesetzlich normiert ist das Erfordernis einer Qualifizierung der Tagespflegeperson erst seit dem Jahr 2005.

Bis dahin musste zwar ebenfalls bei einer Förderung über den Jugendhilfeträger die Eignung von Tagespflegepersonen überprüft werden; eine Qualifizierung war aber nicht zwingend vorgeschrieben. Sie wurde dementsprechend auch nicht flächendeckend angeboten.

Die Aufnahme des Qualifizierungserfordernisses in §§ 23, 43 SGB VIII wurde bisher bundesrechtlich nicht mit konkreten Auflagen an Umfang und Inhalt der Qualifizierung verbunden.

Der Begründung des Gesetzesentwurfs[31] ist jedoch zu entnehmen, dass nach den Vorstellungen des Gesetzgebers das Curriculum des DJI inhaltlicher Maßstab für Qualifizierungsmaßnahmen sein sollte.

Bei dem DJI-Curriculum[32] handelt es sich um einen Lehrplan aus der Praxis für die Praxis, der vom Deutschen Jugendinstitut (DJI) im Auftrag des Bundesministeriums für Familie, Senioren, Frauen und Jugend erarbeitet

31. Entwurf des Tagesbetreuungsausbaugesetzes (TAG), BT-Drucks. 15/3676, Begründung zu § 23 Abs. 3.
32. Deutsches Jugendinstitut (DJI) (Hrsg.) (2008): Qualifizierung in der Kindertagespflege – Das DJI-Curriculum »Fortbildung von Tagespflegepersonen«, überarbeitete und erweiterte Neuauflage. Kallmeyer-Verlag.

wurde. Das Curriculum wendet sich an Referentinnen und Referenten, die in der Kindertagespflege tätig sind, und bietet inhaltliche und didaktische Anleitungen und Empfehlungen für die Vermittlung der – in der Grundqualifizierung von Tagespflegepersonen – relevanten Themen.

Das Curriculum gibt einen Umfang von 160 Unterrichtseinheiten à 45 Minuten vor; ein Teil soll vor Beginn der Tätigkeit absolviert werden, ein weiterer Teil kann auch praxisbegleitend angeboten werden.

Für Erzieher/innen wurden die Inhalte eines reduzierten Curriculums mit einem Umfang von 80 Unterrichtseinheiten à 45 Minuten zusammengestellt.

Es ist nicht ohne weiteres davon auszugehen, dass Erzieher/innen aufgrund ihrer Ausbildung auch für die Kindertagespflege qualifiziert sind. Die Ausbildungsinhalte einer Erzieherausbildung befassen sich i.d.R. nicht mit den Besonderheiten der Kindertagespflege. Dies gilt meist auch für die Inhalte anderer pädagogischer Ausbildungen oder Studiengänge.

Das DJI hat recht anschaulich dargestellt, weshalb gerade auch für pädagogische Fachkräfte eine (eingeschränkte) Qualifizierung im Bereich der Kindertagespflege notwendig erscheint und dabei folgende Punkte angeführt:[33]

- Mit der Aufnahme von Tagespflegekindern in den eigenen Haushalt der Tagespflegeperson ergeben sich für die Tagespflegeperson und deren Familienmitglieder i.d.R. erhebliche Verantwortlichkeiten und Konsequenzen. Die Rolle und die Bewegungsfreiheit der Tagespflegeperson und ihrer Familienmitglieder ändern sich.
- In der Kindertagespflege kann individuell auf jedes Kind eingegangen werden. Mitunter entstehen geschwisterähnliche Beziehungen unter den Kindern.
- Die Kooperation zwischen Tagespflegeperson und Erziehungsberechtigten ist wesentlich enger und privater als in einer Kindertageseinrichtung.
- In der Mehrheit der Fälle wird Kindertagespflege im Rahmen einer selbstständigen Tätigkeit ausgeübt. Die Tagespflegeperson muss sich mit diesem Status vertraut machen und die Organisation von Steuer, Sozialversicherung, Vertragsabschlüssen, etc. übernehmen. Sie trägt in diesem Rahmen Geschäftskosten und Unternehmerrisiko.
- Tagespflegepersonen verbringen in der Mehrzahl der Fälle den Tag allein mit den Kindern. Sie haben keine Kolleginnen oder Kollegen im

33. Deutsches Jugendinstitut (Hrsg.) (o.J.): Qualifizierung in der Kindertagespflege für Erzieher/innen auf der Grundlage des DJI-Curriculums (oder vergleichbaren Lehrplänen).

klassischen Sinn, mit denen sie sich beraten und austauschen können. Die – insoweit – isolierte Arbeitssituation stellt hohe Anforderungen an den Berufsalltag der Tagespflegepersonen.

Einige Bundesländer (z.B. das Saarland[34]) haben Anforderungen an Inhalt und Umfang einer Qualifizierung gesetzlich geregelt. Andere (z.B. Baden-Württemberg[35]) haben entsprechende Vorgaben in Verwaltungsvorschriften und weiterführenden Hinweisen[36] geregelt, die dann in dem jeweiligen Bundesland grundsätzlich zu beachten sind.

Das DJI hat zwischenzeitlich ein neues Qualifizierungskonzept erarbeitet, das sogenannte »Kompetenzorientierte Qualifizierungshandbuch Kindertagespflege (QHB)«,[37] das Kindertagespflegepersonen dazu befähigen soll, die Handlungskompetenzen zu erwerben, die sie in ihrem Alltag benötigen, um ihrem erweiterten Bildungs-, Erziehungs- und Betreuungsauftrag gerecht werden zu können.

Die Qualifizierung nach dem QHB beinhaltet 300 Unterrichtseinheiten (UE), die sich aus einer tätigkeitsvorbereitenden Qualifizierung im Umfang von 160 UE und einer tätigkeitsbegleitenden Qualifizierung im Umfang von 140 UE zusammensetzen. Hinzu kommen Praktika im Umfang von 80 UE, die jeweils zur Hälfte in Kindertageseinrichtungen und in Kindertagespflege absolviert werden sollen.

Das QHB ist nach einer Erprobungsphase im Sommer 2015 erschienen. Die Implementierung des QHB wird seit 2016 durch das Bundesministerium für Familie, Senioren, Frauen und Jugend gefördert.

Ob und wann ggf. eine Qualifizierung im Umfang von 300 UE verpflichtend sein wird, bleibt abzuwarten. In Nordrhein-Westfalen beispielsweise sollen Tagespflegepersonen, die erstmalig diese Tätigkeit aufnehmen, ab dem Kindergartenjahr 2022/2023 über eine QHB-Qualifikation verfügen (§ 21 Abs. 2 KiBiz n.F.).

34. § 5 Abs. 5 SKBBG.
35. 1.3 der VwV Kindertagespflege, Stand: 01.01.2018 – 31–6930.181/40/1.
36. Hinweise zur Umsetzung der VwV Kindertagespflege vom 29.01.2014 – 31–6930.181/15 zu Nr. 1.3.
37. Schuhegger, L./Baur, V./Lipowski, H. (2015): Kompetenzorientiertes Qualifizierungshandbuch Kindertagespflege. Bildung, Erziehung und Betreuung von Kindern unter drei. Seelze: Friedrich Verlag GmbH.

1.4.3 Kindgerechte Räumlichkeiten

Was unter »kindgerechten Räumlichkeiten« zu verstehen ist, wird in den gesetzlichen Regelungen des SGB VIII nicht näher ausgeführt. In erster Linie geht es darum, sicherzustellen, dass die (potenzielle) Tagespflegeperson über Räume verfügt, die sicher und ansprechend sind, in denen sich ein Kind wohlfühlen und sich altersgemäß bewegen und entwickeln kann. In Nordrhein-Westfalen beispielsweise sollen Tagespflegepersonen, die erstmalig diese Tätigkeit aufnehmen, ab dem Kindergartenjahr 2022/2023 über eine QHB-Qualifikation verfügen (§ 21 Abs. 2 KiBiz n.F.).

Folgende Merkmale sind bei der Einschätzung insbesondere zu beachten:[38]

Die Räumlichkeiten bieten
- ausreichend Platz für Spielmöglichkeiten,
- eine anregungsreiche Ausgestaltung,
- geeignete Spiel- und Beschäftigungsmaterialien,
- unfallverhütende und gute hygienische Verhältnisse,
- insbesondere für Kleinkinder eine Schlafgelegenheit,
- Möglichkeit des Spielens und Erlebens in der Natur, in Wald- oder Parkanlagen.

Die Räume, in denen sich die Kinder aufhalten, sollten außerdem rauchfrei sein.

In einigen Bundesländern besteht ein Rauchverbot in den Räumen während des Aufenthalts der Tageskinder[39] bzw. ein generelles Rauchverbot in Räumen, die für die Betreuung von Kindern in Kindertagespflege bestimmt sind.[40]

Laut VG Hannover[41] ist der Begriff »Räume« so auszulegen, dass darunter alle Bereiche fallen, die nicht öffentlicher Raum, sondern der Kindertagespflegestelle als solcher zuzuordnen sind. Ein für die Kindertagespflege genutzter Garten stellt – als dessen Außengelände – daher einen Teil der

38. Bundesministerium für Familie, Senioren, Frauen und Jugend (o.J.): Formen der Kindertagespflege. URL: http://www.handbuch-kindertagespflege.de/3-wissenswertes/32-formen-der-kindertagespflege/(Stand: Januar 2020).
39. Z.B. in Hessen gemäß § 29 Abs. 3 HKJGB.
40. Z.B. in Nordrhein-Westfalen gemäß § 10 Abs. 4 KiBiz bzw. § 12 Abs. 4 KiBiz n.F.
41. VG Hannover, 08.01.2018 – 3 A 5750/15.

Kindertagespflegestelle dar und kann u. U. von einer Nebenbestimmung erfasst werden.

Informationen, wie Räumlichkeiten und Außenbereich kindgerecht und sicher gestaltet werden können, bieten insbesondere die Unfallkassen. Da sie die Experten hinsichtlich der Unfallverhütung sind, können sich die Jugendhilfeträger bei der Beurteilung der Räume an den Empfehlungen der Unfallversicherungsträger orientieren.[42] Der Spitzenverband der Deutschen Gesetzlichen Unfallversicherung (DGUV) hat in der Broschüre »Kindertagespflege – damit es allen gut geht« die wichtigsten Punkte anschaulich zusammengefasst.

Eine ebenfalls anschauliche Darstellung bietet die Broschüre »Informationen für Tagesmütter und Tagesväter – Kinder sicher betreuen«, die im Rahmen der Aktion »Das Sichere Haus« unter Mitarbeit zahlreicher Unfallversicherungsträger erarbeitet und zum Download zur Verfügung gestellt wurde.[43]

Bei der Sicherheit von Räumen und Außengelände sind u.a. zu beachten:

- unzugängliche Aufbewahrung der für Kinder u.U. gefährlichen Stoffe (z.B. Medikamente, Putzmittel, Alkohol, Nikotin) oder Gegenstände (Streichhölzer, Feuerzeuge, Messer, Scheren, Plastiktüten, Seile, Kordeln)
- geeignete Schutzmaßnahmen bei elektrischen Geräten (Kindersicherungen in allen Steckdosen, gefährliche Geräte wie z.B. eine Brotschneidemaschine aus der Reichweite der Kinder entfernen bzw. Stecker ziehen, Herd sichern, Schutzgitter anbringen)
- Befestigung von Regalen, damit sie auch bei Kletterversuchen nicht kippen
- Außengelände auf mögliche Gefahrenlagen (Zugänglichkeit möglicher Gefahrenquellen in der Nachbarschaft; Giftpflanzen oder dornige Sträucher im direkten Zugangsbereich der Kinder; Wasserflächen wie Teich, Pool, Regentonne; Spielgeräte) überprüfen und ggf. sichern

42. OVG Rheinland-Pfalz, 15.10.2014 – 7 D 1024/14.
43. Aktion DAS SICHERE HAUS e.V. (Hrsg.) (o.J.): Informationen für Tagesmütter und Tagesväter – Kinder sicher betreuen. URL: https://das-sichere-haus.de/broschueren/sicher-gross-werden (Stand: 10.01.2020).

Hat ein Jugendamt eigene Richtlinien zur Bewertung kindgerechter Räume entwickelt, muss es diese grundsätzlich einhalten. Ist nach den Richtlinien des Jugendamtes z.B. eine ausreichend große Spielfläche (vorgegeben waren 2 bis 2,5 qm pro Kind) vorhanden, liegt nach Ansicht des VG Ansbach[44] kein sachlicher Grund für eine Beschränkung der Erlaubnis auf drei Kinder vor, wenn die vorhandene – für fünf Kinder ausreichende – Spielfläche aus pädagogischen Gründen mit Gittern, Kartons, etc. strukturiert wird und diese pädagogische Überlegungen keine Zweifel an der Eignung der Tagespflegeperson begründen. Mit der Entscheidung wurde deutlich, dass die generelle Vorgabe bestimmter Flächengrößen in Quadratmetern nicht in jedem Fall hilfreich ist.

Nach Auffassung des OVG Rheinland-Pfalz[45] ist die Standardisierung der Kriterien, die bei der Beurteilung von kindgerechten Räumlichkeiten zu berücksichtigen sind, bei der überwiegend in Privathaushalten geleisteten Kindertagespflege erschwert. Die Anforderungen, die für Kindertageseinrichtungen gelten, können nach Ansicht des Gerichts jedoch zumindest zur Orientierung für Standards bei der Kindertagespflege herangezogen werden.

Kellerräume sind i.d.R. keine kindgerechten und für die Kindertagespflegetätigkeit geeigneten Räume, insbesondere dann nicht, wenn die Brandschutzanforderungen nicht erfüllt sind und wegen der Entfernung zu den eigentlichen Betreuungsflächen ein jederzeitiges schnelles Eingreifen der Tagespflegeperson nicht möglich ist.[46]

Bei Verlagerung der Kindertagespflege in Kellerräume ist laut VG Köln[47] die Vorlage eines Brandschutzkonzeptes erforderlich, da aufgrund der ungünstigen Lage der Räume eine Gefahr für die Kinder im Brandfall besteht. Aus diesem Grund waren im entschiedenen Fall die Regelungen zu den sogenannten Sonderbauten (dazu gehören auch Tageseinrichtungen) analog anzuwenden und eine Nutzungsänderung daher nicht im Rahmen eines vereinfachten Genehmigungsverfahrens möglich. Nach der derzeit geltenden Bauordnung (BauO NRW 2018) stellen »Tageseinrichtungen einschließlich der Tagespflege für nicht mehr als zehn Kinder« gemäß § 50 Abs. 2 jedoch keine großen Sonderbauten mehr dar. Eine analoge Anwen-

44. VG Ansbach, 05.05.2011 – AN 14 K 10.02588.
45. OVG Rheinland-Pfalz, 15.10.2014 – 7 D 1024/14.
46. VG Köln, 14.05.2012 – 26 K 6063/11.
47. VG Köln, 05.10.2016 – 23 K 171/15, Berufungsverfahren vor dem OVG NRW, AZ: 7 A 2264/16.

dung dürfte daher nicht mehr in Betracht kommen. Andere Bundesländer verfügen über ähnliche Regelungen.[48]

Zu kindgerechten Räumen gehört auch die Sicherstellung einer ausreichenden Raumtemperatur sowie der unkomplizierte Zugang zu Toiletten und Waschbecken. Kindgerechte Räume wurden daher in einem Fall[49] verneint, in dem sich die Toiletten im Nebengebäude befanden. Moniert wurde zudem, dass im Wickelraum kein Waschbecken angebracht war und es bei verschiedenen Hausbesuchen in den Räumen zu kalt gewesen sei bzw. Probleme mit der Heizung bestanden hätten.

48. Z.B. § 38 Abs. 2 Nr. 6 LBO Baden-Württemberg, § 2 Abs. 9 Nr. 10a LBO Hessen 2018.
49. OVG NRW, 21.07.2015 – 12 B 606/15.

1.5 Erlaubnis zur Kindertagespflege

Bis zur Gesetzesänderung durch das Tagesbetreuungsausbaugesetz (TAG) im Jahr 2005 war eine Erlaubnis in der Kindertagespflege nur erforderlich, wenn mehr als drei Kinder betreut werden sollten.

Eine speziell auf die Kindertagespflege bezogene Regelung der Erlaubnis gab es zunächst nicht.

Vielmehr galt bis 2005 auch im Bereich der Kindertagespflege § 44 SGB VIII a.F., eine eher allgemein gefasste Regelung zur Erlaubnis bei Betreuung von Kindern außerhalb von Einrichtungen (sowohl in Vollzeitpflege als auch in Kindertagespflege oder in anderen Betreuungsformen).

Diese Erlaubnis war kindbezogen, d.h. sie musste für jedes einzelne Kind erteilt werden. Bei jedem Wechsel, jeder Aufnahme eines neuen Kindes wurde dementsprechend eine neue Erlaubnis benötigt.

Dies hat sich 2005 grundlegend geändert.

Seitdem regelt § 43 SGB VIII speziell für die Kindertagespflege sowohl die Frage, wann eine Erlaubnis erforderlich als auch unter welchen Voraussetzungen sie zu erteilen ist.

Die Erlaubnis ist nicht mehr kindbezogen.

Sie bezieht sich seit der Änderung auf die einzelne Tagespflegeperson und regelt, wie viele Kinder diese Tagespflegeperson betreuen darf.

1.5.1 Erlaubnisvorbehalt

Die Kindertagespflege steht unter einem sogenannten Erlaubnisvorbehalt, d.h. sie ist i.d.R. nur zulässig, wenn die Personen über eine entsprechende Erlaubnis verfügen. Wann eine Erlaubnis erforderlich ist, bestimmt § 43 Abs. 1 SGB VIII.

Gemäß § 43 SGB VIII ist eine Erlaubnis erforderlich, wenn eine Person

- ein oder mehrere Kinder
- außerhalb des Haushalts der Erziehungsberechtigten
- über einen Teil des Tages und
- mehr als 15 Stunden wöchentlich und
- gegen Entgelt und
- länger als 3 Monate

betreuen will.

Die einzelnen Kriterien reihen sich wie Kettenglieder aneinander und sind jeweils mit einem »und« verbunden. D.h. fehlt eines der genannten Kriterien, ist keine Erlaubnis erforderlich.

Zu den einzelnen Kriterien:

a) außerhalb des Haushalts der Erziehungsberechtigten

Eine Erlaubnis ist erforderlich, wenn die Kindertagespflegetätigkeit außerhalb des Haushalts der Erziehungsberechtigten geleistet wird.

Das bedeutet im Umkehrschluss, dass keine Erlaubnis erforderlich ist, wenn die Kindertagespflege im Haushalt der Erziehungsberechtigten des betreuten Kindes ausgeübt wird.

Hintergrund dieser gesetzgeberischen Entscheidung ist zum einen, dass die Eltern bei einer Betreuungstätigkeit in ihrem Haushalt deutlich mehr Kontrollmöglichkeiten und Einfluss auf die Betreuungstätigkeit haben als dies bei Betreuung ihres Kindes außerhalb ihres häuslichen Bereichs der Fall ist. Zum anderen ist der Gesetzgeber in der staatlichen Aufsicht im häuslichen Bereich der Erziehungsberechtigten eher zurückhaltend.

Dass keine Erlaubnis erforderlich ist, bedeutet jedoch nicht zwangsläufig, dass bei Kindertagespflege im Haushalt der Erziehungsberechtigten keine Überprüfung der Betreuungspersonen erfolgt.

Soll die Kindertagespflege durch den öffentlichen Jugendhilfeträger gefördert werden, also die Vermittlung und/oder die Zahlung einer laufenden Geldleistung an die Tagespflegeperson erfolgen, sind die Voraussetzungen des § 23 SGB VIII zu prüfen.

Zu den Voraussetzungen der Förderung gehört u.a., dass die Tagespflegeperson geeignet ist. Deshalb erfolgt in diesen Fällen eine Eignungsprüfung, auch wenn keine Erlaubnis nach § 43 SGB VIII erforderlich ist. Die Maßgaben der Eignung nach § 23 Abs. 3 SGB VIII sind im Wortlaut mit den Maßgaben des § 43 Abs. 2 SGB VIII identisch.

Hinweis

Es ist durchaus möglich, dass nach den Kriterien des § 43 SGB VIII zwar keine Erlaubnis, aber im Rahmen der Vermittlung und/oder der Gewährung der laufenden Geldleistung gemäß § 23 SGB VIII eine Eignungsprüfung erforderlich ist.

Einige Jugendhilfeträger erteilen auch Tagespflegepersonen, die im Haushalt der Erziehungsberechtigten tätig sind, eine Erlaubnis. Dagegen ist jedoch einzuwenden, dass die Erlaubniserteilung einen Verwaltungsakt darstellt, für den bei Tätigkeit im Haushalt der Erziehungsberechtigten keine Rechtsgrundlage besteht. Von dieser – im Grunde rechtswidrigen – Handhabung ist daher abzuraten.

b) während eines Teils des Tages

Dieses Merkmal wurde anfangs z.T. dahingehend missverstanden, dass eine Übernachtbetreuung in der Kindertagespflege ausgeschlossen sei.

Derart eng ist die Bezeichnung »während eines Teils des Tages« allerdings nicht auszulegen.

Sie ist als Abgrenzung zu Betreuungsverhältnissen zu verstehen, in denen die Kinder nicht nur über bestimmte Zeiträume betreut werden, sondern dort (z.B. in der Vollzeitpflege) auch ihren Lebensmittelpunkt haben.

In der Kindertagespflege haben die Kinder auch weiterhin ihren Lebensmittelpunkt bei den Erziehungsberechtigten; sie leben nicht dauerhaft bei der Tagespflegeperson.

Der »Tag« ist daher als 24-Stunden-Tag zu verstehen, sodass Kindertagespflege auch über Nacht oder ggf. über mehrere Tage möglich ist, falls der Bedarf der Erziehungsberechtigten oder des Kindes dies erfordert (z.B. in Schichtdiensten, Bereitschaftszeiten, mehrtätiger beruflich bedingter Abwesenheit, Lehrgangsteilnahme, etc.).

c) mehr als 15 Stunden wöchentlich

Dieses Kriterium bezieht sich auf die Anzahl der Wochenstunden, die eine Tagespflegeperson insgesamt für die Betreuung der Kinder in Kindertagespflege aufbringt. Es bezieht sich nicht auf die Betreuung der einzelnen Kinder (also keine Addition der jeweils pro Kind geleisteten Stunden).

Gelegentlich wurde die Ansicht vertreten, aus dieser Stundenregelung sei zu schließen, dass von Kindertagespflege generell erst auszugehen sei, wenn die Betreuung eines Kindes an mehr als 15 Wochenstunden erfolgt.

§ 43 SGB VIII enthält jedoch keine Definition der Kindertagespflege, sondern bestimmt nur, wann diese erlaubnispflichtig ist.

Die Definition der Kindertagespflege ist in § 22 SGB VIII verankert; dieser beinhaltet jedoch keine Stundenregelung und gibt weder eine Mindeststundenzahl noch eine Höchststundenzahl vor.

Kindertagespflege kann deshalb auch unterhalb von 15 Stunden pro Woche geleistet werden; sie ist dann allerdings – wenn keine besonderen Umstände[50] dazukommen – erlaubnisfrei.

Hinweis

Wird das Kind in Kindertagespflege gefördert oder soll eine Vermittlung über den öffentlichen Jugendhilfeträger oder in dessen Auftrag erfolgen, ist die Eignungsüberprüfung gemäß § 23 SGB VIII erforderlich, auch wenn die Tätigkeit nicht mehr als 15 Wochenstunden ausgeübt wird.

d) gegen Entgelt

»Entgelt« ist hier im weiteren Sinn zu verstehen. Gemeint ist eine geld- oder andere vermögenswerte Leistung, die als Gegenleistung im Austausch für die Betreuung gewährt wird.[51]

In aller Regel wird zwar eine Vergütung gezahlt. Denkbar ist aber auch, dass lediglich geldwerte Leistungen (Naturalien etc.) erbracht werden. Dies dürfte jedoch nur bei privat finanzierter Kindertagespflege in Betracht kommen und eine eher seltene Ausnahme sein.

e) länger als drei Monate

Das Merkmal »länger als drei Monate« bezieht sich nicht auf die Betreuung einzelner Kinder, sondern auf den Zeitraum, in dem eine Person Kinderbetreuung anbieten will.

Dieses Merkmal ist im Wesentlichen als Abgrenzung zur Nachbarschaftshilfe zu sehen, zu Fällen also, in denen ein Kind z.B. während eines Krankenhaus- oder Kuraufenthalts des Erziehungsberechtigten betreut wird, ohne dass von der betreuenden Person geplant ist, darüber hinaus Kinderbetreuung (ggf. auch weiterer Kinder) anzubieten.

---

50. In der Großtagespflege ist z.B. in Nordrhein-Westfalen gemäß § 4 Abs. 2 KiBiz a.F. auch bei Tätigkeit unterhalb von 15 Stunden eine Erlaubnis erforderlich (VG Düsseldorf, 12.05.2017 – 19 L 2181/17).
51. Mörsberger in Wiesner, R. (2015): Kommentar zum SGB VIII, 5. Aufl. München: C.H. Beck, § 43 Rn. 20.

Bei Vertretungs-Tagespflegepersonen dürfte das Merkmal »länger als drei Monate« m.E. grundsätzlich erfüllt sein, da deren Wille, die Kindertagespflegetätigkeit vertretungsweise auszuüben, sich regelmäßig über einen längeren Zeitraum als drei Monate erstreckt.

1.5.2 Erlaubnisverfahren

Die Entscheidung über die Erteilung, Ablehnung oder Aufhebung der Erlaubnis ist ein Verwaltungsakt.

Als »Verwaltungsakt« gilt gemäß § 31 SGB X jede Verfügung, Entscheidung oder andere hoheitliche Maßnahme, die eine Behörde zur Regelung eines Einzelfalls auf dem Gebiet des öffentlichen Rechts trifft und die auf unmittelbare Rechtswirkung nach außen gerichtet ist.

Zuständige Behörde ist der Träger der öffentlichen Jugendhilfe.

Anerkannte Träger der freien Jugendhilfe können zwar gemäß § 76 Abs. 1 SGB VIII an der Durchführung der Aufgaben beteiligt werden. Die Entscheidung (insbesondere der Erlass des Verwaltungsakts) kann jedoch nicht an freie Träger delegiert werden.

Eine Erlaubnis sollte erst erteilt werden, wenn alle Voraussetzungen des § 43 Abs. 2 SGB VIII erfüllt sind. In diesem Fall besteht ein Anspruch auf Erteilung der Erlaubnis zur Kindertagespflege; sie liegt nicht lediglich im Ermessen der Behörde.

Örtliche Zuständigkeit des Jugendhilfeträgers

Örtlich zuständig für die Erteilung der Erlaubnis zur Kindertagespflege sowie für deren Rücknahme oder Widerruf ist der Träger der öffentlichen Jugendhilfe, in dessen Bereich die Tagespflegeperson ihren gewöhnlichen Aufenthalt hat (§ 87a SGB VIII).

Zur Begründung des gewöhnlichen Aufenthalts gehört, dass der Betroffene an dem Ort nicht nur vorübergehend oder besuchsweise verweilt, sondern dort den Mittelpunkt seiner Lebensführung hat.

Dies ist in aller Regel der Ort, wo sich die Wohnung der Tagespflegeperson befindet. Dass für die Kindertagespflege lediglich ein zweiter Wohnsitz angemeldet wird, an dem die Tagespflegeperson jedoch nicht wohnt, sondern nur ihrer Tätigkeit nachgeht, ist daher nicht ausreichend.

Die Zuständigkeit des öffentlichen Jugendhilfeträgers, in dessen Bereich die Tagespflegeperson wohnt, erscheint nicht immer sinnvoll. Sie wird insbesondere dann kritisiert, wenn sich die Räume, in denen die Tagespflegeperson tätig ist, im Zuständigkeitsbereich eines anderen Jugendhilfeträgers befinden.

Das Kinder- und Jugendstärkungsgesetz[52] sah daher eine Änderung der Zuständigkeitsregelung vor. Danach sollte die Zuständigkeit des Jugendhilfeträgers künftig an den Ort der Tätigkeit gebunden werden.

Diese Variante wäre jedoch in Fällen problematisch, in denen eine Tagespflegeperson an verschiedenen Orten mit unterschiedlicher Zuständigkeit tätig ist (z.B. in einer Großtagespflegestelle und zusätzlich z.B. frühmorgens bzw. spätabends im eigenen Privathaushalt). Eine Handhabung für den Fall unterschiedlicher Zuständigkeiten sah die geplante Neuregelung nicht vor.

Das Kinder- und Jugendstärkungsgesetz wurde zwar bereits im Sommer 2017 vom Bundestag beschlossen. Da es sich um ein zustimmungsbedürftiges Gesetz handelt, ist jedoch auch eine Abstimmung im Bundesrat erforderlich. Die Abstimmung stand bereits zwei Mal auf der Tagesordnung des Bundesrats, wurde jedoch jedes Mal wieder von der Tagesordnung genommen.

Dass das Gesetz in seiner ursprünglichen Fassung noch in Kraft treten wird, dürfte wohl eher unwahrscheinlich sein.

Hinweis

Für die Gewährung der laufenden Geldleistung nach § 23 SGB VIII ist der Jugendhilfeträger zuständig, in dessen Bereich die Eltern des Kindes ihren gewöhnlichen Aufenthalt haben. Wenn die Eltern des Kindes in dem Zuständigkeitsbereich eines anderen Jugendhilfeträgers wohnen, haben Tagespflegepersonen deshalb u.U. mit mehreren Jugendhilfeträgern zu tun.

Verfahrensablauf

Das Verwaltungsverfahren wird i.d.R. durch einen Antrag der Tagespflegeperson auf Erteilung oder Erweiterung der Erlaubnis eingeleitet. Bundesgesetzlich ist für den Antrag keine Form vorgegeben, d.h. er kann auch mündlich erfolgen.

52. Entwurf des Kinder- und Jugendstärkungsgesetzes (KJSG) der Bundesregierung, BT-Drucks. 18/12330 und Beschlussempfehlung des Ausschusses für Familie, Senioren, Frauen und Jugend v. 27.06.2017, BT-Drucks. 18/12946.

U.U. bestehen jedoch in den Bundesländern abweichende Regelungen.[53]

Wird die Erteilung der Erlaubnis beantragt, prüft der örtlich zuständige Jugendhilfeträger die in § 43 Abs. 2 SGB VIII genannten Eignungskriterien. Nach einem persönlichen Gespräch erfolgt ein Hausbesuch zur Überprüfung der Räumlichkeiten. Zudem sind die Einholung sowie die Vorlage bestimmter Unterlagen (erweitertes Führungszeugnis, Gesundheitszeugnis) erforderlich.

Liegen die Voraussetzungen vor, hat der/die Antragsteller/in Anspruch auf Erteilung der Erlaubnis. Es handelt sich um einen sogenannten gebundenen Verwaltungsakt, d.h. die Entscheidung liegt nicht im Ermessen des Jugendhilfeträgers.

Ist keine Schriftform vorgeschrieben und wird die Erlaubnis mündlich erteilt, kann die Tagespflegeperson eine schriftliche Bestätigung verlangen, wenn ein berechtigtes Interesse besteht. Das dürfte in aller Regel der Fall sein.

Im Regelfall wird die Erlaubnis jedoch schriftlich erteilt. Sie ist i.d.R. zu begründen; dabei sind die wesentlichen rechtlichen und tatsächlichen Gründe mitzuteilen, die den Jugendhilfeträger zur Entscheidung bewogen haben (§ 35 SGB X).

Von der Begründung kann unter bestimmten Voraussetzungen abgesehen werden (§ 35 Abs. 2 SGB X). Dies kommt z.B. in Betracht, wenn antragsgemäß entschieden wurde.

Führungszeugnis

Jugendhilfeträger dürfen aus Kinderschutzgründen keine Personen beschäftigen oder vermitteln, die rechtskräftig wegen bestimmter Straftaten verurteilt wurden. Aus diesem Grund ist gemäß § 72a die Einholung eines Führungszeugnisses erforderlich. Bei dem Führungszeugnis handelt es sich um einen Auszug aus dem Bundeszentralregister, der – je nach Art des Führungszeugnisses – mehr oder weniger umfangreich sein kann.

Im Bundeszentralregister, das bei dem Bundesamt für Justiz geführt wird, werden rechtskräftige Verurteilungen, Anordnungen von Maßregeln der Besserung und Sicherung, Verwarnungen mit Strafvorbehalt (§ 59 Strafgesetzbuch, StGB) sowie die Feststellung der Schuld eines Jugendlichen oder Heranwachsenden nach § 27 Jugendgerichtsgesetz (JGG) aufgeführt.

---

53. Z.B. Schriftformerfordernis in NRW, § 4 Abs. 3 KiBiz a.F. bzw. § 22 Abs. 1 KiBiz n.F.

In ein Führungszeugnis werden allerdings nicht alle im Bundeszentralregister aufgeführten Eintragungen aufgenommen. Was im Führungszeugnis im Einzelnen steht, hängt u.a. von der Straftat und dem Strafmaß sowie von der Art des Führungszeugnisses ab.

Das Gesetz unterscheidet zwischen dem Führungszeugnis für private Zwecke, dem Führungszeugnis zur Vorlage bei Behörden (Behördenführungszeugnis) und dem erweiterten Führungszeugnis.

Gemäß § 72a SGB VIII ist ein erweitertes Führungszeugnis i.S.d. §§ 30 Abs. 5, 30a Abs. 1 BZRG erforderlich.

Das geforderte Behördenführungszeugnis (§ 30 Abs. 5 BZRG) ist recht umfassend und kann neben bestimmten Vorstrafen ggf. auch Entscheidungen von Verwaltungsbehörden (z.B. der Widerruf eines Waffenscheins oder einer Gewerbeerlaubnis), Entscheidungen über eine mögliche Schuldunfähigkeit oder die gerichtlich angeordnete Unterbringung in einer psychiatrischen Anstalt enthalten.

Für das erweiterte Führungszeugnis (§ 30a BZRG) ist der Katalog der unabhängig vom Strafmaß aufzunehmenden Verurteilungen um kinder- und jugendschutzrelevante Verurteilungen erweitert. So wird z.B. auch eine Verurteilung zu 60 Tagessätzen wegen exhibitionistischer Handlungen im erweiterten Führungszeugnis erscheinen.

Seit Inkrafttreten des Bundeskinderschutzgesetzes ist die Einholung des erweiterten Führungszeugnisses gemäß § 72a SGB VIII verpflichtend. Dies gilt gemäß § 43 Abs. 2 S. 4 SGB VIII auch für Tagespflegepersonen.

Wie die Jugendhilfeträger mit den Daten eines Führungszeugnisses umgehen dürfen, ergibt sich aus § 72a Abs. 5 SGB VIII, auf den § 43 Abs. 2 S. 4 SGB VIII ausdrücklich verweist.

I.d.R. darf nur die Einsichtnahme in das Führungszeugnis, das Datum des Führungszeugnisses und die Information, ob die betreffende Person wegen einer in § 72a SGB VIII genannten Straftat rechtskräftig verurteilt worden ist, erhoben werden.

Eine Speicherung oder Nutzung der Daten ist nur zulässig, soweit dies zum Ausschluss der Person von der Tätigkeit erforderlich ist. Die Daten sind vor dem Zugriff Unbefugter zu schützen und unverzüglich zu löschen, wenn im Anschluss an die Einsichtnahme keine Tätigkeit wahrgenommen wird, andernfalls spätestens drei Monate nach Beendigung der Tätigkeit.

Der Wortlaut der §§ 72a, 43 SGB VIII legt nahe, dass lediglich von den Tagespflegepersonen Führungszeugnisse eingefordert werden können.

Die Verwaltungsgerichte (u.a. OVG Nordrhein-Westfalen,[54] VG Osnabrück[55]) gehen jedoch davon aus, dass als zusätzliche (quasi stillschweigende) Voraussetzung zur Eignung der Tagespflegepersonen gehört, dass von der Pflegestelle für die dort aufgenommenen Kinder keine anderen für ihre Entwicklung schädliche Risiken oder Gefährdungen ausgehen. Diese Risiken müssen nicht unmittelbar in der Person der Tagespflegeperson selbst oder in der Ausstattung der zur Kindertagespflege genutzten Wohnung liegen.

Risiken für die Kinder können z.B. auch von einem in der Wohnung lebenden Ehegatten oder Lebensgefährten der Tagespflegeperson ausgehen (im konkreten Fall stand der Ehemann der Tagespflegeperson im Verdacht des sexuellen Missbrauchs von Kindern).[56]

Insofern scheint es durchaus sinnvoll, wenn Jugendhilfeträger bei Kindertagespflege im Haushalt der Tagespflegeperson auch von den dort lebenden Erwachsenen, die regelmäßig in Kontakt mit den Kindern kommen, die Vorlage eines Führungszeugnisses verlangen, um mögliche einschlägige Verurteilungen abklären zu können. U.U. bestehen für Personen, die im Haushalt der Tagespflegeperson leben oder sich während der Betreuungszeiten dort aufhalten, auch landesrechtliche Vorgaben, die die Personen zur Vorlage eines Führungszeugnisses verpflichten (z.B. im Saarland gemäß § 6 Abs. 3 VO-Kindertagespflege).

Das Führungszeugnis kann seit einiger Zeit auch elektronisch über das Online-Portal des Bundesamtes für Justiz[57] beantragt werden.

Die Gebühr für ein Führungszeugnis beträgt zurzeit 13,00 €. Sie wurde zunächst im Kindertagespflegebereich nicht erhoben, da die Kindertagespflege lange Zeit als eher ehrenamtliche Tätigkeit angesehen wurde.

Nach Wegfall der Steuerfreiheit und der Einstufung als Erwerbstätigkeit trifft diese Einordnung nicht mehr zu.

Ein Hinweis zur Gebührenpflicht ist auch dem aktuellen »Merkblatt zur Erhebung von Gebühren für das Führungszeugnis«[58] zu entnehmen.

54. OVG Nordrhein-Westfalen, 08.11.2006 – 12 B 2077/06.
55. VG Osnabrück, 26.11.2009 – 4 B 28/09.
56. VG Würzburg, 22.03.2012 – W 3 K 11.463.
57. https://www.bundesjustizamt.de/DE/Themen/Buergerdienste/BZR/FZ_node.html (Stand: 10.01.2020).
58. Bundesamt für Justiz (o.J.): Merkblatt zur Befreiung von der Gebühr für das Führungszeugnis. URL: https://www.bundesjustizamt.de/DE/SharedDocs/Publikationen/BZR/Merkblatt_Gebuehrenbefreiung.pdf?__blob=publicationFile&v=12 (Stand: 10.01.2020).

In besonderen Fällen kann die Gebühr gemäß § 10 JVKostO auf Antrag ermäßigt oder von ihrer Erhebung abgesehen werden.

Diese Möglichkeit besteht, wenn die Gebührenbefreiung mit Rücksicht auf die wirtschaftlichen Verhältnisse des Zahlungspflichtigen (Mittellosigkeit) oder sonst aus Billigkeitsgründen (besonderer Verwendungszweck) geboten erscheint.

Mittellosigkeit wird stets angenommen bei Personen, die Arbeitslosengeld II, Sozialhilfe oder Kinderzuschlag beziehen. Wer zu diesem Personenkreis gehört und dies nachweist, muss die Mittellosigkeit im Einzelnen nicht darlegen.

Bei Schülerinnen/Schülern, Studierenden und Auszubildenden ist Mittellosigkeit nicht grundsätzlich gegeben. Vielmehr kommt es auf die Vermögensverhältnisse der Person im Einzelfall und ggf. auf die Vermögensverhältnisse möglicher Unterhaltsverpflichteter an. Mittellosigkeit wird allerdings angenommen bei Schülerinnen/Schülern, Studierenden und Auszubildenden, die Leistungen nach dem Bundesausbildungsförderungsgesetz (BAföG) erhalten.[59]

Hinweis

Die Einholung von Leumundsauskünften, Erkenntnisanfragen o.ä. ist ohne konkreten Anlass nicht zulässig.[60]
Für die generelle Einholung einer polizeilichen Auskunft über die bei der Polizei vorhandenen personenbezogenen Daten, laufende Ermittlungsverfahren u.a. besteht keine Rechtsgrundlage. Der Gesetzgeber hat »durch den Verweis auf § 72a Abs. 1 und 5 SGB VIII die Erhebung personenbezogener Daten bereits unter Datenschutzgesichtspunkten bereichsspezifisch geregelt und dem für die Erteilung der Genehmigung zur Kindertagespflege zuständigen Jugendamt eine darüberhinausgehende Befugnis zu Datenerhebung gerade nicht zugesprochen«.[61]

Gesundheitszeugnis

I.d.R. wird von den Tagespflegepersonen als Nachweis der gesundheitlichen Eignung die Vorlage eines Gesundheitszeugnisses verlangt.

59. Ebd.
60. VG München, 28.09.2011 – M 18 K 11.3325; BayVGH, 05.12.2012 – 12 BV 12.526.
61. BayVGH, 05.12.2012 – 12 BV 12.526, S. 16.

Dagegen bestehen im Grundsatz keine Bedenken, da der Begriff der Eignung im Sinne des § 43 Abs. 2 VIII auch die gesundheitliche Eignung der Tagespflegeperson erfasst. Gesundheitliche Eignung bedeutet laut OVG Berlin-Brandenburg auch, »dass keine ansteckenden Krankheiten bzw. psychische, physische oder Suchterkrankungen vorliegen, die der Ausübung der Betreuungstätigkeit entgegenstehen oder Gefährdungen für die Kinder verursachen können«.[62]

Teilweise werden seitens der Jugendhilfeträger Formulare vorgegeben, die von ärztlicher Seite ausgefüllt und unterschrieben werden sollen.

In diesen Fällen ist darauf zu achten, dass sich der Umfang der Abfrage in den erforderlichen Grenzen hält.

Angaben, die für den Kindertagespflegebereich nicht relevant sind, weil sie nicht zu gesundheitlichen Beeinträchtigungen bzw. Einschränkungen der Tätigkeit führen, dürfen grundsätzlich nicht abgefragt werden. Bei Personen, die das Renteneintrittsalter überschritten haben, kann eine Nebenbestimmung zulässig sein, die die Tagespflegeperson zur jährlichen Vorlage eines ärztlichen Attests verpflichtet. Laut VG Köln erscheint es zumindest möglich, dass die körperliche und psychische Belastbarkeit von Tagespflegepersonen im fortgeschrittenen Alter während des fünfjährigen Gültigkeitszeitraum der Erlaubnis in einem Maße nachlässt, dass die Eignung entfällt (VG Köln, 30.09.2019 – 19 K 109/18).

1.5.3 Inhalt der Erlaubnis

Die Erlaubnis muss hinreichend bestimmt sein, d.h. eine klare, verständliche Regelung enthalten.

Außerdem muss erkennbar sein, welche Behörde die Erlaubnis erteilt hat.

Zahl der Kinder

In der Erlaubnis ist insbesondere anzugeben, wie viele Kinder gleichzeitig und ggf. auch, wie viele Kinder insgesamt betreut werden dürfen.

Gemäß § 43 SGB VIII befugt eine Erlaubnis zur Betreuung von bis zu fünf gleichzeitig anwesenden, fremden Kindern.

Im Einzelfall kann sie jedoch gemäß § 43 Abs. 3 S. 2 SGB VIII für eine geringere Zahl von Kindern erteilt werden.

62. OVG Berlin-Brandenburg, 03.07.2014 – OVG 6 S 26.14.

Wird eine Einschränkung der Kinderzahl vorgenommen, sind dafür sachliche Gründe erforderlich; die Einschränkung muss zudem verhältnismäßig sein.[63]

Eine Einschränkung kommt insbesondere in Betracht, wenn die Räumlichkeiten für eine größere Zahl von Kindern nicht geeignet sind oder die Tagespflegeperson überfordert wäre.

Nach Auffassung der Gerichte[64] ist die Erteilung der Erlaubnis zur Betreuung von fünf Kindern die Regel, die Einschränkung der Kinderzahl die Ausnahme.

In jedem Fall ist eine genauere Prüfung des Einzelfalls erforderlich. Die Entscheidung, ob und ggf. in welchem Umfang eine Erlaubnis zur Kindertagespflege zu erteilen ist, hat sich immer an den konkreten Umständen des jeweiligen Einzelfalls zu orientieren.[65]

Ein bestimmter Betreuungsschlüssel nach Alter der Kinder, wie er beispielsweise von der Deutschen Liga für das Kind[66] empfohlen wird, ist für den Bereich der Kindertagespflege derzeit bundesgesetzlich nicht vorgegeben.

Für satzungsrechtliche Vorgaben eines generellen Betreuungsschlüssels fehlt deshalb nach Auffassung des VG Freiburg[67] und des VG München[68] die erforderliche Rechtsgrundlage.

Aufgrund des Schutzzwecks des § 43 SGB VIII sind alle fremden Kinder zu berücksichtigen – unabhängig von Betreuungsumfang und Dauer und auch unabhängig davon, ob die Betreuung gegen Entgelt oder unentgeltlich erfolgt.[69]

Zu berücksichtigen sind daher auch unentgeltlich betreute Besuchskinder, die sich – zusätzlich zu den Tageskindern – allein in der Obhut der Tagespflegeperson befinden.[70]

---

63. OVG NRW, 15.02.2013 – 12 A 56/13; VG München, 27.10.2010 – M 18 K 10.446.
64. OVG NRW, 15.02.2013 – 12 A 56/13; VG München, 27.10.2010 – M 18 K 10.446.
65. So auch Mörsberger in Wiesner, R. (2015): Kommentar zum SGB VIII, 5. Aufl. München: C.H. Beck, § 43 Rn. 32.
66. Deutsche Liga für das Kind (Hrsg.) (o.J.): Gute Qualität in Krippe und Kindertagespflege – Eckpunkte guter Qualität in Kindertagespflege. URL: http://www.fruehe-tagesbetreuung.de/downloads/Krippen-Positionspapier_2015.pdf (Stand: 10.01.2020).
67. VG Freiburg, 16.12.2016 – 4 K 1913/14.
68. VG München, 27.10.2010 – M 18 K 10.446.
69. Wiesner, R./Schindler, G./Schmid, H. (2006): Das neue Kinder- und Jugendhilferecht. Köln: Bundesanzeiger-Verlag. S. 78.
70. VG Arnsberg, 10.10.2013 – 11 L 587/13.

Da nur fremde Kinder zu berücksichtigen sind, zählen eigene Kinder nicht grundsätzlich mit.

Etwas anderes kann sich u.U. im Einzelfall ergeben, wenn eine Überforderungssituation zu befürchten ist. Dies wäre z.B. denkbar, wenn eine Tagespflegeperson selbst noch sehr junge Kinder oder Kinder mit gesundheitlichen Defiziten hat und deshalb mit der Betreuung von fünf weiteren fremden Kindern den Rahmen ihrer individuellen Möglichkeiten sprengen würde.

So waren laut VG Köln[71] – »vor dem Hintergrund der Besonderheiten des Falls« – eigene Kinder der Tagespflegeperson zu berücksichtigen, da ein Kind der Tagespflegeperson unter ADHS litt und für dieses Kind ein Antrag auf Hilfe zur Erziehung gestellt war. Nach Auffassung des Gerichts lagen hinreichende Anhaltspunkte dafür vor, dass es dem Wohl der Tagespflegekinder wie auch der eigenen minderjährigen Kinder nicht entsprechen würde, wenn die Tagespflegeperson neben ihren eigenen Kindern gleichzeitig mehr als zwei Tagespflegekinder zu versorgen hätte.

Eigene Kinder können auch dann mitberücksichtigt werden, wenn sich die Räumlichkeiten bei Anwesenheit der eigenen Kinder für weitere fünf fremde Kinder als zu klein erweisen. Das VG Köln[72] hielt eine Beschränkung der Erlaubnis im Nachmittagsbereich für den Fall, dass die minderjährigen Kinder der Tagespflegeperson nicht fremdbetreut werden, für rechtlich zulässig.

Der generellen Berücksichtigung eigener Kinder hat das VG München[73] im Hinblick darauf, dass sich § 43 SGB VIII wortwörtlich auf »fremde« Kinder bezieht, eine deutliche Absage erteilt.

Laut VG Arnsberg[74] zählen eigene und Vollzeitpflegekinder nicht mit. Warum Vollzeitpflegekinder nicht zu berücksichtigen sind, wurde seitens des Gerichts nicht näher begründet. Es ist zu vermuten, dass das Gericht den Begriff »fremd« als haushaltsfremd ausgelegt hat und aus diesem Grund das Vollzeitpflegekind, das dauerhaft bei der Tagespflegeperson lebte, nicht zu berücksichtigen war.

Als fremde Kinder sind grundsätzlich auch verwandte Kinder, die nicht im Haushalt der Tagespflegeperson leben, anzusehen.

71. VG Köln, 18.08.2015 – 19 K 3117/14.
72. VG Köln, 18.08.2015 – 19 K 3117/14.
73. VG München, 27.10.2010 – M 18 K 10.446.
74. VG Arnsberg, 10.10.2013 – 11 L 587/13.

Mit der zusätzlichen Anwesenheit der drei Enkel der Schwester der Tagespflegeperson wurde daher laut OVG Sachsen[75] die erlaubte Zahl der Kinder überschritten und gegen die erteilte Erlaubnis verstoßen.

Laut VG Cottbus[76] sind bei der Anzahl der Kinder zudem auch Kinder zu berücksichtigen, die sich noch in der Eingewöhnungsphase befinden. Auch die Anwesenheit der Eltern in der Eingewöhnungsphase rechtfertige es nicht, das betreffende Kind unberücksichtigt zu lassen.

Bundesgesetzlich ist nicht geregelt, wie viele Kinder eine Tagespflegeperson insgesamt betreuen darf. Die Gesamtzahl ist im Grunde nach oben hin offen, solange gewährleistet ist, dass nicht mehr als fünf fremde Kinder gleichzeitig betreut werden. Theoretisch könnte rund um die Uhr eine Vielzahl von Kindern betreut werden, solange die Zahl der gleichzeitig betreuten fremden Kinder nicht mehr als fünf beträgt.

Der Bundesgesetzgeber hat jedoch bewusst von der Vorgabe einer Höchstgrenze für die Zahl der insgesamt betreuten Kinder abgesehen, um den Landesgesetzgebern einen entsprechenden Spielraum zu belassen.[77]

Die Bundesländer haben bisher nur zum Teil und in recht unterschiedlicher Weise von dieser Möglichkeit Gebrauch gemacht.

Darüber hinaus hat der Bundesgesetzgeber den Bundesländern die Möglichkeit eröffnet, die Obergrenze für die Anzahl der gleichzeitig anwesenden Kinder, die von einer Tagespflegeperson betreut werden dürfen, anzuheben.

Voraussetzung dafür ist, dass die Tagespflegeperson über eine pädagogische Ausbildung verfügt und in der Pflegestelle nicht mehr Kinder betreut werden als in einer vergleichbaren Gruppe einer Tageseinrichtung. Damit soll laut Gesetzesbegründung[78] den in den verschiedenen Bundesländern entwickelten Formen der Großtagespflege Rechnung getragen werden.

Die Anhebung der Obergrenze von fünf gleichzeitig anwesenden fremden Kindern erfordert allerdings eine entsprechende landesrechtliche Regelung, die den genannten Vorgaben gerecht wird; aus dem Bundesgesetz selbst kann sie nicht abgeleitet werden.

75. OVG Sachsen, 17.12.2015 – 4 A 253/15 u. 23.10.2017 – 4 B 173/17.
76. VG Cottbus, 30.01.2015 – 3 K 565/13.
77. Gesetzesbegründung zum Kinderförderungsgesetz, BT-Drucks. 16/9299, S. 17.
78. Gesetzesbegründung zum Kinderförderungsgesetz, BT-Drucks. 16/9299, S. 17.

Ort der Betreuung

Da im Hinblick auf das Kriterium der kindgerechten Räume vor Erteilung der Erlaubnis die von der Tagespflegeperson genutzten Räumlichkeiten zu überprüfen sind, ist die Erlaubnis zur Kindertagespflege grundsätzlich auch objektbezogen. Sie wird nicht nur für die Person, sondern auch in Bezug auf konkrete Räumlichkeiten erteilt, die in der Erlaubnis anzuführen sind.

Werden die Räumlichkeiten dauerhaft aufgegeben (z.B. aufgrund eines Umzugs der Tagespflegeperson), wird die Erlaubnis gemäß § 39 Abs. 2 SGB X gegenstandslos.[79]

Möchte die Tagespflegeperson für ihre Tätigkeit andere Räume nutzen, wird eine neue Erlaubnis erforderlich.

Davon zu unterscheiden ist m.E. der Umzug in andere private Räumlichkeiten für den Fall, dass die Tagespflegeperson nicht in den Privaträumen, sondern in anderen geeigneten Räumen tätig ist. In diesem Fall ändern sich die für die Kindertagespflege genutzten Räume nicht, sodass die Erlaubnis weiterhin Bestandskraft haben dürfte.

Großtagespflege

Nutzen mehrere Tagespflegepersonen Räume gemeinsam, wird diese Betreuungsform meist als »Großtagespflege« bezeichnet.

Dies ändert jedoch nichts daran, dass die Erteilung der Erlaubnis zur Kindertagespflege nach wie vor personenbezogen ist, d.h. sie wird nicht der Großtagespflegestelle, sondern der jeweiligen – dort tätigen – Tagespflegeperson erteilt.

Einige Bundesländer sehen besondere Regelungen für diese Betreuungsform vor. Teilweise wird die Anzahl der Tagespflegepersonen und/oder die Anzahl der Kinder, die gleichzeitig bzw. insgesamt in einer Großtagespflegestelle betreut werden dürfen, begrenzt.

Um die Einhaltung landesrechtlicher Vorgaben zu gewährleisten, sollte die Erlaubnis einen auf die Großtagespflege bezogenen Zusatz enthalten.

Welcher Zusatz erforderlich ist, hängt von den landesrechtlichen Regelungen ab.

In Nordrhein-Westfalen kommt z.B. ein Zusatz in Betracht, wonach in der Großtagespflege nicht mehr als neun Kinder insgesamt und gleichzeitig

79. OVG NRW, 07.06.2016 – 12 A 2086/14.

betreut werden dürfen und die einzelnen Kinder einer bestimmten Tagespflegeperson zuzuordnen sind.[80]

Es ist in diesem Fall m.E. nicht erforderlich, einer Tagespflegeperson die Erlaubnis für die Betreuung von vier Kindern und der anderen Tagespflegeperson die Erlaubnis zur Betreuung von fünf Kindern zu erteilen, da in diesem Fall die Flexibilität der Tagespflegepersonen leidet. Sind beide Personen zur Betreuung von bis zu fünf Kindern geeignet, kann die Erlaubnis entsprechend ausgestellt werden, wenn ein Zusatz zur Einschränkung der Kinderzahl im Rahmen der Großtagespflege erfolgt.

Fünfjahresfrist

Gemäß § 43 Abs. 3 S. 4 SGB VIII ist die Erlaubnis zur Kindertagespflege auf fünf Jahre befristet, d.h. die Erlaubnis endet automatisch mit Fristablauf. Dies gibt den Jugendhilfeträgern die Möglichkeit, bei einer Neuerteilung der Erlaubnis eine erneute Überprüfung vorzunehmen.

Die gesetzlich vorgegebene Gültigkeit (»Die Erlaubnis ist auf fünf Jahre befristet.«) verbietet nach Auffassung des VG Köln[81] und des VG Minden[82] eine kürzere Befristung. Bei Änderung der Sachlage bestehe aber die Möglichkeit, die Erlaubnis vorzeitig zu ändern oder zu entziehen.

Nebenbestimmungen

Die Erlaubnis kann gemäß § 43 Abs. 3 S. 5 SGB VIII mit einer Nebenbestimmung versehen werden. Als Nebenbestimmung in Betracht kommen insbesondere Bedingung, Auflage und Widerrufsvorbehalt (§ 32 SGB X).

Dabei ist zu beachten, dass die Erteilung der Erlaubnis nicht im Ermessen der Behörde steht, sondern ein Rechtsanspruch auf die Erteilung besteht, wenn die Voraussetzungen des § 43 SGB VIII vorliegen.[83]

Die Aufnahme von Nebenbestimmungen ist daher nur zulässig, soweit sie keine Einschränkung des Anspruchs nach § 43 SGB VIII beinhaltet, sondern dazu dient, die Voraussetzungen für die Erteilung der Erlaubnis zu gewährleisten. Eine Nebenbestimmung darf dem Zweck der Erlaubnis nicht zuwiderlaufen (§ 32 Abs. 3 SGB X).

---

80. Vorgaben des § 4 Abs. 2 KiBiz a.F.
81. VG Köln, 25.11.2016 – 19 K 5653/15.
82. VG Minden, 08.01.2016 – 6 K 2411/15.
83. OVG NRW, 25.02.2013 – 12 A 56/13; VG München, 27.10.2010 – M 18 K 10.446.

Laut VG Köln[84] ist eine Nebenbestimmung verhältnismäßig, wenn sie dazu dient, den künftigen Fortbestand der Genehmigungsvoraussetzungen sicherzustellen und greifbare Anhaltspunkte dafür bestehen, dass die Voraussetzungen wieder wegfallen könnten.

Letzteres ist beispielsweise bei Tagespflegepersonen jenseits des Renteneintrittsalters der Fall, da es zumindest möglich erscheint, dass die physische und psychische Belastbarkeit während des fünfjährigen Gültigkeitszeitraums der Erlaubnis derart nachlässt, dass die Eignung entfällt. Das VG Köln hat daher eine aus Altersgründen aufgenommene Nebenbestimmung, wonach die Tagespflegeperson verpflichtet wurde, jährlich ein ärztliches Attest vorzulegen, für rechtmäßig erachtet.[85]

Ob die Erlaubnis zur Kindertagespflege vorläufig erteilt werden kann, wurde von den Gerichten bisher offengelassen. Eine vorläufige Erlaubnis wurde insofern als problematisch angesehen, als diese für die einzelnen hiervon erfassten Tage, Wochen oder Monate tatsächlich eine endgültige Regelung darstellt, die faktisch nicht rückgängig gemacht werden kann.[86]

Allerdings hat das OVG Nordrhein-Westfalen[87] in einem besonders gelagerten Fall einen Jugendhilfeträger im Wege der einstweiligen Anordnung verpflichtet, der Antragstellerin bis zur Entscheidung im bereits anhängigen Hauptsacheverfahren vorläufig eine Erlaubnis zur Kindertagespflege in den Räumen einer Großtagespflegestelle zu erteilen. Das Jugendamt hatte die Eignung der Tagespflegeperson in Zweifel gezogen und die Erteilung der Erlaubnis verweigert. Laut OVG hatte die Tagespflegeperson mit der Vorlage des Zertifikats des Bundesverbandes einen ihre Eignung bestätigenden Lehrgangsnachweis erbracht. Gewichtige Umstände, die eine davon abweichende Bewertung rechtfertigten, lagen nach Ansicht des Gerichts mit hoher Wahrscheinlichkeit nicht vor. Die Tagespflegeperson hatte zudem glaubhaft gemacht, dass sie eine Zusage für eine freie Stelle in einer Großtagespflegestelle hatte, die so schnell wie möglich neu besetzt werden sollte. Nach Auffassung des Gerichts war es ihr insbesondere unter Berücksichtigung des Grundrechts der Berufsfreiheit (Art. 12 GG) nicht zuzumuten, den (möglichen) Verlust der ihr zugesagten Stelle hinzunehmen oder abzuwarten. Der Verlust dieser Stelle hätte durch eine positive Entscheidung im Hauptsacheverfahren nicht ausgeglichen werden können.

84. VG Köln, 25.11.2016 – 19 K 5653/15.
85. VG Köln, 30.09.2019 – 19 K 109/18.
86. OVG NRW, 21.07.2015 – 12 B 606/15.
87. OVG NRW, 19.05.2017 – 12 B 333/17.

Wenn Jugendhilfeträger eine »vorläufige Erlaubnis« erteilen, ist damit jedoch meist eine kürzer befristete, aber für diesen Zeitraum endgültige Erlaubnis gemeint.

Da einer kürzeren Befristung jedoch der Wortlaut des § 43 Abs. 3 S. 4 SGB VIII entgegensteht,[88] sollte geprüft werden, ob es für Sachverhalte, in denen eine Befristung aus Sicht des Jugendhilfeträgers erforderlich erscheint, auch andere Lösungen gefunden werden können.

Soll eine Tagespflegeperson ausnahmsweise bereits vor Abschluss der Qualifikation eingesetzt werden, wäre – wenn ansonsten alle Eignungskriterien erfüllt sind – z.B. denkbar, die Erlaubnis mit der Auflage zu verbinden, dass die Tagespflegeperson bis zu einem bestimmten Termin oder in einem bestimmten Zeitraum den Nachweis des erfolgreichen Abschlusses der Qualifizierung erbringt. Die Auflage könnte zudem mit einem Widerrufsvorbehalt für den Fall, dass die Auflage nicht erfüllt wird, versehen werden.

Bei Tagespflegepersonen im fortgeschrittenen Alter wäre u.U. die Auflage denkbar, in bestimmten Abständen ein Gesundheitszeugnis vorzulegen, falls deren Eignung in dem Gültigkeitszeitraum der Erlaubnis aus gesundheitlichen Gründen zu entfallen droht.[89]

Eine Nebenbestimmung, die eine Altersstaffelung der Kinder vorgibt, wurde in der Rechtsprechung bisher als rechtlich nicht zulässig angesehen.

Die Jugendhilfeträger hatten die Erlaubnis zur Kindertagespflege in den entschiedenen Fällen unter Heranziehung von Betreuungsschlüsseln, die für Tageseinrichtungen gelten bzw. von der Deutschen Liga für das Kind empfohlen werden, mit Nebenbestimmungen zur Altersstaffelung der Kinder versehen.

Im Hinblick auf den »eindeutigen gesetzgeberischen Willen (im Interesse der Schaffung von Betreuungsmöglichkeiten für Kinder)« kann nach Auffassung des VG München[90] und des VG Freiburg[91] keine allgemeine Einschränkung nach Alter der Kinder erfolgen. § 43 Abs. 3 Satz 2 SGB VIII formuliert nach Auffassung der Gerichte insoweit »ein Regel-Ausnahmeverhältnis in der Weise, dass – im Hinblick auf eine Einschränkung der sich aus Art. 12 Abs. 1 Satz 2 GG ergebenden Berufsfreiheit der Betreuungsperson und auch zur Sicherung eines hinreichenden Angebots an Betreuungsplätzen – eine Beschränkung auf weniger als fünf Kinder nur im besonde-

88. VG Köln, 25.11.2016 – 19 K 5653/15 und VG Minden, 08.01.2016 – 6 K 2411/15.
89. So auch VG Köln, 30.09.2019 – 19 K 109/18.
90. VG München, 27.10.2010 – M 18 K 10.446.
91. VG Freiburg, 27.03.2017 – 4 K 2894/16; 16.12.2016 – 4 K 1913/14.

ren Einzelfall möglich ist, wenn ein sachlicher Grund dafür vorliegt und die Einschränkung verhältnismäßig ist«.[92]

In bestimmten Fällen kann der Zusatz von Nebenbestimmungen als milderes Mittel erforderlich sein. Dies kommt insbesondere dann in Betracht, wenn durch den Zusatz von Nebenbestimmungen die Entziehung der Erlaubnis verhindert werden kann.[93]

In diesen Fällen kann der Zusatz von Nebenbestimmungen auch nachträglich erfolgen.

Die Entziehung der Erlaubnis zur Kindertagespflege stellt einen Eingriff in die grundrechtlich geschützte Berufsfreiheit (Art. 12 Abs. 1 GG) dar und ist daher stets das letzte Mittel zur Gewährleistung des Kindeswohls.[94] Ein Einschreiten der Behörde kommt in aller Regel nur in Betracht, wenn die Tagespflegeperson nicht bereit oder nicht in der Lage ist, eine (mutmaßliche) Gefährdung abzuwenden.[95]

Die Entziehung der Erlaubnis ist nach Ansicht des Bayerischen VGH[96] daher rechtswidrig, wenn die Eignung der Tagespflegeperson durch (nachträgliche) Auflagen gewährleistet und dadurch einer befürchteten Gefahrenlage wirksam begegnet werden kann.

Rechtsbehelfsbelehrung

Der schriftlich erteilten oder bestätigten Erlaubnis ist eine Rechtsbehelfsbelehrung anzufügen, in der die Art des Rechtsbehelfs (i.d.R. Widerspruch oder Klage) und die Behörde oder das Gericht, bei denen Widerspruch oder Klage zu erheben ist, deren Sitz sowie Frist und Form des Rechtsbehelfs anzugeben ist (§ 36 SGB X).

Rechtsbehelf gegen einen Verwaltungsakt ist i.d.R. der Widerspruch.

Dieser ist gemäß § 70 VwGO innerhalb eines Monats, nachdem der Verwaltungsakt der Tagespflegeperson bekannt gegeben wurde, schriftlich oder zur Niederschrift bei der Behörde zu erheben, die den Verwaltungsakt erlassen hat.

Ein schriftlicher Verwaltungsakt, der im Inland durch die Post oder elektronisch übermittelt wird, gilt gemäß § 37 SGB X am dritten Tag nach

92. U.a. VG Freiburg, 16.12.2016 – 4 K 1913/14.
93. OVG NRW 07.06.2016 – 12 A 2086/14.
94. OVG NRW, 07.06.2016 – 12 A 2086/14.
95. BayVGH, 18.10.2012 – 12 B 12.1048.
96. BayVGH, 11.12.2012 – 12 CS 12.2406.

der Aufgabe zur Post bzw. der elektronischen Übermittlung als bekannt gegeben.

Beispiel: Rechtsbehelfsbelehrung

»Gegen diesen Bescheid kann innerhalb eines Monats nach Bekanntgabe schriftlich oder zur Niederschrift Widerspruch bei (Bezeichnung und Sitz der Behörde, die den Verwaltungsakt erlassen hat) erhoben werden.«

Erfolgt keine oder eine unrichtige Rechtsbehelfsbelehrung, ist die Erlaubnis zwar dennoch wirksam. In diesem Fall gilt jedoch die Widerspruchs- und Klagefrist von einem Monat (§ 70 Abs. 2 VwGO) nicht; die Anfechtungsfrist beträgt stattdessen ein Jahr nach Bekanntgabe des Verwaltungsakts (§ 58 Abs. 2 VwGO).

1.6 Unterrichtungspflicht der Tagespflegeperson

Tagespflegepersonen sind verpflichtet, den Träger der öffentlichen Jugendhilfe über wichtige Ereignisse, die für die Betreuung des Kindes bzw. der Kinder bedeutsam sind, zu unterrichten (§ 43 Abs. 3 S. 6 SGB VIII).

Als wichtige Ereignisse kommen laut Kommentar zum SGB VIII[97] z.B. in Betracht: schwere Erkrankungen, soziale Auffälligkeiten des Kindes oder seiner Eltern, Entwicklungsverzögerungen, Probleme in der Familie des Kindes,[98] aber auch der tatsächliche Beginn oder das tatsächliche Ende der Kindertagespflege, bedeutsame Veränderungen der Räumlichkeiten, in denen die Kindertagespflege ausgeübt wird, Änderungen der familiären Verhältnisse, Geburt eigener Kinder, Strafverfahren gegen die Tagespflegeperson.

Zu den wichtigen Ereignissen gehört auch die Nutzung zusätzlicher Räume, die dem Jugendhilfeträger bisher nicht bekannt war sowie nach Ansicht des VG München[99] die Risikoschwangerschaft der Tagespflegeperson.

Da die unmittelbare Geltung des Schutzauftrags i.S.d. § 8a SGB VIII zweifelhaft ist (Tagespflegepersonen zählen zumindest nach dem Sprachgebrauch nicht zu den Einrichtungen und Diensten des SGB VIII), kommt der Unterrichtungspflicht aus § 43 SGB VIII besondere Bedeutung zu.

Zwar wird teilweise die Auffassung vertreten, dass Tagespflegepersonen im Hinblick auf den Sinn und Zweck des § 8a SGB VIII den Einrichtungen und Diensten gleichzustellen sind.[100]

Es stellt sich jedoch die Frage, warum trotz weiterer – zwischenzeitlich erfolgter – Änderungen des § 8a SGB VIII insoweit bis heute keine gesetzliche Klarstellung erfolgt ist.

In jedem Fall gilt § 8a SGB VIII aber im Rahmen der Gefährdungseinschätzung der öffentlichen Jugendhilfeträger bzw. der Einrichtungen und Dienste, mit denen entsprechende Vereinbarungen bestehen.

---

97. Mörsberger in Wiesner, R. (2015): Kommentar zum SGB VIII, 5. Aufl. München: C.H. Beck, § 43 Rn. 38.
98. Frankfurter Kommentar zum SGB VIII, 8. Aufl. 2019, § 43 Rn. 28.
99. VG München v. 25.04.2012 – M 18 K 10.5583.
100. Wiesner, Kommentar zum SGB VIII, 5. Auflage 2015, § 8a Rn. 68.

1.7 Gerichtsentscheidungen zu Erlaubnis und Eignung

Zur Einschätzung des eigenen Falles kann es u.U. hilfreich sein, die in anderen Fällen bereits ergangenen Entscheidungen der Gerichte heranzuziehen.

Pauschale Beurteilungen oder Aussagen sind allerdings nur in seltenen Fällen möglich.

Bei der Entscheidung darüber, ob eine Erlaubnis zu versagen bzw. zu entziehen ist, handelt es sich immer um Einzelfallentscheidungen, d.h. es kommt im Wesentlichen auf die konkreten Umstände jedes einzelnen Falles an.

1.7.1 Alter der Tagespflegeperson

Die Berücksichtigung des Alters der Tagespflegeperson stellt nicht zwingend eine Altersdiskriminierung dar. Die Anforderungen an eine Tagespflegeperson verlangen eine körperliche und psychische Belastbarkeit, die bei Menschen im fortgeschrittenen Alter u.U. nicht mehr vorausgesetzt werden kann. Entscheidend sind aber die konkreten Umstände des Einzelfalls.

Bei Personen, die das Renteneintrittsalter deutlich überschritten haben (im entschiedenen Fall: um 10 Jahre), bestehen nach Auffassung des OVG Bremen[101] regelmäßig erhebliche Zweifel daran, dass sie den Anforderungen, die an die körperliche und psychische Belastbarkeit einer Tagespflegeperson gestellt werden, gerecht werden können.

Eine allgemeine Regelung (z.B. durch Satzung oder Richtlinie), wonach die Erlaubnis bei Eintritt in die gesetzlich vorgegebene Altersgrenze erlischt oder nicht mehr erteilt wird, ist jedoch laut VG Magdeburg[102] zu weitgehend. Aus § 43 SGB VIII ließe sich nicht schließen, dass die persönliche Eignung nach allgemeinen Kriterien unter Anwendung einer generellen Altersgrenze bestimmt werden könne. Nach Ansicht des Gerichts gibt es keinen allgemeinen Erfahrungssatz, dass Betreuungspersonen nach Überschreitung des 65. Lebensjahres nicht mehr über die zur Ausübung der Kindertagespflege erforderliche psychische Belastbarkeit verfügen. Die gesetzlichen Voraussetzungen der Eignung nach § 43 Abs. 2 SGB VIII

101. OVG Bremen, 17.11.2010 – 2 B 256/10.
102. VG Magdeburg, 17.07.2012 – 4 B 158/12.

knüpften gerade an individuelle persönliche Merkmale wie Persönlichkeit, Sachkompetenz, Kooperationsbereitschaft und Fachkenntnisse an, deren Vorliegen in jedem konkreten Einzelfall zu prüfen sei. Die pauschal vorgegebene Altersgrenze widersprach nach Auffassung des VG Magdeburg daher bereits der gesetzlichen Regelung des § 43 SGB VIII und der durch Art. 12 Abs. 1 GG gewährleisteten Berufsfreiheit. Ob auch gleichzeitig ein Verstoß gegen das Allgemeine Gleichbehandlungsgesetz vorlag, ließ das Gericht offen.

Das VG Köln[103] hat eine aus Altersgründen aufgenommene Nebenbestimmung, mit der die Tagespflegeperson verpflichtet wurde, jährlich ein ärztliches Attest vorzulegen, als rechtmäßig angesehen. Laut VG Köln erscheint ein Nachlassen der körperlichen und psychischen Belastbarkeit in dem Maße, dass die Eignung entfällt, im fünfjährigen Gültigkeitszeitraum einer Erlaubnis zumindest möglich. Die unterschiedliche Behandlung mit »lebensjüngeren« Personen sah das Gericht als sachlich gerechtfertigt an. Da die unterschiedliche Behandlung wegen der beruflichen Anforderungen erfolgte, verneinte das Gericht gemäß § 8 AGG auch einen Verstoß gegen das Allgemeine Gleichbehandlungsgesetz.

1.7.2 Erwerbsminderung

Der Bezug einer Rente wegen voller Erwerbsminderung spricht im Allgemeinen eher gegen die Eignung der Tagespflegeperson.

Voll erwerbsgemindert ist, wer wegen Krankheit oder Behinderung auf nicht absehbare Zeit unter den üblichen Bedingungen des allgemeinen Arbeitsmarktes außerstande ist, mindestens drei Stunden täglich erwerbstätig zu sein (§ 43 SGB VI).

Wer dies nicht kann, dem wird häufig auch die Eignung für die verantwortungsvolle Tätigkeit als Tagespflegeperson abgesprochen.

Das VG München hatte in zwei Fällen die Eignung von Tagespflegepersonen zu beurteilen, die aufgrund einer psychischen[104] bzw. einer physischen[105] Behinderung eine Rente wegen voller Erwerbsminderung bezogen. Das Gericht hielt es im Hinblick darauf, dass auch die Kindertagespflegetätigkeit eine Erwerbstätigkeit darstellt, für ausgeschlossen, dass eine Tagespflegeperson eine Rente wegen voller Erwerbsminderung bezieht,

103. VG Köln, 30.09.2019 – 19 K 109/18.
104. VG München, 15.07.2009 – M 18 K 07.3391.
105. VG München, 09.06.2010 – M 18 K 08.2177; BayVGH, 09.05.2012 – 12 ZB 10.2184.

aber Kinder mehr als 15 Stunden wöchentlich (3 Stunden täglich) gegen Entgelt betreut. Es könne nicht einerseits volle Erwerbsminderung geltend gemacht und andererseits die verantwortungsvolle Tätigkeit einer Tagespflegeperson ausgeübt werden.

Der Bayerische VGH[106] hat diese Einschätzung zwischenzeitlich relativiert. Nach Auffassung des VGH ist ein genereller Rückschluss von der Erwerbsminderung auf fehlende Eignung zur Kindertagespflege nicht möglich. Maßgeblich seien vielmehr die Umstände des Einzelfalls. Im entschiedenen Fall hatte die Tagespflegeperson zahlreiche ärztliche Atteste vorgelegt, die ihre gesundheitliche Eignung zur Kindertagespflege bescheinigten. Die gesundheitliche Eignung wurde u.a. damit begründet, dass die körperlichen Anforderungen in der Altenpflege, die zum Eintritt der Erwerbsminderung geführt hatten, gänzlich andere seien als die in der Kindertagespflege.

1.7.3 Familiäre Belastungen

Schwerwiegende Probleme in der Familie der Tagespflegeperson, insbesondere im Umgang mit den eigenen Kindern, können die Eignung der Person infrage stellen.

Vorfälle von sexuellem Missbrauch in der Familie der Tagespflegeperson stellen nach Auffassung des VG Köln[107] regelmäßig ein Ausschlusskriterium für die Erteilung der Erlaubnis zur Kindertagespflege dar. Es liege auf der Hand, dass die Vorfälle sexueller Gewalt für die gesamte Familie eine extreme Belastung darstellten. In der Tagespflegefamilie war es über einen längeren Zeitraum zu zahlreichen sexuellen Übergriffen durch den älteren Sohn auf den jüngeren Sohn der Tagespflegeperson gekommen, ohne dass diese etwas bemerkt hatte.

Nach Auffassung des Bayerischen VGH[108] kann allerdings von einer – möglicherweise auch nur vorübergehend – fehlenden Eignung zur Erziehung der eigenen Kinder nicht automatisch auf das Fehlen der Eignung zur Betreuung fremder Kinder geschlossen werden. Eine derart pauschale Betrachtung ließe die Umstände des Einzelfalls (im Fall Trennung der Eltern und Streit um das Sorgerecht) unberücksichtigt. Nach Ansicht des Gerichts bestehen insbesondere zwischen der Erziehung eigener Kinder und der Betreuung fremder Kinder im Rahmen einer Großtagespflege sowohl hin-

106. BayVGH, 18.10.2012 – 12 B 12.1048.
107. VG Köln, 16.01.2015 – 19 K 5659/13.
108. BayVGH, 16.01.2015 – 12 C 14.2846.

sichtlich der sozialen Kontrolle als auch der persönlichen Hemmschwelle gewichtige Unterschiede.

1.7.4 Gefahren aus dem Umfeld der Tagespflegeperson

Bei der Beurteilung der Eignung kommt es nicht allein auf die Tagespflegeperson selbst an. Vielmehr besteht das ungeschriebene Merkmal, dass auch von dem unmittelbaren Umfeld der Tagespflegeperson keine Gefahren für die betreuten Kinder ausgehen dürfen.

Die Erteilung der Erlaubnis setzt voraus, dass in der Kindertagespflegestelle für die dort betreuten Kinder »keine für ihre Entwicklung schädlichen Risiken oder Gefährdungen vorhanden sind, die zwar nicht unmittelbar in der Person der Pflegeperson oder der sächlichen Ausstattung der zur Tagespflege genutzten Wohnung liegen, aber dennoch letztlich der Sphäre der Pflegeperson zuzurechnen sind«.[109]

Ein solches Risiko kann laut Bayerischem VGH[110] von dem Ehemann oder Lebensgefährten der Tagespflegeperson ausgehen, der in der Vergangenheit wegen einschlägiger Straftatbestände, namentlich wegen sexuellen Missbrauchs eines Kindes, verurteilt wurde. Dies gilt auch, wenn der Ehemann oder Lebensgefährte »einem erheblichen, auf konkrete Tatsachen und nicht lediglich auf bloße Mutmaßungen gestützten, bislang nicht hinreichend ausgeräumten Verdacht einer solchen Straftat ausgesetzt ist, der im konkreten Einzelfall die Annahme einer Wiederholungsgefahr rechtfertigt und damit verbunden eine Beeinträchtigung des Kindeswohls besorgen lässt«.

Derart erhebliche Risiken wurden vom VG Aachen[111] in einem Fall angenommen, in dem der Lebensgefährte der Tagespflegeperson wegen sexuellen Missbrauchs von Kindern in Verdacht stand.

Eine Kindeswohlgefährdung war laut VG Osnabrück[112] auch in einem Fall zu befürchten, in dem der Ehepartner der Tagespflegeperson im Besitz kinderpornografischer Schriften war.

Nach Ansicht der beiden Verwaltungsgerichte geht es in derart schwerwiegenden Verdachtsfällen nicht um die strafrechtliche Beurteilung der Vorwürfe. Vielmehr könne die Risikoeinschätzung für die jugendhilferechtli-

109. U.a. OVG Niedersachen, 22.04.2010 – 4 PA 65/10; BayVGH, 11.12.2012 – 12 CS 12.2406.
110. BayVGH, 11.12.2012 – 12 CS 12.2406.
111. VG Aachen, 15.05.2006 – 2 L 193/06.
112. VG Osnabrück, 26.11.2009 – 4 B 28/09.

che Entscheidung grundsätzlich auch aufgrund deutlich niedrigschwelliger Hinweise und Anhaltspunkte gegen den Lebensgefährten bzw. gegen den Ehemann der Tagespflegepersonen getroffen werden. Der Jugendhilfeträger müsse aus seiner Aufgabenstellung heraus vorrangig den Schutz der Kinder vor Gefährdungen, die erfahrungsgemäß schwere Störungen in der Persönlichkeitsentwicklung auslösen können, im Blick haben.

Aus diesem Grund muss der Ausgang eines strafrechtlichen Verfahrens auch nach Auffassung des OVG Nordrhein-Westfalen[113] nicht zwingend abgewartet werden. Gewichtige Anhaltspunkte für eine Gefährdung des Kindeswohls können sich laut OVG u.U. selbst dann noch ergeben, wenn das Ermittlungsverfahren eingestellt wurde.

Gefordert wird allerdings, dass ein »Mangel an persönlicher Integrität und Zuverlässigkeit« besteht, der »negative Auswirkungen von nicht unerheblichem Gewicht auf die betreuten Tagespflegekinder konkret befürchten lässt«. Weitere Voraussetzung ist außerdem, dass die Tagespflegeperson nicht bereit oder in der Lage ist, die daraus resultierende Gefährdung abzuwenden.[114]

Da die Entziehung der Erlaubnis einen Eingriff in die grundrechtlich geschützte Berufsfreiheit (Art. 12 Abs. 1 GG) darstellt, darf sie stets nur das letzte Mittel zur Gewährleistung des Kindeswohls sein.

Aus diesem Grund ist vor der Entziehung zu prüfen, ob eine mögliche Kindeswohlgefährdung im Einzelfall auch mit der nachträglichen Erteilung von Nebenbestimmungen als milderem Mittel verhindert werden kann.[115]

Der Bayerische VGH[116] hatte über die Wiederherstellung der aufschiebenden Wirkung in einem Fall zu entscheiden, in dem der Ehemann der Tagespflegeperson Nacktaufnahmen von Schulkindern, die er in den Ferien betreute, angefertigt hatte. Die Anfertigung von Nacktaufnahmen stellt laut Bayerischem VGH – selbst wenn sie im Einzelfall ohne sexuelle Motive erfolgen sollte – einen widerrechtlichen Eingriff in das allgemeine Persönlichkeitsrecht (Art. 2 Abs. 1 i.V.m. Art. 1 Abs. 1 GG) der Betroffenen und damit ein für die Betreuung von Kindern nicht zu verantwortendes Risiko dar, sofern die Tagespflegeperson nicht bereit oder in der Lage ist, die Gefährdung abzuwenden. Der Bayerische VGH hielt jedoch den Zusatz von nachträglichen Nebenbestimmungen – zumindest bis zur

113. OVG Nordrhein-Westfalen, 22.06.2006 – 12 B 800/06.
114. BayVGH, 18.10.2012 – 12 B 12.1048; OVG Sachsen, 27.05.2014 – 4 B 48/14.
115. OVG NRW, 07.06.2016 – 12 A 2086/14; BayVGH, 11.12.2012 – 12 CS 12.2406.
116. BayVGH, 11.12.2012 – 12 CS 12.2406.

abschließenden Entscheidung im Hauptsacheverfahren – für möglich und ausreichend. Darin könne der Tagespflegeperson aufgegeben werden, dass diese dafür Sorge zu tragen habe, dass sich ihr Ehemann während der Betreuung der Tagespflegekinder nicht in der gemeinsamen Ehewohnung aufhält und dass sie dies durch geeignete Maßnahmen wie innenverriegelte Türen sicherstellt.

Auch das OVG Nordrhein-Westfalen[117] hielt eine Nebenbestimmung, wonach sich der Ehemann der Tagespflegeperson nicht in der gemeinsamen Wohnung aufhalten darf, solange dort Kinder betreut werden, für ein geeignetes milderes Mittel und die Entziehung der Erlaubnis daher für unverhältnismäßig. Der Ehemann stand im Verdacht des sexuellen Missbrauchs von Kindern während einer Ferienbetreuung. Den Einwand des Jugendhilfeträgers, dass die Umsetzung einer derartigen Nebenbestimmung insbesondere hinsichtlich des zeitlichen Umfangs der Betreuungstätigkeit und der Arbeitszeiten des Ehemanns schwierig sei, ließ das Gericht nicht gelten. Laut OVG habe der Jugendhilfeträger die Möglichkeit gehabt, zusätzlich den zeitlichen Umfang der Betreuungstätigkeit entsprechend einzuschränken. Die Einhaltung der Nebenbestimmung hätte sich nach Auffassung des Gerichts zudem durch (unangemeldete) Kontrollbesuche überwachen lassen. Da es sich bei einer solchen Nebenbestimmung nur um eine vorübergehende Maßnahme gehandelt hätte, bis der angezeigte Vorfall aufgeklärt ist, könne sich der Jugendhilfeträger nicht auf unzumutbaren Kontrollaufwand berufen.

Die persönliche Eignung wurde dagegen in einem Fall verneint, in dem der Ehegatte Gewalt gegen seine Frau, die als Tagespflegeperson tätig war, und seine Kinder ausübte, und die Tageskinder diesen Gewaltszenarien ausgesetzt waren. Laut OVG Nordrhein-Westfalen[118] besteht im Miterleben von Konfliktsituationen, die in eine Gewaltandrohung bzw. in Gewalt münden, ein erhebliches Entwicklungsrisiko für die Tageskinder.

Auch von Hunden kann u.U. ein Risiko, das der Annahme der Eignung entgegensteht, ausgehen. Im entschiedenen Fall hatte das OVG Nordrhein-Westfalen[119] erhebliche Zweifel daran, dass die (5!) Hunde der Tagespflegeperson und die Tageskinder derart räumlich getrennt werden konnten, dass ein ungewollter Kontakt ausgeschlossen war. Selbst für erfahrene Hundehalter bestünden im Hinblick auf die Anzahl der Hunde und das Alter der Kinder nicht mehr beherrschbare Gefahren.

---

117. OVG NRW, 07.06.2016 – 12 A 2086/14.
118. OVG NRW, 08.11.2006 – 12 B 2077/06.
119. OVG NRW, 27.06.2011 – 12 B 507/11.

1.7.5 Einträge im Führungszeugnis, Abfrage bei Ermittlungsbehörden

Ob ein Eintrag im Führungszeugnis Konsequenzen für die Beurteilung der Eignung der Person hat, hängt vom Einzelfall ab.

Nicht jeder Eintrag führt automatisch zur Ablehnung der persönlichen Eignung. Eine derartige pauschale Einschätzung kann sich allenfalls bei Einträgen von Verurteilungen wegen Straftaten ergeben, die in § 72a SGB VIII konkret aufgeführt sind (z.B. Verurteilungen wegen sexuellen Missbrauchs von Kindern, Kindesentziehung oder Misshandlung von Schutzbefohlenen).

Eine fehlende Eignung der Tagespflegeperson wegen pädophiler Neigungen kann sich auch noch Jahre nach einer Verurteilung und nach Ablauf der Tilgungsfrist und Löschung aus dem Führungszeugnis ergeben, wenn weiterhin Anhaltspunkte für eine Kindeswohlgefährdung vorliegen.[120]

Bei allen anderen Straftaten muss eine Abwägung erfolgen, ob aufgrund der Verurteilung auf eine mangelnde Eignung der Tagespflegeperson zu schließen ist. Dabei spielt in gewisser Weise zwar auch die Vorbildfunktion, die eine Tagespflegeperson innehat, eine Rolle. Diese darf jedoch nicht überbewertet werden.

Das VG Freiburg[121] hat den Eintrag einer Verurteilung zu 90 Tagessätzen wegen Sozialleistungsbetrugs nicht als ausreichend angesehen, um der Tagespflegeperson die Eignung zur Kindertagespflege abzusprechen. Nach Auffassung des Gerichts fehlt die persönliche Eignung für die Kindertagespflege i.S.d. § 43 Abs. 2 SGB VIII nur dann, »wenn ein festgestellter Mangel an persönlicher Integrität und Zuverlässigkeit negative Auswirkungen von nicht unerheblichem Gewicht auf die betreuten Kinder hinreichend konkret befürchten lässt«.

Das OVG Nordrhein-Westfalen[122] hat in einem Urteil zur Eignung einer Vollzeit-Pflegeperson ausgeführt: »Zur notwendigen Vorbildfunktion der Pflegeperson zählt insoweit auch deren Haltung gegenüber Recht und Gesetz als den Regeln des gesellschaftlichen Zusammenlebens. [...] Soweit eine [...] Verurteilung die Eignung der Pflegeperson [...] nicht – gleichsam automatisch – entfallen lässt, kommt es auf sämtliche Umstände des Einzelfalles an. Dabei kann auch von Bedeutung sein, wie schwer die der

120. VGH Baden-Württemberg, 23.04.2019 – 12 S 675/19.
121. VG Freiburg, 11.11.2009 – 2 K 2260/08.
122. OVG Nordrhein-Westfalen, 19.09.2011 – 12 A 2493/10.

Verurteilung zugrundeliegende Tat wiegt, wie lange sie zurückliegt, welche nach außen erkennbare Einstellung die Pflegeperson zwischenzeitlich ihrer Tat gegenüber einnimmt und inwieweit der Betreffende – weil er sich in einem zwielichtigen Milieu bewegt hat – in weitere Strafermittlungen verwickelt war.«

Liegt die Tatbegehung (hier: gewerbsmäßiger Betrug) mehr als fünf Jahre zurück, kann laut VG Darmstadt[123] nicht ohne weitere konkrete Anhaltspunkte auf eine mangelnde Eignung der Tagespflegeperson geschlossen werden.

Soweit Führungszeugnisse von Personen, die im Haushalt der Tagespflegeperson leben, eingeholt werden, dürfen bei deren Bewertung keine strengeren Voraussetzungen angelegt werden als bei der Tagespflegeperson selbst. Im Grunde können in diesen Fällen nur Einträge relevant sein, die konkret befürchten lassen, dass von der Person negative Auswirkungen von erheblichem Gewicht auf die betreuten Kinder ausgehen.

Die Einholung personenbezogener Daten der Tagespflegeperson bzw. ihres Lebensgefährten bei der Polizei hat das VG München[124] als einen erheblichen und unverhältnismäßigen Eingriff in das Persönlichkeitsrecht der betroffenen Personen angesehen.

Der Jugendhilfeträger durfte die Erteilung der Erlaubnis nicht vom Einverständnis der Personen zur Einholung dieser Daten abhängig machen, zumal keinerlei Anhaltspunkte für eine konkrete Gefährdung der Kinder bestanden.

Laut Bayerischem VGH[125] hat der Gesetzgeber im Zuge der Ergänzung des § 43 Abs. 2 S. 4 SGB VIII durch den Verweis auf § 72a Abs. 1 und 5 SGB VIII die Erhebung personenbezogener Daten unter Datenschutzgesichtspunkten bereits bereichsspezifisch geregelt. Eine darüberhinausgehende Befugnis zur Datenerhebung sei dem für die Erlaubnis zuständigen Jugendhilfeträger gerade nicht zugesprochen worden. Aus diesem Grund war laut VGH der Rückgriff auf allgemeine Befugnisnormen für diesen Bereich gesperrt und die Einholung einer Leumundsauskunft rechtswidrig.

---

123. VG Darmstadt, 24.04.2015 – 5 K 1543/14.DA.
124. VG München, 28.09.2011 – M 18 K 11.3325; im Ergebnis bestätigt durch BayVGH, 28.09.2011 – 12 BV 12.526.
125. BayVGH, 05.12.2012 – 12 BV 12.526 (Begründung im Rahmen der Kostenentscheidung).

1.7.6 Gewalt, pädophile Neigungen

Kinder haben das Recht auf gewaltfreie Erziehung (§ 1631 Abs. 2 BGB). Körperliche Bestrafungen, seelische Verletzungen und andere entwürdigende Maßnahmen sind danach unzulässig.

Wer dieses Recht in der Kindertagespflege nicht gewährleisten kann, ist für die Tätigkeit nicht geeignet.

Nach Ansicht des VG München[126] hat § 43 SGB VIII das deutlich erkennbare Ziel, über das Merkmal der Eignung Qualitätsstandards zu setzen und eine kindgerechte Betreuung sicherzustellen. Eine Tagespflegeperson könne sich daher nur dann in diesem Sinne »auszeichnen«, wenn die Kinder bei der Tagespflegeperson keinen Risiken oder Gefährdungen ausgesetzt sind, die ihrer Entwicklung schaden können. Laut VG München gehört zu den charakterlichen Eigenschaften einer Tagepflegeperson u.a. eine ausreichende psychische Belastbarkeit und Zuverlässigkeit, um auch in unerwarteten Situationen flexibel reagieren zu können. Von Bedeutung sind in diesem Zusammenhang sowohl Verantwortungsbewusstsein als auch eine hinreichende emotionale Stabilität. Diesen Anforderungen muss eine Tagespflegeperson auch »im Hinblick auf den vom Kindeswohl umfassten Anspruch auf gewaltfreie Erziehung (§ 1631 Abs. 2 BGB) genügen«.[127] Im konkreten Fall war deshalb die Eignung der Tagespflegeperson, die einem Kleinstkind ins Gesicht geschlagen hatte, begründet in Zweifel zu ziehen. Im späteren Hauptsacheverfahren wurde die Rechtmäßigkeit des Erlaubnisentzugs bestätigt.[128]

Im Hinblick auf die zur Beurteilung der Geeignetheit notwendigen Umstände gilt der Untersuchungsgrundsatz (§ 20 SGB X). Das VG Ansbach[129] kam vor diesem Hintergrund zu dem Ergebnis, dass der Verdacht des sexuellen Missbrauchs zwar schwer wiegt und ernstgenommen werden muss. Eine Entscheidung allein auf der Grundlage eines auszugsweisen bekannten Aktenvorgangs genüge dem Untersuchungsgrundsatz allerdings nicht. Die Behörde müsse vielmehr ggf. selbst tätig werden und Ermittlungen (Befragungen/Einbeziehung von Psychologen etc.) anstellen.

Mit den Grundsätzen der Amtsermittlung ist es nicht vereinbar, wenn Beschwerden der Eltern nicht in ausreichendem Maße nachgegangen und Vorkommnisse nicht aufgeklärt werden. Die Versagung einer Erlaub-

126. VG München, 26.11.2010 – M 18 S 10.4248.
127. So auch OVG Nordrhein-Westfalen, 02.09.2008 – 12 B 1224/08.
128. VG München, 02.05.2012 – M 18 K 11.1341.
129. VG Ansbach, 12.02.2013 – 12.01754.

nis kann laut VG Darmstadt[130] im Hinblick auf den damit einhergehenden Eingriff in die Berufsfreiheit nicht allein auf nicht näher spezifizierte Gefährdungslagen gestützt werden.

Die Annahme der fehlenden Eignung einer Tagespflegeperson setzt laut VGH Baden-Württemberg[131] weder eine Anklageerhebung noch eine Verurteilung im strafrechtlichen Sinn voraus. Sie kann selbst Jahre nach einer Verurteilung und der Löschung aus dem Führungszeugnis festgestellt werden, wenn weiterhin Anhaltspunkte für eine Kindeswohlgefährdung vorliegen. Ob eine Kindeswohlgefährdung vorliegt, ist laut VGH eine »Frage der prognostischen Wahrscheinlichkeit«, bei der nicht der strafrechtliche Grundsatz »in dubio pro reo« (»im Zweifel für den Angeklagten«) Anwendung finde, sondern der Grundsatz »in dubio pro infante« (»im Zweifel für das (Klein)Kind«) gelte. Zwar lag die Verurteilung wegen sexuellen Missbrauchs von 12- bis 14-jährigen Kindern bzw. Jugendlichen bereits 20 Jahre zurück. Nach Auffassung des Gerichts blieb jedoch nach der Gesamtwürdigung des konkreten Einzelfalls ein für die Betreuung von Kindern in Kindertagespflege nicht verantwortbares Risiko, das die Eignung der Person ausschloss. Das zuständige Jugendamt hatte deshalb die Erlaubnis entzogen und die sofortige Vollziehung angeordnet. Der dagegen gerichtete Antrag der Tagespflegeperson auf Wiederherstellung der aufschiebenden Wirkung des Widerspruchs hatte keinen Erfolg.

1.7.7 Überschreiten der Kinderzahl

Wenn die erlaubte Kinderzahl mehrfach überschritten wurde, wird die Entziehung der Erlaubnis aufgrund mangelnder Eignung der Tagespflegeperson i.d.R. als rechtmäßig angesehen.

Laut OVG Nordrhein-Westfalen[132] büßt eine Tagespflegeperson, die wiederholt mehr als fünf gleichzeitig anwesende Kinder betreut, ihre Eignung durch die wiederholte Missachtung ihrer Berufspflichten ein. Ein derartiges Verhalten deute »in bedenklicher Weise auf mangelndes Verantwortungsbewusstsein und einem der anvertrauten Kinder abträglichen Hang zur Missachtung der Berufspflichten einer Tagespflegeperson« hin.

Auch nach Ansicht des VG München[133] war die Entziehung der Erlaubnis wegen Überschreitung der Kinderzahl rechtmäßig. § 43 Abs. 3 SGB VIII

130. VG Darmstadt, 24.04.2015 – 5 K 1543/14.DA.
131. VGH Baden-Württemberg, 23.04.2019 – 12 S675/19.
132. OVG NRW, 06.12.2013 – 12 B 1275/13.
133. VG München, 24.05.2007 – M 18 S 07.2013.

diene dem Schutz der Kinder, da durch die Beschränkung der Kinderzahl eine ausreichende Betreuung sichergestellt werden soll. Ein Verstoß gegen diese Vorschrift belege daher die Unzuverlässigkeit der Tagespflegeperson.

Nach Auffassung des OVG Sachsen[134] war die Eignung der Tagespflegeperson aufgrund der mehrfachen Überschreitung der zulässigen Kinderzahl entfallen. Die Tagespflegeperson war zur Einhaltung der Höchstzahl, die dem Schutz der Kinder diene, nicht willens oder organisatorisch nicht in der Lage. Aufgrund des vom Jugendamt festgestellten Verstoßes hätte die Tagespflegeperson diesem laut OVG zudem darlegen müssen, welche Kinder sie in welchen Zeiträumen betreut und wie sie zeitliche Überschneidungen verhindert. Dazu war sie jedoch nicht bereit. Entfällt durch rechtswidriges Verhalten die Eignung der Tagespflegeperson, ist nach Ansicht des OVG Sachsen weder Raum für eine Ermessensausübung noch für die Berücksichtigung von Vertrauensschutzaspekten. Für das Merkmal der Eignung i.S.d. § 43 Abs. 2 SGB VIII seien keine Abstufungen vorgesehen: »Entweder ist jemand für die Kindertagespflege geeignet oder er ist es nicht«.

Laut VG Cottbus[135] widerspricht auch die eigenmächtige Ausweitung der Erlaubnis dem Schutzzweck der Norm. Die eigenmächtige, verbotswidrige Aufnahme der Betreuung oder Ausweitung der Betreuungskapazität über einen durch die Erlaubnis vorgegebenen Umfang hinaus muss daher nicht nachträglich durch den Jugendhilfeträger gebilligt werden. Die Anwesenheit der Eltern in der Eingewöhnungsphase rechtfertigt es nach Auffassung des Gerichts nicht, das betreffende Kind unberücksichtigt zu lassen.

Die »auf Dauer angelegte Überschreitung der Höchstzahl der zu betreuenden Kinder« stellt laut OVG Sachsen[136] – bereits für sich gesehen – eine schwere Pflichtverletzung dar, »die auf eine mangelnde Sorgfalt im Umgang mit den zu betreuenden Kindern schließen lässt«. In diesem Fall komme es daher nicht darauf an, ob ein Schadensereignis eingetreten ist. Die dauerhafte Überschreitung der gesetzlichen Höchstzahl lasse erkennen, dass die Tagespflegeperson sich »nach eigenem Gutdünken nachhaltig über gesetzliche, dem Kindeswohl dienende Regelungen hinwegsetzt und kein Verlass mehr dafür vorliegt, dass sie sich adäquat auf die Belange der ihr anvertrauten Kinder konzentriert«.

134. OVG Sachsen, 17.12.2015 – 4 A 253/15.
135. VG Cottbus, 30.01.2015 – 3 K 565/13.
136. OVG Sachsen, 23.10.2017 – 4 B 173/17.

Eine Tagespflegeperson, die über einen längeren Zeitraum wiederholt mehr Kinder als erlaubt betreut, ist laut OVG Rheinland-Pfalz[137] für deren Betreuung ungeeignet. Für eine ordnungsgemäße Betreuung und insbesondere für die Beaufsichtigung und die Verhinderung von Unfällen ist es nach Auffassung des Gerichts von entscheidender Bedeutung, auf wie viele Kinder sich die Tagespflegeperson konzentrieren muss. Durch § 43 SGB VIII solle die ordnungsgemäße Betreuung der Kinder und damit zugleich sichergestellt werden, dass die Tagespflegeperson den Kindern die notwendige Aufmerksamkeit schenkt. Dies könne nicht auf beliebig viele Kinder aufgespalten werden, ohne einzelne Kinder unbeobachtet zu lassen.

Eine Tagespflegeperson kann die Überschreitung der zulässigen Kinderzahl laut VG Lüneburg[138] nicht damit rechtfertigen, dass die Eltern ihre Kinder nicht rechtzeitig abgeholt oder zu früh gebracht hätten. Eine Tagespflegeperson habe vielmehr durch »entsprechende Erteilung der Betreuungszeiten oder auf andere Weise selbst dafür Sorge zu tragen, dass ein solches Verhalten der Eltern nicht zur Folge hat, dass mehr als fünf Kinder gleichzeitig betreut werden«. Geschehe dies nicht, spreche dieser Umstand gegen die Zuverlässigkeit der Tagespflegeperson.

1.7.8 Einsatz fremder Personen

Die Erteilung der Erlaubnis zur Kindertagespflege ist eine auf die Person bezogene Entscheidung.

Voraussetzung der Erlaubniserteilung ist gemäß § 43 Abs. 2 SGB VIII, dass die Person, die die Erlaubnis beantragt hat, für die Kindertagespflege geeignet ist.

Dies bedeutet nach Auffassung der VG München[139] aber auch, dass grundsätzlich nur die Person, der eine Pflegeerlaubnis erteilt wurde, befugt ist, Kinder im Rahmen der Kindertagespflege zu betreuen. Die Tagespflegeperson dürfe die Betreuung daher nicht auf Personen übertragen, die nicht über die für die Kindertagespflege notwendige Erlaubnis verfügen. Solche Personen dürfen laut VG München auch nicht in wesentlichem Umfang in die Kindertagespflege einbezogen werden. Die Tagespflegeperson hatte die Tagespflegekinder u.a. mindestens einmal ohne Not der Obhut ihres

137. OVG Rheinland-Pfalz, 11.06.2018 – 7 B 10412/18.
138. VG Lüneburg, 16.04.2018 – 4 A 539/16.
139. VG München, 25.04.2012 – M 18 K 10.5583.

Lebensgefährten überlassen und unwahre Angaben über dessen Einbindung in die Kindertagespflege gemacht.

Laut OVG Nordrhein-Westfalen[140] stellt die Kindertagespflege eine höchstpersönlich zu erbringende soziale Dienstleistung dar, deren alleinige Erfüllung auch nicht in kleinerem Umfang auf einen Dritten delegiert werden darf. Schon eine geringfügige Abweichung von diesem Grundprinzip lässt nach Auffassung des Gerichts auf ein mangelndes Problembewusstsein und damit auf eine mangelnde Verlässlichkeit schließen. Die Tagespflegeperson hatte die Kinder allein oder unter Aufsicht eines Freundes gelassen und war während der Betreuungszeit anderen Tätigkeiten (u.a. Treppe putzen, einkaufen, Rollläden von außen reinigen) nachgegangen.

Auch nach Auffassung des OVG Sachsen[141] kann die Erlaubnis zur Kindestagespflege aufgrund ihrer Höchstpersönlichkeit nicht – auch nicht im Einvernehmen mit Dritten oder in Absprache mit den Eltern – zeitweise auf Dritte übertragen werden. Das »dauerhafte und planvolle Überlassen der zu betreuenden Kinder an Dritte lässt nach Auffassung des Gerichts »auf das Entfallen von Zuverlässigkeit und Verantwortungsbewusstsein sowie der Fähigkeit zur Reflexion schließen«.[142]

Die Überlassung der Betreuung der einer Tagespflegeperson anvertrauten Kinder an weitere Personen begründete laut VG Frankfurt[143] die Aufhebung der Erlaubnis mit Sofortvollzug. Allein aufgrund der bewussten Vernachlässigung der eigenen Aufsichtspflichten und ungeachtet des Grades der konkret in Kauf genommenen Kindeswohlgefährdung könne von der Unzuverlässigkeit und der fehlenden Eignung der Tagespflegeperson ausgegangen werden.[144] Die Tagespflegeperson hatte die Kinder z.T. der Obhut von Praktikanten überlassen, die mit den Kindern allein auf Spielplätze oder in den Zoo gegangen waren.

Laut VG Aachen[145] ist nicht mehr von der Eignung der Tagespflegeperson auszugehen, wenn diese die ihr anvertrauten Kinder vorübergehend allein in der Obhut ihrer Haushaltshilfe lässt. Ein akuter medizinischer Notfall, der eine solche Übertragung der Aufsicht zwingend erforderlich gemacht hätte, lag nicht vor. Die Wahrung des Kindeswohls ist jedoch – außer in Notsituationen – laut VG Aachen keinem Kompromiss zugänglich.

---

140. OVG NRW, 22.11.2012 – 12 B 1252/12.
141. OVG Sachsen, 07.07.2016 – 4 A 644/15.
142. OVG Sachsen, 23.10.2017 – 4 B 173/17.
143. VG Frankfurt, 15.10.2015 – 7 L 4332/15.F.
144. So auch Sächsisches OVG, 27.05.2014 – 4 B 48/14.
145. VG Aachen, 03.03.2016 – 1 K 2193/14.

1.7.9 Alleinlassen von Kindern

Zu den persönlichen Merkmalen der Eignung zählen u.a. Zuverlässigkeit und Verantwortungsbewusstsein. Tagespflegepersonen dürfen die ihnen anvertrauten Kinder keinen vermeidbaren Risiken und Gefährdungen aussetzen.

Die Einhaltung der für eine Betreuung zum Schutz der Kinder erforderlichen Vorsichtsregeln ist laut OVG Sachsen[146] eine grundlegende Voraussetzung für die persönliche Eignung einer Tagespflegeperson. Die Tagespflegeperson hatte die Kinder im entschiedenen Fall während des Mittagsschlafs für mindestens 30 Minuten allein gelassen und damit ihre Aufsichtspflichten missachtet. Laut OVG hat sie die Kinder der Gefahr einer Kindeswohlverletzung ausgesetzt und eine Situation geschaffen, die zu einem erheblichen Schaden für die Kinder hätte führen können. Mit dem Vorbringen, sie habe im Haus befindliche Tagespflegepersonen gebeten, während ihrer Abwesenheit nach den Kindern zu sehen, hat die Tagespflegeperson laut OVG Sachsen zudem belegt, dass es ihr an der Einsicht mangele, welcher Verantwortung sie als Tagespflegeperson gerecht werden müsse. Tatsächlich war während der Abwesenheit der Tagespflegeperson keine weitere Tagespflegeperson in den Räumen der Tagespflegestelle anwesend. Eine Verhältnismäßigkeitsprüfung war nach Auffassung des OVG Sachsen trotz des Eingriffs in die Berufsfreiheit nach Art 12 GG im entschiedenen Fall nicht erforderlich, da eine verursachte Kindeswohlgefährdung die Gesichtspunkte der Berufsfreiheit zurücktreten lasse.

Laut VG Köln[147] ist von einer zuverlässigen Tagespflegeperson zu erwarten, dass sie stets einen Überblick über die Anzahl der konkret betreuten Kinder behält.

Die Tagespflegeperson hatte die Anwesenheit eines eineinhalbjährigen Kindes, das an diesem Tag ausnahmsweise später abgeholt werden sollte, vergessen und das Kind allein im Haus zurückgelassen. Sie war erst etwa 3 Stunden später vom Einkaufen zurückgekehrt. Die Mutter des Kindes konnte sich zwischenzeitlich zur vereinbarten Abholzeit durch ein geöffnetes Fenster Zutritt verschaffen und das Kind in Obhut nehmen. Das Gericht warf der Tagespflegeperson zum einen vor, sie habe die ihr obliegende Aufsichtspflicht in besonderem Maße verletzt, da sie das Kind in einer hilflosen Lage zurückgelassen habe. Zudem hätten sich auch Dritte durch das unverschlossene Fenster Zutritt verschaffen und dem Kind

146. OVG Sachsen, 07.07.2016 – 4 A 644/15.
147. VG Köln, 14.11.2014 – 19 L 1968/14.

Schaden zufügen können. Vorgeworfen wurde ihr weiterhin, dass sie den Vorgang gegenüber dem Jugendamt entgegen ihrer Mitteilungspflicht verschwiegen und Verbesserungsmaßnahmen erst unter dem Druck des erfolgten Widerrufs der Erlaubnis angekündigt habe. Das Gericht kam zu dem Ergebnis, dass die Entziehung der Erlaubnis offensichtlich rechtmäßig war und bejahte vor diesem Hintergrund auch ein besonderes öffentliches Interesse an deren sofortigen Vollziehung. Den Antrag der Tagespflegeperson auf Wiederherstellung der aufschiebenden Wirkung ihrer Klage wies das Gericht zurück.

1.7.10 Anforderungen an eine kindgerechte Betreuung

Laut OVG Nordrhein-Westfalen[148] kann die Eignung einer Tagespflegeperson auch bereits unterhalb der Schwelle der Kindeswohlgefährdung zu verneinen sein. Begründet wird dies damit, dass über das Merkmal der Eignung in § 43 Abs. 2 SGB VIII Qualitätsstandards gesetzt werden sollen und »eine in jeder Beziehung kindgerechte Pflege der zu betreuenden Kinder sichergestellt werden soll.« Die fehlende Eignung kann sich daher auch aus unzureichenden hygienischen Verhältnissen sowie der Reaktion der Tagespflegeperson auf entsprechende Vorhaltungen ergeben. Im entschiedenen Fall war die Tagespflegeperson nicht bereit, Katzenfutternäpfe aus der Küche zu entfernen. Nach Auffassung des Gerichts war im Hinblick auf die Keimbelastung durch Katzenspeichel ein ungehinderter Zugang der Kinder zu diesen Näpfen jedoch mit den Anforderungen an eine kindgerechte Pflege nicht zu vereinbaren.

Laut VG Düsseldorf[149] kann sich eine Tagespflegeperson nur dann durch ihre Persönlichkeit und Sachkompetenz i. S. d. § 43 Abs. 2 SGB VIII auszeichnen, wenn sie den zu betreuenden Kindern ein in jeder Beziehung kindgerechtes Umfeld zur Verfügung stellt. Die Tagespflegeperson hatte mit dem Ziel, eine altershomogene Kindergruppe zu betreuen, gleichzeitig fünf Kinder im Alter zwischen 11 und 15 Monaten aufgenommen. Das Gericht hatte erhebliche Zweifel daran, dass eine Person allein den Bedürfnissen von fünf derart jungen Kindern im gleichen Alter gerecht werden kann. Die Tagespflegeperson konnte nach Ansicht des Gerichts weder eine – für Kleinstkinder jedoch erforderliche – intensive Betreuung noch einen intensiven Körperkontakt gewährleisten. Aufenthalte an der frischen Luft fanden monatelang nicht statt; darüber hinaus stellte die Schilderung

148. OVG NRW, 11.09.2018 – 12 B 503/18 m.w.N.
149. VG Düsseldorf, 22.01.2019 – 19 L 3530/18.

der Art des Rausgehens mit fünf Kleinkindern deren Sicherheit infrage. Die Eingewöhnungsphase ohne kontinuierliche Steigerung der Betreuungszeiten und mit Unterbrechungen durch Urlaubs- und Krankheitszeiten war nach Auffassung des Gerichts ebenfalls nicht kindgerecht.

1.7.11 Anforderungen an den Erlaubnisentzug

Ob die Erlaubnis zur Kindertagespflege zu entziehen ist, kann nur aufgrund der im konkreten Einzelfall vorliegenden Umstände beurteilt werden.

Auf Seiten der Tagespflegeperson ist regelmäßig die Berufsfreiheit tangiert, auf Seiten des Kindes ist das Kindeswohl zu beachten.

Die sichere Annahme einer Kindeswohlgefährdung kann zuweilen erst nach langwieriger Aufklärung erreicht werden. Die absolute Sicherheit, dass eine Kindeswohlgefährdung vorliegt, ist daher nicht zwingend erforderlich. Schon eine »unterhalb der Schwelle zur Offensichtlichkeit angesiedelte Wahrscheinlichkeit der Kindeswohlgefährdung« lässt nach Ansicht des OVG Nordrhein-Westfalen[150] die Gesichtspunkte der Berufsausübungsfreiheit und des Erhalts der Erwerbsquelle zurücktreten.

Die Prüfung der Kindeswohlgefährdung beinhaltet nach Auffassung des VG München[151] eine prognostische Wahrscheinlichkeit, bei der der strafrechtliche Grundsatz »im Zweifel für den Angeklagten« nicht greift. Bei Verdacht auf sexuellen Missbrauch sind laut VG Würzburg[152] keine hohen Anforderungen an die Wahrscheinlichkeit des Gefahreneintritts zu stellen, da die Tragweite eines sexuellen Missbrauchs besonders gravierend und das Kindeswohl besonders schutzwürdig und höher zu bewerten sei als der Schutzbereich der Berufsfreiheit.

Nach Auffassung des Bayerischen VGH[153] ist der Entzug der Erlaubnis als Eingriff in die nach Art 12 Abs. 1 GG geschützte Berufsfreiheit allerdings stets das letzte Mittel zur Gewährleistung des Kindeswohls. Ein Einschreiten komme deshalb nur in Betracht, wenn die Tagespflegeperson nicht bereit oder nicht in der Lage ist, die (mutmaßliche) Gefährdung abzuwenden.

Nach Ansicht des OVG Nordrhein-Westfalen[154] stellt die Aufhebung der Erlaubnis zur Kindertagespflege einen unverhältnismäßigen Eingriff in die

150. OVG NRW, 27.07.2012 – 12 B 815/12.
151. VG München, 02.05.2012 – M 18 K 11.1341.
152. VG Würzburg, 22.03.2013 – W 3 K 11.463.
153. Bay VGH, 18.10.2012 – 12 B 12.1048.
154. OVG NRW, 07.06.2016 – 12 A 2086/14.

grundrechtlich geschützte Berufsfreiheit (Art. 12 Abs. 1 GG) dar, wenn zur Gewährleistung des Kindeswohls ein milderes Mittel zur Verfügung steht.

In der neueren Entwicklung der Rechtsprechung zeichnet sich jedoch ab, dass die Eignung auch bereits unterhalb der Schwelle einer Kindeswohlgefährdung verneint werden kann. Als Begründung wird angeführt, dass durch das Merkmal der Eignung auch Qualitätsstandards gesetzt werden und eine »in jeder Beziehung kindgerechte Pflege der zu betreuenden Kinder sichergestellt werden soll«.[155]

Vor der Entziehung der Erlaubnis sollte daher jedoch stets geprüft werden, ob die Gewährleistung des Kindeswohls auch mit dem Zusatz von Nebenbestimmungen erreicht werden kann.

Ist der nachträgliche Zusatz von Nebenbestimmungen ausreichend, um das Kindeswohl zu gewährleisten und eine Kindeswohlgefährdung abzuwenden, ist er als milderes Mittel dem Erlaubnisentzug vorzuziehen.[156]

155. OVG Nordrhein-Westfalen, 11.09.2018 – 12 B 503/18; VG Düsseldorf, 22.01.2019 – 19 L 3530/18.
156. BayVGH, 11.12.2012 – 12 CS 12.2406.

1.8 Von Vorhaltepflicht bis Rechtsanspruch

Ob ein Kind einen Rechtsanspruch auf Kindertagesbetreuung hat oder ob lediglich eine objektiv-rechtliche Verpflichtung des Jugendhilfeträgers besteht, hängt im Wesentlichen vom Alter des Kindes ab.

§ 24 SGB VIII regelt Voraussetzungen und Rechtsfolgen der Förderung von Kindern aller Altersgruppen in Tageseinrichtungen und in Kindertagespflege. Der Aufbau des § 24 SGB VIII folgt dabei chronologisch den einzelnen Altersstufen.

- Voraussetzung für die Förderung von Kindern, die das erste Lebensjahr noch nicht vollendet haben, ist die Erfüllung eines der in § 24 Abs. 1 SGB VIII genannten Bedarfskriterien. Der Umfang der täglichen Förderung richtet sich nach dem individuellen Bedarf.
- Für Kinder, die das 1. Lebensjahr vollendet haben, besteht gemäß § 24 Abs. 2 SGB VIII bis zur Vollendung des 3. Lebensjahres ein Anspruch auf frühkindliche Förderung in einer Tageseinrichtung oder in Kindertagespflege. Der Umfang der täglichen Förderung richtet sich ebenfalls nach dem individuellen Bedarf.
- Für Kinder, die das 3. Lebensjahr vollendet haben, besteht gemäß § 24 Abs. 3 SGB VIII bis zum Schuleintritt ein Anspruch auf Förderung in einer Tageseinrichtung; die Träger der öffentlichen Jugendhilfe haben darauf hinzuwirken, dass für diese Altersgruppe ein bedarfsgerechtes Angebot an Ganztagsplätzen zur Verfügung steht. Die Förderung in Kindertagespflege kann bei besonderem Bedarf oder ergänzend erfolgen.
- Für Kinder im schulpflichtigen Alter ist gemäß § 24 Abs. 4 SGB VIII ein bedarfsgerechtes Angebot in Tageseinrichtungen vorzuhalten. Die Förderung in Kindertagespflege kann in dieser Altersgruppe ebenfalls bei besonderem Bedarf oder ergänzend erfolgen. Der Umfang der täglichen Förderung richtet sich nach dem individuellen Bedarf.

Demnach sind die Förderung in Kindertagespflege und die Förderung in Kindertageseinrichtungen nur für die Unter-3-Jährigen gleichrangig. Ab dem 3. Lebensjahr wird den Tageseinrichtungen Priorität eingeräumt; die Förderung in Kindertagespflege kann jedoch ergänzend oder bei besonderem Bedarf erfolgen.

1.8.1 Kinder im Alter unter einem Jahr

Ein Kind, das das erste Lebensjahr noch nicht vollendet hat, ist gemäß § 24 Abs. 1 SGB VIII in Kindertagespflege oder in einer Tageseinrichtung zu fördern, wenn eines der in der Vorschrift genannten Bedarfskriterien erfüllt ist.

Rechtsanspruch oder objektiv-rechtliche Verpflichtung

Auch wenn sich aus dem Wortlaut des § 24 Abs. 1 SGB VIII (»ist zu fördern, wenn«) u.U. ein Anspruch auf Förderung herleiten ließe, besteht tatsächlich kein einklagbarer Rechtsanspruch, sondern lediglich eine sogenannte objektiv-rechtliche Verpflichtung. Dies ergibt sich zum einen aus der Gesetzesbegründung[157] und zum anderen auch im Vergleich mit dem Wortlaut der Absätze 2 und 3, in denen ausdrücklich der Begriff »Anspruch« verwendet wird.[158]

Laut OVG Nordrhein-Westfalen[159] besteht gemäß § 24 Abs. 1 SGB VIII kein subjektiver Anspruch. Auch wenn der Wortlaut »ist [...] zu fördern, wenn [...]« für sich betrachtet auf einen Anspruchscharakter der Norm hindeute, verbiete sich ein solches Auslegungsergebnis, wenn – wie hier – den Gesetzesmaterialien explizit zu entnehmen sei, dass ein subjektives Recht insoweit gerade nicht begründet werden sollte.

Bedarf des Kindes

Die in § 24 Abs. 1 SGB VIII genannten Bedarfskriterien beziehen sich sowohl auf den Bedarf des Kindes als auch auf den Bedarf der Erziehungsberechtigten. Der Bedarf des Kindes ist gegeben, wenn die Förderung für die Entwicklung zu einer eigenverantwortlichen und gemeinschaftsfähigen Persönlichkeit geboten ist. Gefördert werden sollen laut Gesetzesbegründung zum Kinderförderungsgesetz (KiföG)[160] Kinder, die durch diese Leistung in ihrer individuellen und sozialen Entwicklung gestärkt werden. Im Grunde dürfte dies allerdings bei jedem Kind anzunehmen sein.

Die Formulierung »geboten« weist jedoch auf eine bestimmte Notwendigkeit der Förderung hin und könnte mit der früher bestehenden Vorausset-

---

157. Gesetzesentwurf zum Kinderförderungsgesetz v. 27.05.2008, BT-Drucks. 16/9299, S. 15.
158. So auch Lakies/Beckmann in Münder/Meysen/Trenczek (2018): Frankfurter Kommentar zum SGB VIII, 8. Aufl. Baden-Baden: Nomos, § 24 Rn. 25.
159. OVG Nordrhein-Westfalen zu § 24 Abs. 3 SGB VIII a.F., 28.01.2015 – 12 A 2189/17; ebenso VG Frankfurt zu § 24 Abs. 2 SGB VIII n.F., 07.12.2018 – 11 K 9855/17.F.
160. Begründung zum Entwurf des Kinderförderungsgesetzes, BT-Drucks. 16/9299, S. 15.

zung der Erforderlichkeit gleichgesetzt werden. Ob die Förderung für die Entwicklung des Kindes geboten bzw. erforderlich ist, ist in jedem Einzelfall zu ermitteln.

Bedarf der Erziehungsberechtigten

Die Bedarfskriterien, die sich auf den Bedarf der Erziehungsberechtigten beziehen, beschreiben Fälle, in denen die Erziehungsberechtigten aus bestimmten Gründen, insbesondere aufgrund einer Erwerbstätigkeit bzw. einer Ausbildung, die Betreuung ihrer Kinder nicht selbst leisten können.

Ein Bedarf der Erziehungsberechtigten ist gegeben, wenn diese

- einer Erwerbstätigkeit nachgehen oder
- eine Erwerbstätigkeit aufnehmen oder
- Arbeit suchend sind oder
- sich in einer beruflichen Bildungsmaßnahme befinden oder
- sich in Schul- oder Hochschulausbildung befinden oder
- Leistungen zur Eingliederung in Arbeit i.S.d. SGB II erhalten.

Die Erwerbstätigkeit der Erziehungsberechtigten ist ein zentrales Kriterium für die Inanspruchnahme eines Betreuungsplatzes.[161] Der Bedarf ist jedoch nicht erst gegeben, wenn die Erziehungsberechtigten einer Erwerbstätigkeit nachgehen. Er besteht vielmehr auch bei Vorbereitungshandlungen (»eine Erwerbstätigkeit aufnehmen«) und seit Ende 2008 auch für Arbeitssuchende.

Das Bedarfskriterium »einer Erwerbstätigkeit nachgehen« ist nicht zwingend mit einer häuslichen Abwesenheit der Eltern verbunden. Ein Bedarf i.d.S. besteht vielmehr auch dann, wenn Eltern in ihrer Wohnung (z.B. in einem häuslichen Arbeitszimmer) einer Erwerbstätigkeit nachgehen und deshalb in dieser Zeit ihr Kind nicht betreuen können.

Urlaubs- oder Krankheitszeiten sind im Regelfall nicht auszunehmen. Die Handhabung einiger Jugendhilfeträger, die Förderung in Urlaubs- oder Krankheitszeiten zu reduzieren oder ganz auszuschließen, erscheint daher fragwürdig. Eine derartige Einschränkung dürfte insbesondere im Hinblick auf Kontinuität und stabile Rahmenbedingungen für das Kind und seine Familie sowie die angestrebte Vereinbarkeit von Familie und Beruf nicht förderlich sein.

---

161. Begründung zum Entwurf des Tagesbetreuungsausbaugesetzes, BT-Drucks. 15/3676, S. 34.

Umfang des Bedarfs

In welchem Umfang ein Kind zu fördern ist, richtet sich gemäß § 24 Abs. 1 S. 3 SGB VIII nach dem »individuellen Bedarf«.

Fraglich ist, ob der Bedarf auf Zeiten, in denen eine der in § 24 Abs. 1 SGB VIII aufgeführten Bedarfslagen besteht (z. B. Dauer der Erwerbstätigkeit zzgl. Wegezeit) beschränkt werden kann und der geltend gemachte Umfang dementsprechend nachzuweisen ist.

Laut Bundesverwaltungsgericht (BVerwG) ist der Bedarf, der durch die Leistungen nach § 2 Abs. 2 Nr. 3 SGB VIII (Angebote zur Förderung von Kindern in Tageseinrichtungen und in Kindertagespflege nach §§ 22 – 25 SGB VIII) abzudecken ist, allerdings anders zu bestimmen als der Bedarf der Leistungen nach § 2 Abs. 2 Nr. 4 – 6 SGB VIII, in deren Bereich die Bedarfsbestimmung anhand objektiver Kriterien durch den Jugendhilfeträger erfolgt.

Maßgeblich für die Bestimmung des Bedarfs bei dem Anspruch auf Förderung in einer Tageseinrichtung oder in Kindertagespflege ist laut BVerwG der Betreuungswunsch der für das Kind agierenden Personensorgeberechtigten und damit deren subjektive Bewertung des Betreuungsbedarfs, begrenzt (nur) durch das Wohl des zu betreuenden Kindes. D.h., die Personensorgeberechtigten bestimmen den Bedarf und entscheiden selbst darüber, ob und inwieweit sie eine Betreuung für notwendig erachten.

Dies gilt laut BVerwG »selbst im Hinblick auf die objektiv-rechtliche Gewährleistung des § 24 Abs. 1 SGB VIII n.F., wonach ein Kind, das das erste Lebensjahr noch nicht vollendet hat, unter bestimmten Voraussetzungen in einer Einrichtung oder in Kindertagespflege zu fördern ist. Auch insoweit steht den Eltern bzw. Erziehungsberechtigten ein »Interpretationsprimat« hinsichtlich der Festlegung des (Fremd-)Betreuungsbedarfs ihres Kindes im Sinne einer subjektiv determinierten Bedarfseinschätzung zu, die sich als solche der Überprüfung anhand objektiver Kriterien durch den Jugendhilfeträger entzieht und bis zur äußersten Grenze der Kindeswohlgefährdung zu respektieren ist«.[162]

1.8.2 Kinder im Alter von 1 und 2 Jahren

Ein Kind, das das erste Lebensjahr vollendet hat, hat gemäß § 24 Abs. 2 SGB VIII bis zur Vollendung des dritten Lebensjahres einen (einklagbaren)

162. Bundesverwaltungsgericht, 23.10.2018 – 5 C 15/17.

Rechtsanspruch auf frühkindliche Förderung in einer Tageseinrichtung oder in Kindertagespflege.

Rechtsanspruch

Der Zugang zur öffentlich geförderten Kindertagesbetreuung für Kleinkinder ist laut Bundesverfassungsgericht[163] »seit dem Jahr 2013 rechtlich so ausgestaltet, dass jedem Kind, dessen Eltern einen öffentlich geförderten Betreuungsplatz wünschen, ein solcher Platz auch zur Verfügung gestellt werden muss«. Der nach § 24 Abs. 2 SGB VIII einklagbare Leistungsanspruch ist laut Bundesverfassungsgericht nicht unter Kapazitätsvorbehalt gestellt. Dies bedeutet, dass der Anspruch zu einer Gewährleistungspflicht führt, die den Träger der öffentlichen Jugendhilfe unabhängig von der jeweiligen finanziellen Situation der Kommunen zur Bereitstellung eines bedarfsgerechten Angebotes an Betreuungsplätzen zwingt.[164]

Ein Kind, das gemäß § 24 Abs. 2 SGB VIII einen Rechtsanspruch auf frühkindliche Förderung hat, konkurriert daher von Rechts wegen nicht mit Gleichaltrigen um zu wenige Kinderbetreuungsplätze, sondern hat – wie die Gleichaltrigen auch – einen unbedingten Anspruch auf Gewährleistung der frühkindlichen Förderung.[165]

Der Rechtsanspruch nach § 24 Abs. 2 SGB VIII erschöpft sich nach Auffassung der Gerichte nicht in einem wie auch immer gearteten »Versorgtsein mit einem Betreuungsplatz«, sondern erfordert auf der Grundlage der Gewährleistungsverantwortung des Trägers der öffentlichen Jugendhilfe (§ 79 Abs. 2 SGB VIII) die Verschaffung bzw. Bereitstellung eines entsprechenden Platzes durch aktives Handeln (Vermitteln) des örtlich zuständigen Trägers.[166]

Der Anspruch richtet sich auf den Nachweis eines kommunalen oder öffentlich geförderten privaten Betreuungsplatzes, der dem konkret-individuellen Bedarf des anspruchsberechtigten Kindes und seiner Erziehungsberechtigten insbesondere in zeitlicher und räumlicher Hinsicht entspricht.[167]

---

163. BVerfG, 21.07.2015 – 1 BvF 2/13.
164. BVerwG, 26.10.2017 – 5 C 19.16; OVG Sachsen, 14.03.2017 – 4 A 280/16; VGH Baden-Württemberg, 08.12.2016 – 12 S 1782/15; BayVGH, 22.07.2016 – 12 BV 15.719.
165. OVG Sachsen, 14.03.2017 – 4 A 280/16.
166. VGH Baden-Württemberg, 08.12.2016 – 12 S 1782/15; BayVGH, 22.07.2016 – 12 BV 15.719 m.w.N.
167. BVerwG, 26.10.2017 – 5 C 18.16.

Die frühkindliche Förderung in einer Tageseinrichtung und die frühkindliche Förderung in Kindertagespflege werden für Unter-3-Jährige als gleich geeignete, gleichwertige Formen der Kindertagesbetreuung angesehen und stehen daher im Gleichrangigkeitsverhältnis.[168]

Wunsch- und Wahlrecht

Der zuständige Jugendhilfeträger ist i.S.d. in § 5 SGB VIII normierten Wunsch- und Wahlrechts verpflichtet, den Leistungsberechtigten die ihren Wünschen entsprechende Betreuungsform zu vermitteln. Umstritten war, wie weit das Wunsch- und Wahlrecht des Kindes (wahrgenommen durch die Personensorgeberechtigten) reicht.

Zunächst war teilweise umstritten, ob das Wunsch- und Wahlrecht dann seine Grenzen findet, wenn keine Plätze in der gewünschten Betreuungsform vorhanden bzw. verfügbar sind[169], oder ob es sich um einen echten Alternativanspruch handelt, der einen Verweis auf die jeweils andere Betreuungsform selbst dann nicht zulässt, wenn in der gewünschten Betreuungsform keine Plätze zur Verfügung stehen.[170]

Seit der Entscheidung des BVerwG vom 26.10.2017[171] ist diese Frage geklärt. Laut BVerwG bezieht sich die Pflicht des Trägers der öffentlichen Jugendhilfe, eine bedarfsgerechte und effiziente frühkindliche Förderung sicherzustellen, auf den Gesamtbedarf an Betreuungsplätzen. Dem anspruchsberechtigten Kind und seinen Erziehungsberechtigten stehe es im Rahmen des § 5 SGB VIII »frei, innerhalb dieses Angebots einen Betreuungsplatz, sei es in einer Tageseinrichtung, sei es in Kindertagespflege, entsprechend dem spezifischen Bedarf des Kindes und im Einklang mit den Wünschen der Erziehungsberechtigten auszuwählen«.

Damit wird nach Auffassung des Gerichts jedoch kein echter Alternativanspruch begründet; die Wahl der Betreuungsform ist vielmehr einem Kapazitätsvorbehalt unterworfen. Ist in der gewünschten Betreuungsform kein Platz frei, kann der Rechtsanspruch auch durch einen zumutbaren, bedarfsgerechten Platz in der jeweils anderen Betreuungsform erfüllt werden.

168. OVG Sachsen, 02.10.2017 – 4 B 241/17; OVG NRW, 20.04.2016 – 12 A 1262/14.
169. So u.a. OVG Sachsen, 02.10.2017 – 4 B 241/17; OVG NRW, 20.04.2016 – 12 A 1262/14; VGH Hessen, 04.02.2014 – 10 B 1973/13; VGH Baden-Württemberg, 29.11.2013 – 12 S 2175/13.
170. So z.B. BayVGH, 22.07.2016 – 12 BV 15.719 m.w.N.
171. BVerwG, 26.10.2017 – 5 C 19.16.

Laut OVG Nordrhein-Westfalen[172], VG Münster[173] und VG Köln[174] ist ein Verweis auf die jeweils andere als die gewählte Betreuungsform jedoch nur zulässig, wenn die Kapazitätserschöpfung in der gewählten Betreuungsform durch den öffentlichen Jugendhilfeträger nachgewiesen wurde.

Weisen die Eltern selbst eine Tagespflegeperson nach, darf der Jugendhilfeträger laut VG Düsseldorf[175] bei Unter-3-Jährigen nicht auf einen freien Platz in einer Einrichtung verweisen und die Förderung in Kindertagespflege ablehnen. Zwar soll gemäß § 5 Abs. 2 SGB VIII dem Wunsch- und Wahlrecht der Eltern nur entsprochen werden, sofern dies nicht mit unverhältnismäßigen Mehrkosten verbunden ist. Kosten für die nutzlose Aufwendung für einen nicht belegten Einrichtungsplatz müssen nach Auffassung des VG Düsseldorf jedoch beim Kostenvergleich außen vor bleiben. Das Wunsch- und Wahlrecht könne als wesentliches Strukturmerkmal der Kinder- und Jugendhilfe und als Ausfluss des Erziehungsrechts der Eltern nicht durch den – aus fiskalischen Gründen nachvollziehbaren – Wunsch nach möglichst guter Auslastung der öffentlich finanzierten Einrichtungsplätze aufgehoben werden.

Laut OVG Niedersachsen[176] spricht die in § 24 Abs. 2 SGB VIII normierte Gleichwertigkeit der Förderung in einer Tageseinrichtung und in Kindertagespflege für die uneingeschränkte Geltung des Wunsch- und Wahlrechts nach § 5 SGB VIII. Deshalb dürfe ein Kind, das bereits in Kindertagespflege betreut wird, bei der Vergabe freier Plätze in Kindertageseinrichtungen nicht vom Auswahlverfahren ausgeschlossen werden. Der Wunsch der Eltern müsse auch bei der künftigen Vergabe freier Plätze berücksichtigt werden.

Umfang des Rechtsanspruchs

Während aus der Verpflichtung in § 24 Abs. 3 SGB VIII, auf ein bedarfsgerechtes Angebot an Ganztagsplätzen »hinzuwirken«, abgeleitet werden kann, dass sich der Rechtsanspruch nach Abs. 3 zumindest nicht auf einen Ganztagsplatz bezieht, enthält § 24 Abs. 2 SGB VIII keine entsprechende Einschränkung.

172. OVG NRW, 22.09.2017 – 12 B 1009/17.
173. VG Münster, 20.07.2017 – 6 L 1177/17.
174. VG Köln, 30.07.2019 – 19 L 1493/19.
175. VG Düsseldorf, 05.07.2016 – 19 K 683/14.
176. OVG Niedersachsen, 06.10.2014 – 4 ME 216/14.

Vielmehr gilt § 24 Abs. 1 S. 3 SGB VIII entsprechend, d.h. der Umfang der täglichen Förderung richtet sich »nach dem individuellen Bedarf«.

Im Gegensatz zu § 24 Abs. 1 SGB VIII sind jedoch für die Kinder, die das erste Lebensjahr vollendet haben, keine konkreten Bedarfskriterien genannt.

Fraglich war daher, wer den Bedarf vorgeben bzw. festlegen kann.

Zu dieser Fragestellung wurden zwei recht ausführliche Rechtsgutachten[177] erstellt, die übereinstimmend zu dem Ergebnis kamen, dass zumindest nicht jedes subjektive Bedürfnis erfüllt werden müsse. Vielmehr sei bei der Beurteilung des individuellen Bedarfs sowohl Sinn und Zweck der Regelung wie auch die Förderziele des SGB VIII zu beachten, d.h. insbesondere die Förderung der Entwicklung des Kindes, das Wohl des Kindes, die Unterstützung und Ergänzung der Erziehung und Bildung in der Familie sowie die Unterstützung der Eltern bei der Vereinbarkeit von Familie und Beruf.

Nach dieser Auffassung bot sich hinsichtlich des Umfangs des Betreuungsbedarfs zunächst eine Anknüpfung an die Bedarfskriterien des § 24 Abs. 1 SGB VIII an, wobei jedoch darüber hinaus – da § 24 Abs. 2 SGB VIII keine konkreten Bedarfskriterien benennt – auch weitere Bedarfslagen in Betracht gezogen wurden.

Dabei wurde z.T. die Ansicht vertreten, die Anerkennung eines Betreuungsbedarfs, der über eine Halbtagsbetreuung hinausgeht, komme nur dann in Betracht, wenn Eltern aus persönlichen oder auf die Familie bezogenen Gründen an der Betreuung ihrer Kinder gehindert sind, z.B. bei Teilnahme an Integrations- und Sprachkursen, der Pflege von Angehörigen, der Betreuung weiterer ggf. kranker oder entwicklungsbeeinträchtigter Kinder oder bei chronischer oder länger andauernder Krankheit der Erziehungsberechtigten.[178]

Dementsprechend verlangen eine Vielzahl der Jugendhilfeträger auch derzeit noch Arbeitsnachweise u.ä., wenn Eltern für ihre Kinder einen Bedarf geltend machen, der über einen Halbtagsplatz hinausgeht.

---

177. Wiesner, R./Grube, C./Kößler, M. (2013): Der Anspruch auf frühkindliche Förderung und seine Durchsetzung. Folgen der Nichterfüllung des Anspruchs. Wiesbaden: Kommunal- u. Schulverlag; Meysen, T./Beckmann, J. (2013): Rechtsanspruch U3: Förderung in Kita und Kindertagespflege. Baden-Baden: Nomos-Verlag.

178. Meysen, T./Beckmann, J. (2013): Rechtsanspruch U3: Förderung in Kita und Kindertagespflege. Baden-Baden: Nomos-Verlag, S. 65.

In der Rechtsprechung folgte das VG Stuttgart[179] zunächst ebenfalls dieser Auffassung und verneinte mit Hinweis auf das Gutachten von Meysen/Beckmann den Bedarf an einem – über den Halbtag hinausgehenden – Betreuungsumfang in einem Fall, in dem sich die Mutter des Kindes in Elternzeit befand. Nach Auffassung des Gerichts hatten die Eltern in diesem Fall keine objektivierbaren Gründe für einen Bedarf an einer täglich achtstündigen Betreuung dargelegt.

Der Bayerische VGH[180] folgte der o.g. Auffassung allerdings nicht, sondern vertrat demgegenüber die Ansicht, eine Differenzierung zwischen einem »infrastrukturellen Regelangebot (Grundanspruch)« und einer »einzelfallindizierten Erweiterung dieses Regelangebots« (nach Meysen/Beckmann) finde im Gesetz keine Stütze. Maßgeblich sei vielmehr der durch die Erziehungsberechtigten definierte individuelle Bedarf, begrenzt allein durch das Wohl des zu betreuenden Kindes. Der Anspruch des Kindes aus § 24 Abs. 2 SGB VIII sei an keinerlei Bedingungen geknüpft und habe – abgesehen von der Vollendung des ersten Lebensjahres – keine weiteren Voraussetzungen.

Nach dieser Auffassung können die Personensorgeberechtigten auch dann eine Halb- oder Ganztagsbetreuung für ihr Kind in einer Tageseinrichtung oder in Kindertagespflege in Anspruch nehmen, wenn sie nicht oder nur zum Teil erwerbstätig sind, im Rahmen der Ausübung des Wunsch- und Wahlrechts des Kindes (§ 5 SGB VIII) aber gleichwohl einer professionellen Betreuung den Vorzug geben wollen.[181]

Das Urteil des Bayerischen VGH wurde zwar vom Bundesverwaltungsgericht[182] aufgehoben. Das Bundesverwaltungsgericht hatte jedoch gegen die Annahme des VGH, dass »stets der durch die Erziehungsberechtigten definierte individuelle Bedarf, begrenzt durch das Wohl des zu betreuenden Kindes« maßgeblich sei, keine Bedenken.

Laut Bundesverwaltungsgericht ging der VGH vielmehr mit Recht davon aus, dass der individuelle Bedarf durch die Verhältnisse des anspruchsberechtigten Kindes und seiner Erziehungsberechtigten gekennzeichnet ist. Dass insoweit nicht allein auf den Bedarf des Kindes abzustellen sei, sondern im Regelfall auch die Verhältnisse seiner Eltern zu berücksichtigen seien, folge aus dem systematischen Zusammenhang der §§ 22, 22a,

---

179. VG Stuttgart, 22.08.2013 – 7 K 2688/13.
180. BayVGH, 22.07.2016 – 12 BV 15.719.
181. BayVGH, 22.07.2016 – 12 BV 15.719.
182. BVerwG, 26.10.2017 – 5 C 19.16.

und 23 SGB VIII sowie aus Sinn und Zweck und Entstehungsgeschichte des § 24 SGB VIII. § 24 SGB VIII ziele u.a. auf eine Stärkung der Verlässlichkeit der nicht durch die Erziehungsberechtigten erfolgenden Kinderbetreuung und der Verbesserung der Vereinbarkeit von Familie und Erwerbsleben.

Diese Auffassung hat das Bundesverwaltungsgericht in einer weiteren Entscheidung[183] bestätigt. Laut Bundesverwaltungsgericht ist der Bedarf, der durch Leistungen nach § 2 Abs. 2 Nr. 3 SGB VIII (Angebote zur Förderung von Kindern in Kindertageseinrichtungen und Kindertagespflege) abzudecken ist, anders zu bestimmen als der jugendhilferechtliche Bedarf bei Leistungen nach § 2 Abs. 2 Nr. 4 – 6 SGB VIII (Hilfe zur Erziehung, Hilfe für seelisch behinderte Kinder und Jugendliche, Hilfe für junge Volljährige).

Während bei den Leistungen nach § 2 Abs. 2 Nr. 4 – 6 SGB VIII die Bedarfsbestimmung anhand objektiver Kriterien durch den Jugendhilfeträger erfolge, definierten die Personensorgeberechtigten bei der Förderung in Kindertageseinrichtungen und Kindertagespflege den Bedarf selbst. Für diese Förderung sei weder ein spezifischer Hilfe- oder Förderbedarf noch eine objektiv festzustellende Betreuungsnotwendigkeit erforderlich.

Maßgeblich ist daher nach Auffassung des Bundesverwaltungsgerichts allein der Betreuungswunsch der für das Kind agierenden Personensorgeberechtigten und damit deren subjektive Bewertung des Betreuungsbedarfs, begrenzt (nur) durch das Wohl des zu betreuenden Kindes. D.h., nach dieser Auffassung entscheiden die Personensorgeberechtigten selbst darüber, ob und inwieweit sie eine Betreuung für notwendig erachten.

Laut Bundesverwaltungsgericht gilt dies selbst im Hinblick auf die objektiv-rechtliche Gewährleistung des § 24 Abs. 1 SGB VIII, wonach ein Kind, das das erste Lebensjahr noch nicht vollendet hat, unter bestimmten Voraussetzungen in einer Einrichtung oder in Kindertagespflege zu fördern ist. Auch insoweit stehe »den Eltern bzw. Erziehungsberechtigten ein ›Interpretationsprimat‹ hinsichtlich der Festlegung des (Fremd-)Betreuungsbedarfs ihres Kindes im Sinne einer subjektiv determinierten Bedarfseinschätzung zu, die sich als solche der Überprüfung anhand objektiver Kriterien durch den Jugendhilfeträger entzieht und bis zur äußersten Grenze der Kindeswohlgefährdung zu respektieren ist«.[184]

183. BVerwG, 23.10.2018 – 5 C 15.17.
184. BVerwG, 23.10.2018 – 5 C 15.17.

Dem folgend ist laut OVG Sachsen[185] der von den Personensorgeberechtigten geltend gemachte Bedarf bei Nachweis eines Betreuungsplatzes grundsätzlich zu berücksichtigen und in zeitlicher Hinsicht allein zu prüfen, ob der geltend gemachte Umfang mit dem Kindeswohl vereinbar ist. Die Auffassung der Vorinstanz, ein »rechtlich erheblicher Bedarf« bestünde nur dann, wenn Eltern aus beruflichen oder sonstigen beachtlichen Gründen nicht selbst zur Betreuung in der Lage sind, bewertete das OVG als »rechtsfehlerhafte Annahme«.

Geklärt ist bisher nicht, ab welchem Umfang eine Kindeswohlgefährdung zu befürchten ist.

Das VG München[186] hat sich in einem anderen Zusammenhang mit der Festlegung einer Obergrenze der Betreuungszeit befasst. Nach Auffassung des Gerichts ist für die Festlegung einer mit dem Kindeswohl zu vereinbarenden Obergrenze das Alter und der Entwicklungsstand des Kindes, die Qualität der Eltern-Kind-Beziehung sowie die Ausgestaltung der Betreuung maßgebend. Demzufolge soll umso kürzer außerfamiliär betreut werden, je jünger das Kind ist. Die regelmäßige Obergrenze für eine unter Kindeswohlgesichtspunkten hinnehmbare Fremdbetreuung in einer Kindertageseinrichtung liegt nach Ansicht des VG München bei 9 Stunden täglich bzw. 45 Stunden wöchentlich. Eine Betreuung durch Tagespflegepersonen in der vertrauten Umgebung könne aber zeitlich anders zu bewerten sein als die Betreuung außerhalb der elterlichen Wohnung in einer Kinderkrippe.

Laut OVG Sachsen[187] vertrat die Vorinstanz, das VG Leipzig[188], »mit guten Gründen« die Auffassung, dass eine Betreuungsdauer von mehr als 9 Stunden für 1- bis 3-Jährige kindeswohlgefährdend sein könnte.

Auch das OVG Niedersachsen[189] hatte Zweifel, ob eine außerfamiliäre Betreuung von mehr als 45 Stunden pro Woche mit dem Kindeswohl vereinbar ist, da dann »negative Auswirkungen auf das sozial-emotionale Verhalten von 1- bis 3-jährigen Kindern angenommen« würden. Letztlich sind nach Auffassung des Gerichts jedoch die konkreten Verhältnisse in der Familie des Kindes und dessen sozial-emotionaler Entwicklungsstand maßgebend.

185. OVG Sachsen, 06.09.2018 – 4 B 283/18; 30.07.2018 – 4 B 242/18; 23.05.2018 – 4 B 134/18.
186. VG München, 13.07.2016 – M 18 K 14.3284.
187. OVG Sachsen, 06.09.2018 – 4 B 283/18.
188. VG Leipzig, 19.06.2018 – 5 L 558/18.
189. OVG Lüneburg, 19.12.2018 – 10 ME 395/18.

Konsequenzen bei Nichterfüllung

Wird der Rechtsanspruch auf frühkindliche Förderung trotz rechtzeitiger Bedarfsanmeldung nicht bzw. nicht rechtzeitig erfüllt, kommt eine Klage auf Erfüllung des Rechtsanspruchs (Primäranspruchs) in Betracht.

Aufgrund der zeitlichen Länge der Gerichtsverfahren erfolgt die Geltendmachung i.d.R. im Rahmen eines Eilverfahrens. In diesem Rahmen kann der zuständige Träger der öffentlichen Jugendhilfe im Wege der einstweiligen Anordnung verpflichtet werden, dem Kind vorläufig einen Betreuungsplatz (z.B. in einer in zumutbarer Entfernung liegenden und zu erreichenden Kindertageseinrichtung bzw. in einer Kindertagespflegestelle) zuzuweisen.[190]

Für das Eilverfahren sind ein Anordnungsanspruch und ein Anordnungsgrund glaubhaft zu machen. Der Anordnungsanspruch besteht dann, wenn die Voraussetzungen des § 24 Abs. 2 SGB VIII erfüllt sind, d.h. das Kind einen Anspruch auf frühkindliche Förderung in einer Kindertageseinrichtung oder in Kindertagespflege hat.

Der Rechtsanspruch auf frühkindliche Förderung gemäß § 24 Abs. 2 Satz 1 SGB VIII ist laut Bundesverwaltungsgericht[191] keinem Kapazitätsvorbehalt unterworfen. Dem Träger der öffentlichen Jugendhilfe obliege es vielmehr im Rahmen seiner Planungsverantwortung, eine plurale Betreuungsinfrastruktur sicherzustellen und gegebenenfalls auch die vorhandenen Kapazitäten so zu erweitern, dass sämtlichen anspruchsberechtigten Kindern ein ihrem Bedarf entsprechender Betreuungsplatz nachgewiesen werden könne.

Welche Anforderungen an den Anordnungsgrund zu stellen sind, ist derzeit noch teilweise umstritten. Während der VGH Baden-Württemberg verlangt, dass die Betreuung des Kindes andernfalls nicht sichergestellt wäre[192], reicht nach anderer Auffassung, dass die Zeit der frühkindlichen Förderung nicht nachgeholt werden kann[193]. Laut OVG Berlin-Brandenburg entgeht dem anspruchsberechtigten Kind die frühkindliche Förderung für den jeweils abgelaufenen Zeitraum endgültig, wenn ihm der gesetzlich feststehende Anspruch vorenthalten wird. Einen Anordnungs-

190. OVG Schleswig-Holstein, 09.08.2019 – 3 MB 20/19.
191. BVerwG, 26.10.2017 – 5 C 19.16 mit Hinweis auf BVerfG, 21.07.2015 – 1 BvF 2/13.
192. VGH Baden-Württemberg, 18.07.2018 – 12 S 643/18.
193. OVG Schleswig-Holstein, 09.08.2019 – 3 MB 20/19; OVG Sachsen, 07.06.2017 – 4 B 100/17.

grund zu verneinen sei daher mit dem Grundsatz effektiven Rechtsschutzes nach Artikel 19 Abs. 4 Satz 1 GG nicht vereinbar.[194]

Die Nichterfüllung des Rechtsanspruchs kann für den Träger der öffentlichen Jugendhilfe auch finanzielle Konsequenzen haben. In Betracht kommen u.U. Sekundäransprüche des Kindes bzw. seiner Eltern auf Aufwendungsersatz oder Schadensersatzansprüche bei Verdienstausfall.

Haben die Eltern selbst einen adäquaten Betreuungsplatz gefunden, kommt ein Aufwendungsersatzanspruch nach § 36a Abs. 3 SGB VIII analog in Betracht, wenn ihnen durch den selbstbeschafften Betreuungsplatz Mehrkosten entstehen.

Voraussetzung des Kostenerstattungsanspruchs ist u.a., dass der Jugendhilfeträger rechtzeitig in Kenntnis gesetzt wurde, die Voraussetzungen der Leistungsgewährung bestehen und die Bedarfsdeckung keinen zeitlichen Aufschub duldet.

Für die Bedarfsanzeige sehen die Landesgesetze teilweise bestimmte Fristen vor.[195]

Dafür, dass die Antragsteller zum Zeitpunkt der Bedarfsanmeldung bereits im Zuständigkeitsbereich des öffentlichen Jugendhilfeträgers wohnen müssen, dürfte i.d.R. nicht auszugehen sein.[196] Auch bei einem bevorstehenden Umzug in eine andere Stadt muss es laut VG Gelsenkirchen[197] den Eltern möglich sein, den Bedarf ihres Kindes hinsichtlich eines Betreuungsplatzes frühzeitig geltend zu machen, um eine lückenlose Betreuung zu gewährleisten.

Die Deckung des Bedarfs duldet in aller Regel keinen zeitlichen Aufschub, da eine unterbliebene frühkindliche Förderung nicht zu späterer Zeit gleichwertig nachgeholt werden kann.[198]

Der Umfang der zu übernehmenden erforderlichen Aufwendungen entspricht laut Bundesverwaltungsgericht dem Betrag, der bei rechtzeitigem Nachweis eines ausreichenden Förderangebots vom Träger der öffentlichen Jugendhilfe nach den zugrunde liegenden öffentlich-rechtlichen Bestimmungen zu tragen gewesen wäre.

194. OVG Berlin-Brandenburg, 08.10.2018 – OVG 6 S 52.18, OVG 6 M 55.18.
195. Z.B. in Nordrhein-Westfalen und Sachsen mind. 6 Monate (§ 3b KiBiz a.F. [bzw. § 5 Abs. 1 KiBiz-Entwurf] bzw. § 4 SächsKitaG), in Bayern mind. 3 Monate (Art. 45a AGSG).
196. So im Ergebnis zu § 3 b Abs. 1 KiBiz a.F.: VG Gelsenkirchen, 30.10.2019 – 10 L 1080/19.
197. VG Gelsenkirchen, 30.10.2019 – 10 L 1080/19 zu § 3 b Abs. 1 KiBiz a.F. und § 24 Abs. 3 SGB VIII.
198. U.a. OVG Sachsen, 14.03.2017 – 4 A 280/16; BayVGH, 22.07.2016 – 12 BV 15.719.

Ist der Primäranspruch allerdings nicht auf den Nachweis eines beitragsfreien Betreuungsplatzes gerichtet, hat der Träger der öffentlichen Jugendhilfe nur diejenigen Aufwendungen zu übernehmen, die das nach § 24 Abs. 2 Satz 1 SGB VIII anspruchsberechtigte Kind (bzw. seine Eltern) im Fall des rechtzeitigen und ordnungsgemäßen Nachweises eines Betreuungsplatzes nicht hätte tragen müssen. Der Aufwendungsersatzanspruch ist in diesen Fällen auf die Übernahme von Mehraufwendungen beschränkt, die gerade durch die Selbstbeschaffung entstanden sind.[199]

Laut BVerwG[200] ist der Träger der öffentlichen Jugendhilfe bundesrechtlich nicht verpflichtet, dem Kind einen kostenfreien oder zumindest kostengünstigen Betreuungsplatz nachzuweisen. Ob der im Fall seiner Inanspruchnahme zu entrichtende Beitrag im Einzelfall finanziell zumutbar ist, sei nicht Gegenstand des Nachweisverfahrens. Zwar dürfe der von § 24 Abs. 2 SGB VIII verliehene Anspruch auf eine möglichst optimale Kinderbetreuung nicht dadurch gefährdet oder gar vereitelt werden, dass die Inanspruchnahme der nachgewiesenen Betreuungsstellen mit unzumutbaren finanziellen Belastungen verbunden wäre. Nach Ansicht des Bundesverwaltungsgerichts hat sich der Gesetzgeber jedoch dafür entschieden, dass die finanzielle Zumutbarkeit erst in einem eigenständigen Verfahren nach § 90 Abs. 3 und 4 SGB VIII zu prüfen ist. Bei der Auslegung und Anwendung dieser Bestimmung ist laut BVerwG »dem Zweck des Anspruchs auf Betreuung nach § 24 Abs. 2 Satz 1 SGB VIII mit besonderem Gewicht Geltung zu verschaffen«.

Konnte kein Betreuungsplatz vermittelt werden und haben die Eltern dadurch nachweislich einen Verdienstausfall erlitten, kommt u.U. auch ein Anspruch auf Schadensersatz in Betracht.

Laut Bundesgerichtshof (BGH)[201] trifft den Träger der öffentlichen Jugendhilfe die Amtspflicht, im Rahmen seiner Gesamtverantwortung (§§ 79 f. SGB VIII) sicherzustellen, dass für jedes anspruchsberechtigte Kind, für das ein entsprechender Bedarf rechtzeitig angemeldet worden ist, ein Betreuungsplatz zur Verfügung steht. Diese Amtspflicht besteht nicht nur im Rahmen der vorhandenen Kapazität[202]; der gesamtverantwortliche Jugendhilfeträger ist laut BGH vielmehr gehalten, eine ausreichende Zahl von Betreuungsplätzen selbst zu schaffen oder durch geeignete Dritte – freie Träger der Jugendhilfe oder Tagespflegepersonen – bereitzustellen.

---

199. BVerwG, 26.10.2017 – 5 C 19.16.
200. BVerwG, 26.10.2017 – 5 C 19.16.
201. BGH, 20.10.2016 – III ZR 302/15.
202. So auch BVerfG, 21.07.2015 – 1 BvF 2/13, Rn. 43 und BVerwG, 26.10.2017 – 5 C 19.16.

Diese Pflicht, einen (zumutbaren) Platz entweder in einer Tageseinrichtung oder im Rahmen der Kindertagespflege zuzuweisen, hatte der zuständige Jugendhilfeträger trotz rechtzeitiger Anmeldung nicht erfüllt und deshalb seine Amtspflicht verletzt.

Die Mutter des anspruchsberechtigten Kindes hatte aufgrund der fehlenden Betreuungsmöglichkeit ihre Erwerbstätigkeit nicht wie geplant nach Ablauf der Elternzeit wieder aufnehmen können und deshalb einen Verdienstausfall geltend gemacht. Da die Amtspflichtverletzung gegenüber dem anspruchsberechtigten Kind vorlag, der Verdienstausfall jedoch der Mutter entstand, war zu klären, ob die Amtspflicht auch gegenüber der Mutter als geschädigte Dritte bestand. Dies hat der BGH bejaht.

Nach Wortlaut und Zweck des § 24 Abs. 2 Satz 1 SGB VIII, der Systematik der §§ 22 ff. SGB VIII sowie der Regelungsabsicht des Gesetzgebers steht der Förderungsanspruch zwar nicht den Kindeseltern, sondern allein dem Kind selbst zu.

Die Amtspflicht des Jugendhilfeträgers hat laut BGH jedoch gerade auch den Zweck, die Belange der Eltern wahrzunehmen. Begründet wird dies mit der Intention des Gesetzgebers. Dieser habe mit dem Kinderförderungsgesetz, insbesondere der Einführung des Anspruchs nach § 24 Abs. 2 SGB VIII, neben der Förderung des Kindeswohls auch die Entlastung der Eltern zu Gunsten der Aufnahme oder Weiterführung einer Erwerbstätigkeit beabsichtigt. Dem Gesetzgeber ging es dabei – auch – um die Verbesserung der Vereinbarkeit von Familie und Erwerbsleben und, damit verbunden, um die Schaffung von Anreizen für die Erfüllung von Kinderwünschen. Diese Regelungsabsicht habe im Gesetzestext ihren Niederschlag gefunden; gemäß § 22 SGB VIII sollen Tageseinrichtungen für Kinder und Kindertagespflege neben dem Erziehungs-, Bildungs- und Förderungszweck auch den Eltern dabei helfen, Erwerbstätigkeit und Kindererziehung besser miteinander vereinbaren zu können. Der BGH verwies zudem auf die für den Anspruch aus § 24 Abs. 2 SGB VIII relevanten Regelungen in § 24 Abs. 5 Satz 1, § 80 Abs. 1 Nr. 2 und Abs. 2 Nr. 4 SGB VIII, die eine Berücksichtigung der elterlichen Interessen vorsehen.

Im Ergebnis kam der BGH daher zu dem Schluss, dass der Verdienstausfallschaden, den ein Elternteil infolge der Nichtbereitstellung eines Betreuungsplatzes erleidet, grundsätzlich vom Schutzbereich der verletzten Amtspflicht umfasst wird.

Nicht entschieden wurde, ob die Bediensteten des Jugendhilfeträgers schuldhaft gehandelt hatten, da hierzu noch weitere Feststellungen notwendig waren. Der BGH hat die Sache daher an das OLG Dresden zurückverwiesen. Für dessen weitere Sachverhaltsaufklärung und Beurteilung hat der BGH folgendes angeführt:

Mit der Nichterfüllung des Anspruchs auf einen Betreuungsplatz sei das Verschulden der Bediensteten des Jugendhilfeträgers nicht schon abschließend – im Sinne einer unwiderleglichen Vermutung – festgestellt. Dies gelte auch nicht in Anbetracht dessen, dass zwischen der Verkündung des Kinderförderungsgesetzes am 15.12.2008 und dem Inkrafttreten von § 24 Abs. 2 SGB VIII am 01.08.2013 ein Zeitraum von immerhin gut 4 1/2 Jahren verstrichen sei. Der Mutter des anspruchsberechtigten Kindes komme jedoch eine Beweiserleichterung zustatten. Es bestehe bzgl. des Verschuldens der Bediensteten des Jugendhilfeträgers der Beweis des ersten Anscheins, wenn der zuständige Träger der öffentlichen Jugendhilfe seiner unbedingten Gewährleistungspflicht, einen rechtzeitig beantragten Betreuungsplatz zur Verfügung zu stellen, nicht nachkomme. Es sei daher Sache des Jugendhilfeträgers, den Anscheinsbeweis zu erschüttern. Auf allgemeine finanzielle Engpässe könne er sich dabei nicht mit Erfolg berufen, weil der zuständige Träger der öffentlichen Jugendhilfe nach der gesetzgeberischen Entscheidung für eine ausreichende Anzahl an Betreuungsplätzen grundsätzlich uneingeschränkt – insbesondere: ohne »Kapazitätsvorbehalt«[203] – einstehen müsse. Soweit der Jugendhilfeträger einen geeigneten Vortrag halte, der den Anscheinsbeweis erschüttern kann, sei er im Falle des Bestreitens gehalten, diesen zu beweisen.

Das Verfahren vor dem OLG Dresden wurde später durch einen Vergleich beendet; ein Urteil ist daher nicht mehr ergangen.

1.8.3 Kinder im Alter von 3 Jahren bis Schuleintritt

Ein Kind, das das 3. Lebensjahr vollendet hat, hat bis zum Schuleintritt einen Anspruch auf Förderung in einer Tageseinrichtung.

Der Förderung in Tageseinrichtungen wird Priorität eingeräumt, d.h. es besteht für diese Altersgruppe keine Gleichrangigkeit der Betreuungsformen Tageseinrichtung und Kindertagespflege.

Ein Anspruch auf Förderung in Kindertagespflege besteht nicht.[204] Das Wunsch- und Wahlrecht nach § 5 SGB VIII kann sich insoweit nur auf

203. 1 BvF 2/13, Rn. 43.
204. OVG Berlin-Brandenburg, 28.09.2015 – OVG 6 S 41.15; VG Düsseldorf, 30.08.2016 – 19 K 4586/15.

unterschiedliche Tageseinrichtungen beziehen und schließt die Kindertagespflege nicht ein.

Der Rechtsanspruch nach § 24 Abs. 3 SGB VIII kann laut OVG Niedersachsen[205] auch nicht alternativ durch Vermittlung von Tagespflegepersonen erfüllt werden.

Die Förderung in Kindertagespflege kann jedoch bei besonderem Bedarf oder ergänzend zur Tageseinrichtung erfolgen. Was unter »besonderem Bedarf« zu verstehen ist, ist gesetzlich nicht definiert.

In der Gesetzesbegründung[206] wird angeführt, die Regelung entspräche § 24 Abs. 1 SGB VIII a.F. Darin war die Förderung »bei besonderem Bedarf« jedoch nicht vorgesehen.

In der Begründung wird allerdings darauf hingewiesen, dass der Kindertagespflege »für die Altersgruppe der Kindergartenkinder – von spezifischen Bedarfssituationen z.B. kranker Kinder abgesehen – vor allem eine ergänzende Funktion«[207] zukomme.

Dies lässt erkennen, dass ein besonderer Bedarf zumindest bei Erkrankungen, Behinderungen oder Entwicklungsverzögerungen bestehen kann. Andere »spezifische« Bedarfssituationen sind m.E. jedoch ebenfalls denkbar, zumal der Begriff »bei besonderem Bedarf« unbestimmt ist.

Sowohl das OVG Berlin-Brandenburg[208] als auch das VG Düsseldorf[209] haben den Begriff »besonderer Bedarf« jedoch auf einen krankheitsbedingten Bedarf bezogen.

Laut VG Düsseldorf stellen weder besondere Arbeitszeiten der Eltern noch der darauf beruhende Umstand, dass das Kind bis zu 12 Stunden wochentags fremdbetreut werden müsste, einen besonderen Bedarf dar. In dem entschiedenen Fall war die Mutter des über 3-jährigen Kindes als Klavierlehrerin und der Vater als Opernsänger tätig. Die Kindertageseinrichtung hatte es abgelehnt, das Kind erst um 12:00 Uhr in die Tageseinrichtung aufzunehmen. Das Kind wurde daher weiterhin in Kindertagespflege betreut, um eine unnötig lange Fremdbetreuung zu vermeiden. Die Eltern machten gegen den Jugendhilfeträger die Erstattung der Aufwendungen (Vergütung der Tagespflegeperson in Höhe von 860,00 € monatlich) geltend, hatten vor Gericht damit jedoch keinen Erfolg. Die Förderung in

205. OVG Niedersachsen, 20.06.2019 – 10 ME 134/19.
206. Begründung zum Entwurf des KiföG, BT-Drucks. 16/9299.
207. Begründung zum Entwurf des KiföG, BT-Drucks. 16/9299, S. 15.
208. OVG Berlin-Brandenburg, 28.09.2015 – OVG 6 S 41.15.
209. VG Düsseldorf, 30.08.2016 – 19 K 4586/15.

Kindertagespflege kam nach Auffassung des Gerichts nur ergänzend zur Tageseinrichtung in Betracht. Da das Kind keinen Anspruch auf Kindertagespflege hatte, kam auch kein Kostenerstattungsanspruch in Betracht.

In dem vom OVG Berlin-Brandenburg entschiedenen Fall hatten die Eltern nach Auffassung des Gerichts nicht glaubhaft gemacht, dass für das Kind wegen einer emotionalen Instabilität im sozialen Bereich eine feste und stabile Gruppe erforderlich und die offene Gruppe für seine Entwicklung ungünstig sei. Die ärztliche Bescheinigung war nach Auffassung des Gerichts zu vage und habe nicht erkennen lassen, worauf die Diagnose beruhe.

1.8.4 Kinder im Schulalter

Für Kinder im Schulalter ist gemäß § 24 Abs. 4 SGB VIII ein bedarfsgerechtes Angebot in Tageseinrichtungen vorzuhalten.

Für die Ermittlung eines bedarfsgerechten Angebots kommen die Grundsätze der Jugendhilfeplanung zum Tragen.[210] Danach sind die Träger der öffentlichen Jugendhilfe verpflichtet, den Bedarf unter der Berücksichtigung der Wünsche, Bedürfnisse und Interessen der Kinder und der Erziehungsberechtigten für einen mittelfristigen Zeitraum zu ermitteln (§ 80 Abs. 1 Nr. 2 SGB VIII).

Bis zum Inkrafttreten des § 24 SGB VIII n.F. (August 2013) bestand für Schulkinder die Gleichrangigkeit von Tageseinrichtung und Kindertagespflege. Diese wurde jedoch aufgegeben, ohne dass dies näher begründet wurde.

Seitdem haben die Einrichtungen in dieser Altersgruppe Priorität.

Die Förderung in Kindertagespflege kann jedoch bei besonderem Bedarf oder ergänzend erfolgen.

Laut OVG Niedersachsen[211] besteht zwar für Kindergartenkinder bzgl. der Förderung in Kindertagespflege gemäß § 24 Abs. 3 S. 3 SGB VIII ein Anspruch auf eine ermessensfehlerfreie Entscheidung.

Dies ist nach Auffassung des Gerichts jedoch für Schulkinder nicht der Fall, da § 24 Abs. 4 SGB VIII nur auf die Regelung des § 24 Abs. 3

---

210. Struck in Wiesner, R. (2015): Kommentar zum SGB VIII, 5. Aufl. München: C.H. Beck, § 24, Rn. 66.
211. OVG Niedersachsen, 22.06.2017 – 4 PA 128/17.

S. 3 SGB VIII verweise und ansonsten lediglich eine objektiv-rechtliche Verpflichtung zum Vorhalten eines entsprechenden Angebots beinhalte.

Für Schulkinder besteht daher nach dieser Auffassung nicht einmal ein Anspruch auf ermessensfehlerfreie Entscheidung. Ein Anspruch auf Förderung in Kindertagespflege kann sich nach Ansicht des Gerichts allenfalls aufgrund einer – dem allgemeinen Gleichheitssatz (Art. 3 Abs. 1 GG) folgenden – Selbstbindung der Verwaltung ergeben. Soweit vorgetragen wurde, dass ein Hortbesuch für das Kind eine unzumutbare psychische Belastung darstelle, wurde dies laut OVG »lediglich mit zwei von Allgemeinmedizinern ausgestellten und wenig aussagekräftig formulierten ärztlichen Attesten untermauert«. Weitere diagnostische Abklärungen hatte die Mutter abgelehnt. Das OVG sah es als fernliegend an, dass ein Jugendhilfeträger wie der Beklagte ein schulpflichtiges Kind auf dieser schmalen Tatsachengrundlage ohne Weiteres in Kindertagespflege fördere.

Der Koalitionsvertrag[212] für die 19. Legislaturperiode zwischen CDU, CSU und SPD sieht für Grundschulkinder ab 2025 einen Rechtsanspruch auf Ganztagsbetreuung vor. Die Umsetzung bleibt abzuwarten.

212. Presse und Informationsamt der Bundesregierung, URL: https://www.bundesregierung.de/resource/blob/656734/847984/5b8bc23590d4cb2892b31c987ad672b7/2018–03–14-koalitionsvertrag-data.pdf?download=1, S. 20 (Stand: 10.01.2020).

1.9 Bestandteile der Förderung in Kindertagespflege

Die Förderung in Kindertagespflege umfasst gemäß § 23 Abs. 1 SGB VIII die Vermittlung des Kindes zu einer geeigneten Tagespflegeperson, deren fachliche Beratung, Begleitung und weitere Qualifizierung sowie die Gewährung einer laufenden Geldleistung.

Hinsichtlich der Eignung der Tagespflegeperson kann auf die vorangegangenen Ausführungen zu den Anforderungen an Tagespflegepersonen verwiesen werden.

Die Vermittlung, fachliche Beratung, Begleitung und Qualifizierung der Tagespflegeperson gehören zu den Aufgaben der Träger der öffentlichen Jugendhilfe; diese Aufgaben werden jedoch häufig auf freie Träger der Jugendhilfe übertragen und von diesen wahrgenommen.

Vermittlung

Die Vermittlung zu einer geeigneten Tagespflegeperson ist zwar Bestandteil der Förderung; sie ist aber nicht zwingend erforderlich.

§ 23 Abs. 1 SGB VIII sieht ausdrücklich vor, dass eine geeignete Tagespflegeperson auch »von der erziehungsberechtigten Person nachgewiesen« werden kann.

Haben die Erziehungsberechtigten bereits selbst eine geeignete Tagespflegeperson gefunden (z.B. über Privatanzeigen, Empfehlungen anderer Eltern, etc.), können sie dem Jugendhilfeträger diese Tagespflegeperson nennen und die Förderung ihres Kindes in Kindertagespflege beantragen.

Voraussetzung der Förderung eines Kindes ist aber auch in diesem Fall die Eignungsfeststellung durch den Jugendhilfeträger, d.h. auch für – von den Erziehungsberechtigten – »nachgewiesene« Personen gelten die Anforderungen an persönliche Eignung, Qualifizierung und kindgerechte Räumlichkeiten.

Da das Gesetz die Vermittlung zu einer »geeigneten« Tagespflegeperson vorsieht, dürfen die Träger der öffentlichen Jugendhilfe bzw. die von ihnen beauftragten freien Träger nur Personen vermitteln, deren Eignung sie bereits festgestellt haben.

Anspruchsberechtigter des Vermittlungsanspruchs ist gemäß § 23 Abs. 1 i.V.m. § 24 SGB VIII das Kind.

Die Tagespflegeperson hat dagegen keinen Anspruch auf Vermittlung;[213] Ansprüche der Tagespflegeperson nach § 23 Abs. 1 SGB VIII setzen ein konkretes Betreuungsverhältnis voraus.

Fachliche Beratung, Begleitung, weitere Qualifizierung

Die Förderung in Kindertagespflege beinhaltet gemäß § 23 Abs. 1 SGB VIII neben der Vermittlung des Kindes zu einer geeigneten Tagespflegeperson auch die fachliche Beratung, Begleitung und weitere Qualifizierung der Tagespflegeperson.

Die fachliche Beratung und Begleitung der Tagespflegepersonen bezieht sich auf alle Fragen der Kindertagespflege und umfasst u.a. eine praxisbegleitende Fachberatung, zeitnahe Konfliktberatung, konzeptionelle Anregungen sowie die Vermittlung von (früh)pädagogischem Fachwissen und Können.

Eine Studie[214] von Prof. Dr. Schoyerer gibt Einblick in die Praxis der Fachberatung in der Kindertagespflege und liefert u.a. eine Grundlage, um den nötigen Personalbedarf an Fachberaterinnen und -beratern zu berechnen sowie eine angemessene Aus- und Weiterbildung zu sichern.

Ausgehend von den Fragen »Was bedeutet Qualität in der Fachberatung für Kindertagespflege und was macht eine gute Fachberatung aus?« wurden im Projekt bundesweit 20 Fachberatungsstellen bei öffentlichen und freien Trägern der Jugendhilfe untersucht.

Die Studie ermöglicht einen Blick auf mögliche Umsetzungsweisen und regt zur Prüfung an, inwieweit diese für die eigene Praxis bei der Realisierung ihrer Ziele und Schwerpunktsetzungen hilfreich sein könnten.

Die Projektergebnisse sind in einer Broschüre zusammengefasst, die im PDF-Format über die Internetseite der Katholischen Stiftungshochschule München[215] bezogen werden kann.

---

213. VG Würzburg, 02.07.2015 – W 3 K 14.648.
214. Schoyerer, G./Wiesinger, J. (2017): Die Praxis der Fachberatung für Kindertagespflege. Ergebnisse aus dem Forschungsprojekt »Qualitätsbedingungen von Fachberatung Kindertagespflege«. URL: https://www.ksh-muenchen.de/hochschule/zentrale-einrichtungen-dienste/hochschulkommunikation/pressemitteilungen/presse/?tx_news_pi1%5Bnews%5D=66&cHash=ec356ff15ed766b2f0b7f7188c377b4d (Stand: 10.01.2020).
215. Schoyerer, G./Wiesinger, J. (2017): Die Praxis der Fachberatung für Kindertagespflege. Ergebnisse aus dem Forschungsprojekt »Qualitätsbedingungen von Fachberatung Kindertagespflege«. URL:https://www.ksh-muenchen.de/hochschule/zentrale-einrichtungen-dienste/hochschulkommunikation/pressemitteilungen/presse/?tx_news_pi1%5Bnews%5D=66&cHash=ec356ff15ed766b2f0b7f7188c377b4d (Stand: 10.01.2020).

Gewährung der laufenden Geldleistung

Die Gewährung der laufenden Geldleistung an die geeignete Tagespflegeperson erfolgt regelmäßig über den öffentlichen Jugendhilfeträger.

Wird die Förderung über den Träger der öffentlichen Jugendhilfe übernommen, hat die Tagespflegeperson einen Anspruch auf die laufende Geldleistung.

Die näheren Einzelheiten zur Ausgestaltung der laufenden Geldleistung werden im folgenden Kapitel gesondert behandelt.

1.10 Die laufende Geldleistung

Wie sich die laufende Geldleistung im Einzelnen zusammensetzt, bestimmt § 23 Abs. 2 SGB VIII. Sie hat demnach folgende Bestandteile:

- die Erstattung angemessener Kosten, die der Tagespflegeperson für den Sachaufwand entstehen,
- einen Betrag zur Anerkennung ihrer Förderungsleistung nach Maßgabe von § 23 Abs. 2a SGB VIII,
- die Erstattung nachgewiesener Aufwendungen für Beiträge zu einer Unfallversicherung sowie die hälftige Erstattung nachgewiesener Aufwendungen zu einer angemessenen Alterssicherung und
- die hälftige Erstattung nachgewiesener Aufwendungen zu einer angemessenen Kranken- und Pflegeversicherung.

Da die Bestandteile der laufenden Geldleistung nach unterschiedlichen Kriterien bemessen werden, wird von der überwiegenden Mehrheit[216] der Gerichte gefordert, dass die Bestandteile der Geldleistung jeweils der Höhe nach bestimmt sind und insoweit deren Kalkulation erkennbar ist.

1.10.1 Grundsätzliches zur laufenden Geldleistung

In welcher Höhe die Geldleistung gezahlt wird, legt – soweit Landesrecht nicht etwas anderes bestimmt – der Träger der öffentlichen Jugendhilfe fest.

Gemäß § 23 Abs. 2a SGB VIII ist der Betrag zur Anerkennung der Förderungsleistung leistungsgerecht auszugestalten. Dabei sind der zeitliche Umfang der Leistung und die Anzahl sowie der Förderbedarf der betreuten Kinder zu berücksichtigen.

Die Berücksichtigung der genannten Merkmale ist zwingend, die Aufzählung ist aber nicht abschließend.[217] In der Begründung des Gesetzesentwurfs ist als weiteres Merkmal z.B. die individuelle Qualifikation der Tagespflegeperson genannt.[218]

---

216. OVG Niedersachsen, 08.08.2018 – 10 KN 3/18; VG München, 20.06.2018 – M 18 K 16.6024; VG Schwerin, 11.10.2017 – 6 A 835/16 SN; VG Köln, 11.09.2015 – 19 K 5936/13; VG Würzburg, 02.07.2015 – W 3 K 14.648; OVG NRW, 02.06.2014 – 12 A 590/14.
217. OVG NRW, 15.10.2012 – 12 A 1443/12.
218. Begründung zum Entwurf des KiföG, BT-Drucks. 16/9299, S. 15.

Da die Rahmenbedingungen und die Höhe der laufenden Geldleistung häufig durch die örtlich zuständigen Träger der öffentlichen Jugendhilfe bestimmt werden, sind diese entsprechend unterschiedlich ausgestaltet.

Oft wird ein bestimmter Betrag pro Kind und Stunde gezahlt, teilweise erfolgt die Vergütung auch nach Zeitkorridoren. Im letzteren Fall ist die Unterteilung der Stufen ebenfalls unterschiedlich; es gibt Zeitkorridore im 5-Stunden-Intervall, teilweise aber auch im 10-Stunden-Intervall.

Im Auftrag des Bundesverbandes für Kindertagespflege e.V. wurde im Jahr 2013 eine Studie zur leistungsorientierten Vergütung in der Kindertagespflege erstellt. Prof. Stefan Sell und Nicole Kukula haben flächendeckend die Vergütung der Kindertagespflege untersucht und Modelle einer leistungsorientierten Vergütung entwickelt.

Eine Follow-Up-Studie[219] hat die Ergebnisse auf den neuesten Stand gebracht. Danach lag der durchschnittliche Stundensatz pro Kind und Stunde, den Jugendhilfeträger an die Tagespflegepersonen zahlten, im Jahr 2014 zwischen 2,02 €[220] und 5,50 €[221].

Bei den Beträgen handelt es sich um Durchschnittswerte, regional können sich – u.a. durch Zusatzleistungen für Qualifizierungen, für besondere Betreuungsleistungen oder -zeiten – auch höhere Beträge ergeben.

Eine Zusammenfassung der Follow-Up-Studie steht auf der Internetseite des Bundesverbandes zum Download bereit.[222]

Im Auftrag des Deutschen Vereins wurde im Mai 2017 von Prof. Dr. Münder eine Expertise zur »Erarbeitung einer Kalkulationsgrundlage für die Bemessung der laufenden Geldleistung für Kindertagespflegepersonen gemäß § 23 SGB VIII« für die Landeshauptstadt Dresden erstellt. Die Expertise steht u.a. auf den Internetseiten des Bundesverbandes[223] zum Download bereit.

---

219. Kukula, N./Sell, S. (2015): Laufende Geldleistungen in der öffentlich geförderten Kindertagespflege. Ergebnisse einer Follow-up-Studie 2015. Remagener Beiträge zur Kinder- und Jugendhilfe 08–2015. Remagen. https://www.bvktp.de/files/bvktp-broschur-laufende_geldleistungen_in_der_oeffentlich_gefoerderten_kindertagespflege.pdf (Stand: 10.01.2020).
220. In Mecklenburg-Vorpommern.
221. In Baden-Württemberg.
222. Kukula, N./Sell, S. (2015): Laufende Geldleistungen in der öffentlich geförderten Kindertagespflege. Ergebnisse einer Follow up-Studie 2015. Remagener Beiträge zur Kinder- und Jugendhilfe 08–2015. Remagen. URL: https://www.bvktp.de/files/bvktp-broschur-laufende_geldleistungen_in_der_oeffentlich_gefoerderten_kindertagespflege.pdf (Stand: 10.01.2020).
223. Münder, J. (2017): Erarbeitung einer Kalkulationsgrundlage für die Bemessung der laufenden Geldleistung für Kindertagespflegepersonen gemäß § 23 SGB VIII. Erstellt im Auftrag des Deutschen Vereins für öffentliche und private Vorsorge e.V. URL: https://www.bvktp.de/files/dv_expertise_lfd._geldleistungen_kindertagespflege_2017.pdf (Stand:10.01.2020).

Betrag pro Kind und Stunde

Die mit der Beurteilung von laufenden Geldleistungen befassten Verwaltungsgerichte tendierten mehrheitlich dazu, dass eine leistungsgerechte Ausgestaltung im Wesentlichen durch eine »Pro-Kind-und-Stunde-Berechnung« erreicht werden kann. Nach Auffassung des OVG Nordrhein-Westfalen[224] kann »letztlich nur die übliche stundenbezogene Betrachtung der Finanzierung pro Kind [...] als Bemessungsgrundlage für die Bestimmung des jeweiligen› zeitlichen Umfangs gemeint sein«.

Die Berechnung pro Kind (und Stunde bzw. Zeitkorridor) hat jedoch den Nachteil, dass sie bei Personen, die lediglich ein oder zwei Kinder betreuen, zu vergleichsweise niedriger und meist nicht angemessener Vergütung führt. Eine Tagespflegeperson, die ein Kind ganztags betreut und 40 Stunden in der Woche tätig ist, erhält bei diesem Berechnungsansatz eine Stundenvergütung, die weit unter den Mindestlöhnen anderer Branchen und auch weit unter dem Mindestlohn nach dem Mindestlohngesetz (im Jahr 2020: 9,35 € brutto pro Zeitstunde) liegt.

Eine Tagespflegeperson, die ebenfalls ganztags und in gleichem Wochenstundenumfang tätig ist, in dieser Zeit aber drei Kinder oder sogar fünf Kinder betreut, erhält dagegen das Dreifache bzw. das Fünffache.

Jugendhilfeträger, die ein – nach Anzahl der Kinder – gestaffeltes Vergütungssystem entwickelt haben und z.B. bei einer Betreuung von bis zu drei gleichzeitig anwesenden Kindern höhere Stundenbeträge pro Kind zahlen, sind bei den betroffenen Tagespflegepersonen teilweise auf Unverständnis gestoßen. Statt zu begrüßen, dass bei Betreuung von bis zu drei Kindern eine höhere Geldleistung pro Kind gezahlt wird, wurde hauptsächlich gesehen, dass die Geldleistung pro Kind bei einer Betreuung von mehr als drei gleichzeitig anwesenden Kindern niedriger ausfällt. Für die Tagespflegepersonen schien das Glas im übertragenen Sinn also eher halb leer statt halb voll zu sein.

Die Differenzierung nach der Zahl der betreuten Kinder war nach Auffassung des VG Frankfurt[225] sachgerecht. Der Ansatz des Jugendhilfeträgers, die Vergütung so zu gestalten, dass die Mehrheit der Tagespflegepersonen, die zwei bis drei Kinder betreuen, ein auskömmliches Einkommen erhalte, entspreche dem Ziel der Novellierung des § 23 SGB VIII. Voraussetzung war allerdings, dass der Gesamtbetrag für die Betreuung von vier gleichzei-

224. OVG NRW, 15.10.2012 – 12 A 1443/12.
225. VG Frankfurt, 23.04.2014 – 7 K 2482/12.F.

tig anwesenden Kindern höher ausfiel als der Gesamtbetrag für die Betreuung von drei gleichzeitig anwesenden Kindern.

Bei sehr niedrigen Zahlungen wird die Leistung seitens des Jugendhilfeträgers in Verkennung der gesetzlichen Bestimmungen häufig als »Zuschuss« bezeichnet, nach dem Motto: den Rest müssen dann die Eltern selbst aufbringen. Diese Verfahrensweisen widersprechen jedoch der Systematik des SGB VIII.

Festsetzung nach Zeitkorridoren

Das OVG Niedersachsen[226] lehnte in einer Entscheidung Monatspauschalen, deren Höhe sich nach der durchschnittlichen täglichen Betreuungszeit orientiert, ab. Durch die vorgenommene Pauschalierung in Abhängigkeit von der durchschnittlichen Betreuungszeit (Betreuungsstunden pro Tag an 5 Tagen die Woche) werde nicht sichergestellt, dass der Umfang der tatsächlich geleisteten Betreuungszeiten angemessen berücksichtigt wird.

Nach Ansicht des VG Aachen[227] widerspricht es einer leistungsgerechten Ausgestaltung der laufenden Geldleistung, wenn die Geldleistung nach einem Zeitkorridor bemessen und die monatliche Betreuungsleistung von 65 bis 104 Stunden mit dem gleichen Geldbetrag abgegolten wird. Für die Region hat das Gericht zwar einen Stundensatz in Höhe von 4,60 € pro Kind als angemessen und leistungsgerecht angesehen; dieser Stundensatz wurde in dem oberen Stundenbereich des Zeitkorridors jedoch erheblich unterschritten.

Das OVG Berlin-Brandenburg[228] hat die Festlegung der Geldleistung nach Zeitkorridoren unter der Voraussetzung, dass die Tagespflegeperson den Umfang ihrer Betreuungsleistungen vertraglich regeln und damit selbst steuern kann, als zulässig angesehen.

Das OVG Nordrhein-Westfalen[229] hielt die Festlegung nach Stundenkorridoren für unproblematisch, wenn der niedrigste Satz in Höhe des kalkulierten Betrags liegt (im entschiedenen Fall ein Anerkennungsbetrag in Höhe von 2,70 € pro Kind und Stunde). Eine mögliche Ungleichbehandlung sei durch die mit der Berechnung verbundene Verwaltungsvereinfachung gerechtfertigt. Auch die Tagespflegepersonen profitierten nach Auffassung des Gerichts von dem für sie ebenfalls niedrigeren Verwaltungsaufwand.

---

226. OVG Niedersachsen, 20.11.2012 – 4 KN 319/09.
227. VG Aachen, 17.06.2014 – 2 K 2120/13.
228. OVG Berlin-Brandenburg, 26.04.2016 – OVG 6 A 4.15.
229. OVG NRW, 30.08.2016 – 12 A 599/15.

Das Urteil ist rechtskräftig; das Bundesverwaltungsgericht hat die Revision der Tagespflegeperson gegen das Urteil zurückgewiesen.[230]

Spitzabrechnung

Viele Jugendhilfeträger zahlen die laufende Geldleistung über die geleistete Betreuungszeit hinaus auch für bestimmte betreuungsfreie Zeiten (Urlaub oder Krankheit der Tagespflegeperson bzw. des Kindes).

Dass lediglich tatsächlich erbrachte Betreuungsstunden vergütet wurden (sog. Spitzabrechnung), war laut VG Düsseldorf[231] zwar vom Ansatz her noch vertretbar. Laut OVG Niedersachsen[232] entspricht es aber der Leistungsgerechtigkeit nach § 23 Abs. 2a SGB VIII, wenn die Gewährung der laufenden Geldleistung nur für tatsächlich erbrachte Leistungen erfolgt.

1.10.2 Zuzahlungen von privater Seite

Eine Zuzahlung der Erziehungsberechtigten an die Tagespflegeperson ist im Rahmen des SGB VIII nicht vorgesehen. Vielmehr ist davon auszugehen, dass die Vergütungsansprüche der Tagespflegeperson – zumindest bei korrekter Umsetzung des § 23 Abs. 2, Abs. 2a SGB VIII – mit Gewährung der laufenden Geldleistung abgedeckt und deshalb keine weiteren Zahlungen erforderlich sind.

Da das SGB VIII jedoch keine Regelungen zum Leistungsverhältnis zwischen Erziehungsberechtigten und Tagespflegeperson trifft, kann aus diesem Gesetz kein konkretes Verbot der Zuzahlungen hergeleitet werden.

Dass eine Zuzahlung nicht dem System entspricht, führt nicht automatisch zur Rechtswidrigkeit von Zuzahlungsvereinbarungen.

Das verfolgte Ziel[233] eines gemeinsamen Systems der Förderung von Kindern auch hinsichtlich der finanziellen Belastungen der Eltern (und damit nicht zuletzt der Gleichbehandlung von Kindertagespflege und Kindertageseinrichtungen) bedingt es aber, dass die Systematik des SGB VIII beachtet wird und die Erziehungsberechtigten lediglich mit den gemäß § 90 SGB VIII möglichen Kostenbeiträgen rechnen müssen.

---

230. BVerwG, 25.01.2018 – 5 C 18.16.
231. VG Düsseldorf, 19.11.2013 – 19 K 8072/12.
232. OVG Niedersachsen, 08.08.2018 – 10 KN 3/18 u. 10 KN 5/18.
233. Loos in Wiesner, R. (2015): Kommentar zum SGB VIII, 5. Aufl. München: C.H. Beck, § 90 Rn. 5b.

Die Handhabung einiger Jugendhilfeträger, private Zuzahlungen von vornherein bei der Förderung nach § 23 SGB VIII einzukalkulieren, entspricht daher nicht der Systematik des SGB VIII.

Eine solche Handhabung wäre allenfalls denkbar, wenn die Geldleistung nach § 23 SGB VIII lediglich als Zuschuss gedacht wäre. Angesichts der Vorgaben insbesondere des § 23 Abs. 2a SGB VIII ist das aber gerade nicht der Fall. Die Träger der öffentlichen Jugendhilfe sind vielmehr verpflichtet, die Geldleistung in voller Höhe zu gewähren; sie können dann von den Eltern gemäß § 90 SGB VIII Kostenbeiträge erheben.

Um eine korrekte Umsetzung dieses Systems zu erreichen, könnten private Zuzahlungen durch landesrechtliche Regelungen ausgeschlossen werden.

In Nordrhein-Westfalen ist dies zwischenzeitlich erfolgt. Nach § 23 KiBiz bzw. § 51 Abs. 1 S. 3 KiBiz n.F. sind weitere Kostenbeiträge der Eltern an die Tagespflegeperson ausgeschlossen, soweit die Förderung in Kindertagespflege gemäß § 23 SGB VIII erfolgt. In einem Punkt fehlt es m.E. allerdings an Konsequenz: Gemäß § 23 Abs. 1 S. 4 KiBiz bzw. § 51 Abs. 1 S. 5 KiBiz n. F. kann das Jugendamt die Zahlung eines angemessenen Entgelts für Mahlzeiten an die Tagespflegepersonen zulassen. Ausgaben für Mahlzeiten gehören jedoch zum Sachaufwand und sollten dementsprechend im Rahmen des § 23 Abs. 2 Nr. 1 SGB VIII erstattet werden.[234] Für Zuzahlungen der Eltern besteht insofern kein Raum.

Besteht kein gesetzliches Zuzahlungsverbot, ist fraglich, ob Zuzahlungen anderweitig unterbunden werden können.

Über die Zulässigkeit und die Umsetzung von Zuzahlungsverboten bestehen derzeit unterschiedliche Rechtsauffassungen.

Das VG Aachen[235] hat vor Inkrafttreten der landesrechtlichen Regelung ein vom Jugendhilfeträger im Leistungsbescheid ausgesprochenes Verbot der Zuzahlung der Eltern an die Tagespflegeperson bei öffentlich geförderter Kindertagespflege als rechtmäßig angesehen. Das Gericht hat dazu ausgeführt: »Mit den gesetzlichen Vorgaben zur leistungsgerechten Ausgestaltung der Vergütungsstrukturen der Kindertagespflege wollte der Gesetzgeber gerade erreichen, dass die Kindertagespflege sich mittelfristig zu einem anerkannten Berufsbild entwickeln kann und sich so ohne Verwerfung in die gängige Struktur des Steuer-, Sozial- und Sozialversicherungsrechts einfügen lässt. Das schließt aus, dass die Leistungsberechtigten (Kinder und

---

234. So im Ergebnis wohl auch OVG Mecklenburg-Vorpommern, 03.12.2019 – 1 LB 69/18 u. 1 LB 70/18.
235. VG Aachen, 17.06.2014 – 2 K 2131/13.

Eltern) bei der Inanspruchnahme von Leistungen der öffentlichen Jugendhilfe über die gesetzlich vorgesehene Kostenbeteiligung hinaus auch noch vom Leistungserbringer (Tagespflegeperson, Kindertagesstätte) zivilrechtlich zur Kasse gebeten werden. Dies widerspräche auch der Gleichrangigkeit der Betreuung von Kindern in Kindertagesstätten und Kindertagespflege, da wegen der schlecht kalkulierbaren zusätzlichen (privaten Zusatz-) Kosten diese zu einer Art Zugangssperre für weite Teile der Bevölkerung werden könnten«.

Laut VG Frankfurt[236] war nicht zu beanstanden, dass der Jugendhilfeträger die Zahlung der laufenden Geldleistung davon abhängig gemacht hatte, dass die Tagespflegeperson als Vergütung vereinbarungsgemäß nur die in der Satzung festgelegte Geldleistung erhielt.

Das VG Bremen[237] hat die durch Verwaltungsvorschrift eingeführte Genehmigungspflicht für die Vereinbarungen von Zusatzbeiträgen der Eltern an die Tagespflegeperson dagegen als rechtswidrig angesehen. Nach Auffassung des Gerichts greift die Genehmigungspflicht in die Berufsausübungsfreiheit der Tagespflegeperson ein, da sie verhindere, dass die Tagespflegeperson für ein – von ihr als über den Standard hinausgehend angesehenes – Angebot die Höhe der Zusatzbeiträge frei gestalten kann. Der Hinweis, die Tagespflegeperson könne uneingeschränkt auf rein privatrechtlicher Basis tätig sein, greift laut VG Bremen nicht. Es könne vor dem Hintergrund des Betreuungsanspruchs (§ 24 SGB VIII) nicht mehr davon ausgegangen werden, dass noch eine Nachfrage für rein privat finanzierte Kindertagespflege bestehe, die zur Sicherung einer ausreichenden Existenzgrundlage geeignet wäre. Das Gericht monierte zudem, dass die Regelung in einer Verwaltungsvorschrift, also lediglich im Innenrecht, enthalten war, die keine Außenwirkung für Dritte entfalte.

Nach Auffassung des OVG Nordrhein-Westfalen[238] ist ein in Richtlinien vorgegebenes Zuzahlungsverbot ebenfalls rechtswidrig. Der Jugendhilfeträger darf nach Auffassung des Gerichts ohne gesetzliche Ermächtigungsgrundlage nicht durch Richtlinienvorgaben in die grundrechtlich geschützte Privatautonomie der Vertragspartner des Betreuungsvertrages zwischen Tagespflegeperson und Sorgeberechtigtem eingreifen. Die Freiheit, einen Beruf auszuüben, sei untrennbar verbunden mit der Freiheit, eine angemessene Vergütung zu fordern. Laut OVG ist das gesetzliche

---

236. VG Frankfurt, 04.03.2013 – 7 K 1299/11.F.
237. VG Bremen, 10.07.2014 – 3 K 1064/13.
238. OVG NRW, 22.08.2014 – 12 A 591/14.

System der Förderung in Kindertagespflege zwar nicht auf eine etwaige Zuzahlung der Erziehungsberechtigten ausgerichtet. Daraus lasse sich aber kein ausdrückliches Verbot ableiten, das als Rechtsgrundlage für einen Eingriff in die Vertragsfreiheit ausreichen könnte. Die Entscheidung ist noch zu einem Sachverhalt vor Inkrafttreten des landesrechtlichen Zuzahlungsverbots ergangen.

Das VG Würzburg[239] hat sich in einer Entscheidung umfassend mit der vertraglichen Vereinbarung eines Zuzahlungsverbots auseinandergesetzt. Nach Auffassung des VG Würzburg durfte der Jugendhilfeträger die Förderung davon abhängig machen, dass die Tagespflegeperson von den Eltern keine Zuzahlungen nimmt. Der Jugendhilfeträger dürfe im Rahmen seines Spielraums zur Ausgestaltung der Geldleistung regeln, wie die Förderung im Einzelnen ausgestaltet wird, um den Bedarf zu decken und Grundsätze und Förderziele zu erreichen. Der Gesetzgeber habe gerade nicht den Weg gewählt, Zuschüsse an die Kindeseltern zu einem zwischen Tagespflegeperson und Eltern privatrechtlich vereinbarten Tagespflegeentgelt zu erbringen. Vielmehr sind nach dem Willen des Gesetzgebers die gesamten Kosten der Kindertagespflege grundsätzlich vom Träger der öffentlichen Jugendhilfe zu übernehmen. Auf Seiten der Eltern fiele im Wesentlichen nur der Kostenbeitrag gegenüber dem Jugendhilfeträger an. Dem würde es widersprechen, wenn die Tagespflegeperson ohne Einflussmöglichkeit des öffentlichen Jugendhilfeträgers für nach §§ 23 f. SGB VIII geförderte Leistungen neben die laufende Geldleistung nach § 23 Abs. 1 SGB VIII tretende finanzielle Leistungen der Eltern verlangen könnte. »Zugleich würde hierdurch insbesondere das Ziel der Verbesserung der Vereinbarkeit von Familie und Erwerbsleben und des Zugangs zu Kinderbetreuungsangeboten verfehlt, weil sich bei Forderung zusätzlicher Zahlungen von den Eltern der finanzielle Zugang zu Betreuungsangeboten nicht in dem gesetzlich intendierten Maße verbessern würde und gerade Geringverdiener aus finanziellen Gründen davon abgehalten werden könnten, einer Erwerbstätigkeit nachzugehen, die es erfordern würde, die Kinder des Erwerbstätigen während dessen Erwerbszeiten in Kindertagesbetreuungseinrichtungen zu geben«.

Ein Eingriff in die Berufsfreiheit lag nach Auffassung des VG Würzburg nicht vor, da die Tagespflegeperson aufgrund der Erlaubnis zur Kindertagespflege auch privat tätig werden könne. Aber auch wenn in dem Zuzahlungsverbot ein Eingriff in die Berufsfreiheit zu sehen wäre, wäre dieser

239. VG Würzburg, 02.07.2015 – W 3 K 14.648.

nach Auffassung des Gerichts gerechtfertigt. Die Annahme, Jugendhilfeträger sollten die gesamten Kosten tragen, aber Zuzahlungen nicht unterbinden dürfen, sei widersprüchlich. Zum anderen sei die Einschränkung durch Gemeinwohlbelange gerechtfertigt. Ziel der gesetzlichen Regelungen sei es, die Rahmenbedingungen für das Aufwachsen von Kindern sowie die Vereinbarkeit von Familie und Erwerbsleben und hierzu insbesondere den Zugang zu Betreuungsangeboten für Kinder zu verbessern. Bezogen auf diese Zielsetzungen sind nach Auffassung des VG Würzburg die Mittel, mit denen die Umsetzung des Förderauftrags angestrebt wird, nicht unverhältnismäßig. Die Aufforderung des Jugendhilfeträgers, die Vereinbarung zusätzlicher Zahlungen für von ihm geförderte Kindertagespflegeleistungen zu unterlassen, sei daher geeignet, erforderlich und angemessen, um einerseits den staatlichen Förderauftrag zu sichern und andererseits eine systemwidrige übermäßige Kostenbelastung der Kindeseltern zu verhindern. Dies gelte umso mehr, als Art. 12 Abs. 1 GG grundsätzlich keinen Anspruch auf die Gewährung staatlicher Förderung gäbe und die Tagespflegeperson nicht generell gehindert sei, privatrechtliche Entgeltvereinbarungen mit den Eltern zu treffen; diese Betreuungsverhältnisse wären lediglich nicht nach Maßgabe der §§ 23 f. SGB VIII von dem Jugendhilfeträger zu fördern.

Nach Ansicht des VG München[240] ist ein Zuzahlungsverbot dagegen mangels Rechtsgrundlage rechtswidrig. Das im vorgegebenen Vertragsmuster enthaltene Zuzahlungsverbot stelle einen Eingriff in die Privatautonomie dar, der eine gesetzliche Grundlage erfordere. Zwar entsprechen auch nach Auffassung des VG München Zuzahlungen nicht der Konzeption des SGB VIII; ein Verbot, Zuzahlungen zu vereinbaren, bestehe jedoch nicht.

Laut VGH Kassel[241] ist weder bundesrechtlich noch landesrechtlich (in Hessen) ein Zuzahlungsverbot verankert. Es besteht nach Auffassung des Gerichts daher – anders als z.B. in Nordrhein-Westfalen – in Hessen keine Ermächtigungsgrundlage für den Jugendhilfeträger, privatrechtlich vereinbarte Zuzahlungen auszuschließen.

Abgesehen davon, ob und ggf. auf welchem Weg Zuzahlungen beschränkt oder unterbunden werden können, machen derartige Regelungen oder Selbstverpflichtungen jedoch nur Sinn, wenn die Geldleistungen den Anforderungen des § 23 SGB VIII entsprechen und von den Tagespflegepersonen als leistungsgerechte Vergütung akzeptiert werden können.

240. VG München, 24.02.2016 – M 18 K 14.3472.
241. VGH Kassel, 19.06.2018 – 10 A 2590/16.

Andernfalls werden Tagespflegepersonen nicht bereit sein, im Rahmen der öffentlich finanzierten Kindertagespflege tätig zu werden und sich stattdessen entweder auf den privaten Markt beschränken oder ganz zurückziehen.

Hinweis

Mangels Vereinbarung i.S.d. § 78b SGB VIII ist eine Tagespflegeperson gegenüber dem Jugendhilfeträger nicht zur Leistungserbringung verpflichtet.
Die Erlaubnis zur Kindertagespflege berechtigt die Tagespflegeperson, tätig zu werden. Sie verpflichtet sie jedoch nicht, mit dem Jugendhilfeträger zusammenzuarbeiten.

1.10.3 Anspruch der Tagespflegeperson

Der Anspruch auf die laufende Geldleistung steht – die Förderung durch den Jugendhilfeträger vorausgesetzt – der Tagespflegeperson zu.

Ist eine Tagespflegeperson der Ansicht, dass die Vorgaben des § 23 Abs. 2, Abs. 2a SGB VIII nicht ausreichend beachtet und die Geldleistung zu niedrig festgesetzt wurde, kann sie – ggf. nach Durchlaufen eines Vorverfahrens – vor dem Verwaltungsgericht Klage erheben.

In zwei Fällen hatten Eltern der Tageskinder den Versuch unternommen, eine Erhöhung der laufenden Geldleistung zu erreichen.

Im ersten Fall klagten die Eltern vor dem VG Würzburg[242] auf Feststellung, dass der Jugendhilfeträger verpflichtet sei, eine höhere Geldleistung als 2,13 € pro Kind und Stunde zu zahlen. Zur Begründung führten sie an, dass es nicht möglich sei, eine geeignete Tagespflegeperson zu finden, die bereit ist, für eine derart niedrige Vergütung zu arbeiten.

Das Gericht hat die Klage mangels Klagebefugnis abgelehnt, da die Eltern nur mittelbar betroffen waren. Der Anspruch auf die Gewährung der Geldleistung stehe laut Gesetz der Tagespflegeperson zu; deshalb könne nur diese eine mögliche Rechtsverletzung vor Gericht geltend machen.

Im zweiten Fall erhoben Eltern Klage beim VG München,[243] um einen erhöhten Tagessatz aufgrund des erhöhten Förderbedarfs ihres Kindes zu erreichen. Auch in diesem Fall wurde die Klage abgewiesen, da die Eltern selbst keinen Anspruch auf die Geldleistung hatten. Das Gericht wies auch

242. VG Würzburg, 21.12.2010 – W 3 K 10.320.
243. VG München, 27.11.2013 – M 18 K 13.2546.

in diesem Fall darauf hin, dass der Rechtsanspruch auf die Gewährung einer laufenden Geldleistung nach dem eindeutigen Wortlaut des § 23 Abs. 1 SGB VIII (»Geldleistung an die Tagespflegeperson«) allein der Tagespflegeperson zustehe.

Ob Tagespflegepersonen auch einen Anspruch auf die laufende Geldleistung haben, wenn das Kind nicht betreut wird, ergibt sich i.d.R. aus den Rahmenbedingungen des zuständigen Jugendhilfeträgers. Teilweise wird die laufende Geldleistung über einen gewissen Zeitraum auch für betreuungsfreie Zeiten (insbesondere bei Urlaub oder Erkrankung der Tagespflegeperson und/oder bei Fernbleiben des Kindes) gezahlt. Die Handhabungen sind jedoch sehr unterschiedlich.

Laut VG Dresden[244] kann sich u.U. ein Anspruch auf die laufende Geldleistung auch für Zeiten der Nichtbetreuung ergeben. Die Eltern hatten das Betreuungsverhältnis gekündigt und – ohne auf die mit der Tagespflegeperson vereinbarte 2-monatige Kündigungsfrist zu achten – das Kind kurzfristig nicht mehr in die Betreuung gegeben. Die Tagespflegeperson behält zwar in diesen Fällen i.d.R. unter den Maßgaben des § 615 BGB (sog. Annahmeverzug) den Anspruch auf die vereinbarte Vergütung bzw. auf einen Teil dieser Vergütung, wenn sie die Betreuungsleistung bis zum Ablauf der vereinbarten Kündigungsfrist anbietet. Den Verweis auf die Eltern bei Geltendmachung von Ansprüchen mangels tatsächlicher Betreuung sieht das VG Dresden jedoch im Widerspruch dazu, dass durch die Regelung des § 23 SGB VIII ein erhöhter Anreiz durch wirtschaftliche Anerkennung und Sicherheit der Kindertagespflegetätigkeit geschaffen werden sollte. Der Wortlaut des § 23 SGB VIII sei zwar insoweit »unergiebig«, als nicht klar sei, ob Anspruch auf die Geldleistung nur bei tatsächlicher Betreuung bestehe oder auch die Leistungsbereitschaft der Tagespflegeperson genüge. Das Gericht kam jedoch zu dem Ergebnis, dass der Anspruch der Tagespflegeperson nach § 23 Abs. 1 SGB VIII auch für Zeiten der Nichtbetreuung des Kindes besteht, wenn die Tagespflegeperson unter entsprechender Vergabe des Betreuungsplatzes aufgrund eines mit den Personensorgeberechtigten abgeschlossenen Betreuungsvertrages grundsätzlich zur Betreuung verpflichtet wäre. Dieser Anspruch könne zwar bei überlangen Kündigungsfristen verwehrt werden. Die im entschiedenen Fall zwischen den Parteien vereinbarte, 2-monatige Kündigungsfrist sah das Gericht jedoch nicht als übermäßig lang an. Laut VG Hannover[245] ist die zeitliche Dimen-

244. VG Dresden, 16.08.2017 – 1 K 1120/16.
245. VG Hannover, 19.09.2018 – 3 A 7872/16.

sion des Anspruchs nach § 23 SGB VIII dagegen unabhängig von den Vereinbarungen zwischen Tagespflegeperson und Erziehungsberechtigten. Entscheidend sei allein die Bewilligung durch den Jugendhilfeträger, die sich auch auf den Zeitraum beziehe und von – zwischen Tagespflegeperson und Erziehungsberechtigten – etwaig vereinbarten Kündigungsfristen unabhängig sei.

Da es sich bei dem Anspruch auf die laufende Geldleistung nicht um eine Sozialleistung, sondern um die Vergütung einer Sozialleistung handelt, dürften die Einschränkungen des § 53 SGB I für eine Abtretung des Anspruchs nicht gelten. Eine Abtretung des Anspruchs auf die laufende Geldleistung dürfte daher in aller Regel zulässig sein. Es bedarf dazu lediglich einer Vereinbarung zwischen der Tagespflegeperson und demjenigen, an den der Anspruch abgetreten werden soll. Die Zustimmung des Jugendhilfeträgers ist nicht erforderlich.

1.10.4 Verwandtschaft mit dem Tageskind

Die Verwandtschaft mit dem Tageskind führt leider bei einigen Jugendhilfeträgern immer noch dazu, die Gewährung der Geldleistung zu verweigern oder diese zu reduzieren.

Dies war bis zur Gesetzesänderung durch das KiföG (Ende 2008) auf der Grundlage des § 23 Abs. 2 Satz 3 SGB VIII a.F. noch möglich. Nach dieser Regelung konnte der Jugendhilfeträger zumindest bei unterhaltspflichtigen Verwandten die Gewährung einer Geldleistung versagen oder diese in der Höhe herabsetzen.

Die Regelung wurde jedoch mit Inkrafttreten des KiföG gestrichen. Deshalb spielt es in aller Regel keine Rolle mehr, ob die Tagespflegeperson mit dem Kind verwandt ist.

Der Grund für diese Änderung ist in der Professionalisierung der Kindertagespflege zu sehen, die aufgrund der gestiegenen Anforderungen und erforderlichen Qualifizierung nicht mehr mit einer »normalen« Betreuung durch das familiäre Umfeld (Großmutter, Großvater) vergleichbar ist.

Erfüllen die mit dem Tagespflegekind verwandten Personen die Voraussetzungen des § 23 Abs. 3 SGB VIII (Eignung, Qualifizierung und Nachweis kindgerechter Räumlichkeiten), besteht i.d.R. keine rechtliche Grundlage, ihnen allein aufgrund der verwandtschaftlichen Beziehung die Gewährung der Geldleistung zu versagen.

Eine Ausnahme kann sich allenfalls dann ergeben, wenn landesrechtliche Regelungen die Förderung eines Kindes in Kindertagespflege durch Verwandte ausschließen.

Für Hamburg regelt § 28 Abs. 4 HmbKibeG, dass die Betreuung durch Verwandte in gerader Linie und durch Verwandte in der Seitenlinie bis zum dritten Grad (Verwandtenpflege) keine Kindertagespflege im Sinne des Gesetzes ist.

Nach Auffassung des OVG Hamburg[246] ist diese Regelung formell und materiell verfassungsgemäß und verletzt weder die durch Art. 12 Abs. 1 GG geschützte Berufsfreiheit noch den allgemeinen Gleichheitssatz aus Art. 3 Abs. 1 GG.

Ob der Entscheidung zu folgen ist und einem Bundesland die Gesetzgebungskompetenz zusteht, die Definition der Kindertagespflege zu ändern, ist allerdings fraglich. Zur Problematik wird insoweit auf den Aufsatz von Grube[247] verwiesen, der sich mit der Thematik der sogenannten »Verwandtenpflege« näher auseinandersetzt.

1.10.5 Erstattung angemessener Kosten für den Sachaufwand

Mit der Erstattung angemessener Kosten, die der Tagespflegeperson für den Sachaufwand entstehen, sollen alle Ausgaben in der Kindertagespflege abgedeckt werden, soweit diese angemessen sind.

Wird die Kindertagespflege im Haushalt der Tagespflegeperson ausgeübt, gehören zu den Ausgaben z.B.

- Verpflegungskosten (z.B. Essen, Getränke),
- Verbrauchskosten (z.B. Wasser, Strom, Heizung, Müllgebühren, ggf. Miete),
- Ausgaben für Pflegematerialien und Hygienebedarf (z.B. Windeln, Feuchttücher, etc.),
- Ausgaben für Ausstattungsgegenstände (z.B. Kinderbett, Wickeltisch, Kinderwagen, Bollerwagen, ggf. Autokindersitz),
- Ausgaben für altersgemäßes Spiel- und Bastelmaterial,
- Ausgaben für Freizeitgestaltung.

Bei Kindertagespflege im Haushalt der Eltern findet die Tagespflegeperson i.d.R. bereits alles vor, was sie für ihre Tätigkeit benötigt. Als Erstattung

---

246. OVG Hamburg, 26.11.2015 – 4 Bf 121/14 und 15.05.2019 – 4 Bf 195/17.Z.
247. Grube, C. (2016): Frau Margarethe Hilf. In: Zeitschrift für Kindschaftsrecht und Jugendhilfe ZKJ 12/2016, S. 445 f.

angemessener Kosten für den Sachaufwand kommen in diesem Fall jedoch u.U. Fahrtkosten und Wegezeitentschädigung in Betracht.[248]

In aller Regel erfolgt die Erstattung nicht aufgrund von Nachweisen konkreter Ausgaben, sondern in Form von Pauschalen, die sich an den tatsächlichen Aufwendungen orientiert, soweit diese angemessen sind.

Die Jugendhilfeträger orientieren sich bei der Höhe z.T. an der im Einkommensteuerrecht geltenden Betriebsausgabenpauschale; teilweise liegen die Erstattungsbeträge jedoch auch darunter.

Laut OVG Nordrhein-Westfalen[249] ist die Ermittlung des berücksichtigungsfähigen Sachaufwandes im jeweiligen Einzelfall und eine insoweit abschließende Aufzählung der umfassten Positionen vom Jugendhilfeträger nicht mit angemessenen Mitteln zu bewerkstelligen; bei Jugendhilfeträgern mit vielen Betreuungsfällen würde dies dem Effektivitätsgebot des § 9 SGB X widersprechen. Als Ausgangspunkt für eine demnach unumgängliche Pauschalierung könne daher die im Einkommensteuerrecht geltende Betriebsausgabenpauschale[250] genommen werden. Nach Auffassung des Gerichts ist es nicht systemfremd, sondern »eher einer Orientierung an den tatsächlich entstehenden Kosten sogar geschuldet«, wenn bei den Sachkosten zusätzlich zwischen der »traditionellen Form« der Kindertagespflege im Haushalt der Tagespflegeperson und der Kindertagespflege im Haushalt des Personensorgeberechtigten unterschieden wird, da im Haushalt der Kindeseltern naturgemäß ein Teil der oben genannten Sachkosten von vornherein nicht anfällt.

Laut OVG Berlin-Brandenburg[251] sind Orientierungsmaßstab für die angemessenen Kosten, die der Tagespflegeperson für den Sachaufwand entstehen und ihr zu erstatten sind, die tatsächlichen Aufwendungen der Tagespflegeperson. Für die Frage der Höhe des Sachaufwands könne sich jedoch auf das Rundschreiben des Bundesministeriums für Finanzen zur steuerrechtlichen Behandlung der laufenden Geldleistung bezogen werden. Danach entspreche der Sachaufwand rund 1,73 €[252] pro Kind und Stunde; seine erhebliche Unterschreitung bedarf nach Auffassung des OVG einer nachvollziehbaren Begründung. Dabei sei zu berücksichtigen, dass der Betrag in Höhe von 1,73 € bundesweit und ungeachtet der konkreten

---

248. Struck in Wiesner, R. (2015): Kommentar zum SGB VIII, 5. Aufl. München: C.H. Beck, § 23 Rn. 31.
249. OVG NRW, 22.08.2014 – 12 A 591/14.
250. Siehe dazu Teil 2 dieses Buches.
251. OVG Berlin-Brandenburg, 26.04.2016 – OVG 6 A 4.15.
252. Abweichend von der Formel des BMF wird i.d.R. von 4,33 Wochen ausgegangen.

Lebensverhältnisse gelte, die teilweise erheblich – insbesondere bei Miet- und Verbrauchskosten – voneinander abweichen könnten. Bereits durch diesen Umstand wird nach Ansicht des Gerichts eine gewisse Bandbreite indiziert. In den tendenziell strukturschwachen ländlichen Regionen Brandenburgs (im Fall der Landkreis Märkisch-Oderland) dürfte laut OVG der Sachaufwand regelmäßig schon deshalb unter diesem Betrag liegen, weil die Mietkosten für Räumlichkeiten erheblich hinter denen einschlägiger Ballungszentren zurückbleiben. Ein Sachaufwand von rund 0,55 Euro pro Kind und Stunde entspricht jedoch nach Auffassung des Gerichts nicht den Vorgaben des § 23 Abs. 2 Nr. 1 SGB VIII und ist daher nicht »angemessen« im Sinne dieser Vorschrift.

Auch das VG München[253] sieht die steuerrechtliche Betriebsausgabenpauschale als Ausgangspunkt für eine Pauschalierung der Kosten für den Sachaufwand. Zu berücksichtigen sei aber, dass der Gesetzentwurf, der dieser Pauschale zugrunde liegt, bereits vom 27.05.2008 datiere und die Pauschale nur als Ausgangspunkt, aber nicht im Sinn einer Deckelung verstanden werden könne. Nach Auffassung des VG München wäre es im Hinblick auf den seit dem Gesetzentwurf verstrichenen Zeitraum erforderlich, eine Dynamisierung der Pauschale vorzunehmen.

Hinsichtlich der Verpflegungskosten wird teilweise auf direkte Zahlungen der Eltern an die Tagespflegeperson verwiesen. Dies würde jedoch bedeuten, dass Aufwendungen für Verpflegung nicht zum Sachaufwand gehören.

Laut OVG Nordrhein-Westfalen[254] besteht keine Befugnis des Jugendhilfeträgers, einzelne Bestandteile der nach § 23 Abs. 2 Nr. 1 SGB VIII zu erstattenden Sachaufwendungen herauszunehmen und die Tagespflegeperson diesbezüglich auf das zwischen ihr und den Erziehungsberechtigten bestehende privatrechtliche Betreuungsverhältnis zu verweisen. Das Gericht führt dazu aus: »Hat das Jugendamt den gesetzlich definierten Bedarf an Aufwandsersatz […] festgestellt, trägt es auch insoweit die gesamten Kosten der Kindertagespflege und zieht die Eltern anschließend zu einem sozial gestaffelten Elternbeitrag heran (§ 90 Abs. 1 SGB VIII). Dies bedeutet, dass die Kindertagespflegeperson, der der Anspruch auf Gewährung der Geldleistung zusteht, den Gesamtbetrag vom Jugendamt erhält«.

253. VG München, 24.02.2016 – M 18 K 14.3472.
254. OVG NRW, 22.08.2014 – 12 A 591/14.

Laut OVG Mecklenburg-Vorpommern[255] haben Tagespflegepersonen gegenüber dem Jugendhilfeträger bundesrechtlich einen Anspruch auf Zahlung des festgelegten Betrags in voller Höhe einschließlich des Elternbeitrags und der Verpflegungskosten. Deshalb sei das Risiko, dass Elternbeiträge nicht gezahlt werden, vom Jugendhilfeträger zu tragen.

1.10.6 Betrag zur Anerkennung der Förderungsleistung

Der Betrag zur Anerkennung der Förderungsleistung ist gemäß § 23 Abs. 2a SGB VIII leistungsgerecht auszugestalten. Er stellt im Grunde die Vergütung im Rahmen der Geldleistung dar.

Vor der – durch das Tagesbetreuungsausbaugesetz (TAG) erfolgten – Gesetzesänderung im Jahr 2005 war von den »Kosten der Erziehung« die Rede. Diese etwas missverständliche Formulierung wurde durch den »Betrag zur Anerkennung der Förderungsleistung« ersetzt.

Die Forderung, diesen Betrag »leistungsgerecht auszugestalten« wurde erst im Rahmen des Kinderförderungsgesetzes (KiföG), das Ende 2008 in Kraft trat, aufgenommen. Untersuchungen hatten gezeigt, dass die Vergütung der Tätigkeit in der Regel so niedrig war, dass es »die Möglichkeit, sein Auskommen mit der Kindertagespflege zu sichern«,[256] ausschloss. Aus diesem Grund wurden auf Bundesebene zwar klarere Vorgaben in das Gesetz aufgenommen; die Gestaltungsfreiheit der Länder und der Träger der öffentlichen Jugendhilfe sollte aber weitgehend erhalten bleiben.

Das bunte Bild der verschiedenen Regelungen in den einzelnen Bundesländern und in den einzelnen Kommunen macht das recht deutlich. Förderlich für die Entwicklung der Kindertagespflege sind diese vielen »Einzelgänge« aber nicht. Tagespflegepersonen, die Kinder aus verschiedenen Jugendamtsbezirken betreuen, müssen sich oftmals mit sehr unterschiedlichen Rahmenbedingungen auseinandersetzen.

Es wäre daher wünschenswert, wenn sich die Jugendhilfeträger bzw. die Länder auf einheitlichere Regelungen verständigen würden.

Welche Kriterien bei der Beurteilung der leistungsgerechten Ausgestaltung zu berücksichtigen sind, führt § 23 Abs. 2a SGB VIII auf. Genannt sind die Anzahl der Kinder, der Umfang der Betreuung sowie der Förderbedarf des einzelnen Kindes.

---

255. OVG Mecklenburg-Vorpommern, 03.12.2019 – 1 LB 69/18, 1 LB 70/18; Pressemitteilung.
256. Begründung zum Entwurf des KiföG, BT-Drucks. 16/9299, S. 15.

Da die Aufzählung der Kriterien nicht abschließend ist, können auch weitere Kriterien wie z.B. die individuelle Qualifikation der Tagespflegeperson oder besondere Betreuungszeiten (frühmorgens, spätabends, über Nacht, an Wochenenden oder Feiertagen) Berücksichtigung finden.

Aus der Formulierung »sind zu berücksichtigen« ergibt sich allerdings, dass die Berücksichtigung der in § 23 Abs. 2a SGB VIII genannten Kriterien verpflichtend ist.[257]

Die Änderungen des § 23 SGB VIII im Rahmen des KiföG hatten u.a. zum Ziel, das Berufsbild der Tagespflegepersonen attraktiver zu machen. Die Kindertagespflege sollte mittelfristig eine anerkannte und damit angemessen vergütete Vollzeittätigkeit werden.

In der Begründung zu § 23 SGB VIII wurde angeführt: »Um die angestrebte Versorgung mit Plätzen in Kindertagespflege zu erreichen, muss die Ausübung der Kindertagespflege mit einer finanziellen Vergütung verbunden werden, die ab einem gewissen Umfang der Ausübung der Tätigkeit das Auskommen der Tagespflegeperson sichert«.[258]

Diese Zielsetzung wurde von den Gerichten bisher nur bedingt berücksichtig.

Laut VGH Baden-Württemberg[259] handelt es sich lediglich um eine »rein gesellschafts- und arbeitsmarktpolitische Zielvorstellung«. Nach Auffassung des Gerichts begründete sie zumindest in den Jahren 2009/2010 »keinen Anspruch auf Leistungsvergütung in einer Höhe, mit der – bei Ausübung einer Vollzeittätigkeit und bei vollständiger Ausschöpfung der Pflegeerlaubnis – der Lebensunterhalt der Tagespflegeperson in angemessener Weise sichergestellt ist«. Eine Tagespflegeperson könne nicht erwarten, »jedenfalls bereits im ersten Jahr nach Inkrafttreten des Gesetzes so gestellt zu werden wie dies die lediglich mittelfristige Zielvorstellung des Gesetzgebers ist«.

Die Entscheidung des Bundesverwaltungsgerichts

Das Bundesverwaltungsgericht hat sich in seinem Urteil vom 25.01.2018[260] näher mit den Regelungen zur leistungsgerechten Ausgestaltung des Betrags

257. BVerwG, 25.01.2018 – 5 C 18.16; VG Oldenburg, 21.02.2011 – 13 A 2020/10.
258. Begründung zum Entwurf des KiföG, BT-Drucks. 16/9299, S. 14.
259. VGH Baden-Württemberg, 15.11.2013 – 12 S 352/12; im Ergebnis ähnlich auch OVG NRW, 22.08.2014 – 12 A 591/14.
260. BVerwG, 25.01.2018 – 5 C 18.16.

zur Anerkennung der Förderungsleistung (§ 23 Abs. 2 Nr. 2 SGB VIII) befasst.

Das Gericht kam zu dem Ergebnis, dass es sich bei dem Anerkennungsbetrag zwar um die Vergütung bzw. das Entgelt für die Tätigkeit der Tagespflegeperson handelt. Die Bezeichnung »Betrag zur Anerkennung der Förderungsleistung« impliziere jedoch, dass der Anerkennungsbetrag (noch) nicht auf eine Vollvergütung zur Sicherung des Lebensunterhaltes gerichtet sei, sondern dahinter zurückbleiben dürfe.

Da den Jugendhilfeträgern ausdrücklich ein Beurteilungsspielraum bei der Festlegung des Anerkennungsbetrags eingeräumt worden sei, obliege es in erster Linie den Jugendhilfeträgern, zu entscheiden, auf welche Art und Weise sie vorgehen wollen, um das sozialpolitische Ziel des Gesetzgebers zu erreichen und die Kindertagespflege mittelfristig als eine anerkannte und damit angemessen vergütete Vollzeittätigkeit zu profilieren.

Die Entscheidung über die Höhe des Anerkennungsbetrages ist nach Auffassung des Bundesverwaltungsgerichts daher in erster Linie politisch geprägt und geht damit auch für die Jugendhilfeträger über einen reinen Rechtsanwendungsvorgang hinaus.

Die Verwaltungsgerichte haben deshalb lediglich zu prüfen, ob der Jugendhilfeträger bei der Bestimmung der Leistungshöhe

- gegen Verfahrensvorschriften verstoßen hat,
- von einem unvollständigen oder unrichtigen Sachverhalt ausgegangen ist,
- die anzuwendenden Begriffe oder den gesetzlichen Rahmen, in dem er sich frei bewegen kann, verkannt hat oder
- allgemein gültige Wertmaßstäbe nicht beachtet oder sachfremde und damit willkürliche Erwägungen angestellt hat.

Im entschiedenen Fall war die Höhe des Anerkennungsbetrags in Höhe von 2,70 € pro Kind und Stunde laut Bundesverwaltungsgericht nicht zu beanstanden.

Der Jugendhilfeträger hatte an die seinerzeit geltenden Tariflöhne des in Kindertageseinrichtungen tätigen Fachpersonals angeknüpft, den Stundensatz jedoch unterhalb der tariflichen Vergütung festgesetzt. Die dahinterstehende Überlegung, einen Abstand zur tariflichen Vergütung einzuhalten, weil Tagespflegepersonen üblicherweise nicht über ähnlich qualifizierte Berufsabschlüsse verfügen wie in Kindertageseinrichtungen tätige Personen, war laut Bundesverwaltungsgericht »nicht als außerhalb des sachlich Vertretbaren zu bewerten und damit nicht schlechthin unhaltbar«.

Die im Einzelfall verbundene Benachteiligung von Tagespflegepersonen, die ausnahmsweise über einen ähnlich qualifizierten Berufsabschluss wie das pädagogische Fachpersonal in Kindertageseinrichtungen verfügten, aber dennoch nur mit dem abgesenkten Stundensatz entlohnt würden, hielt sich nach Auffassung des Gerichts im Rahmen der zulässigen Typisierung und Pauschalierung.

Eine Pauschalierung ist den Jugendhilfeträgern nach Ansicht des Gerichts im Rahmen des ihnen eingeräumten Beurteilungsspielraums prinzipiell erlaubt. Dies ergibt sich laut Bundesverwaltungsgericht bereits mit hinreichender Deutlichkeit aus der systematischen Gegenüberstellung von § 23 Abs. 2 Nr. 2 SGB VIII und § 23 Abs. 2 Nr. 3 und 4 SGB VIII.

Während in § 23 Abs. 2 Nr. 3 und 4 SGB VIII der Nachweis der zu erstattenden Aufwendungen für die dort aufgeführte Alterssicherung, Unfall-, Kranken- und Pflegeversicherung ausdrücklich verlangt werde, fehle eine entsprechende Anordnung für die Förderungsleistung in § 23 Abs. 2 Nr. 2 SGB VIII. Daraus folge im Umkehrschluss, dass die im Abrechnungszeitraum geleisteten Betreuungsstunden nicht im Einzelnen nachgewiesen werden müssten. Demzufolge sei es auch zulässig, den Förderumfang mittels pauschalierter Durchschnittswerte zu bestimmen.

Zudem dient die Pauschalierung nach Ansicht des Gerichts insbesondere der Verwaltungsvereinfachung und -ökonomie, da die Träger der öffentlichen Jugendhilfe bei der Abrechnung der Leistungen der Tagespflegepersonen von aufwendigen Ermittlungen entlastet würden. Zugleich mindere sich der Dokumentationsaufwand für die Tagespflegepersonen selbst. Diese würden von der Notwendigkeit befreit, sich zum Nachweis des Förderumfangs gegebenenfalls jede Betreuungsstunde durch die Eltern schriftlich abzeichnen zu lassen.

Anforderungen/Beurteilungsspielraum

Der den Jugendhilfeträgern eingeräumte Beurteilungsspielraum muss jedoch zum einen genutzt und zum anderen eingehalten werden.

Laut VG München[261] war es zu beanstanden, dass in der Beschlussvorlage für den Jugendhilfeausschuss keine Ausführungen zu den zu beachtenden Kriterien gemacht wurden und eine sachgerechte Abwägung der Leistungsgerechtigkeit nach den Kriterien des § 23 Abs. 2a SGB VIII unterblieben ist.

261. VG München, 20.06.2018 – M 18 K 16.6024.

Nach Auffassung des OVG Bremen[262] wurde der Beurteilungsspielraum in den entschiedenen Fällen überschritten. Der Jugendhilfeträger war bei der Festsetzung des Anerkennungsbetrags zunächst vom Tarifgehalt für Erzieher/innen ausgegangen und hatte als Berechnungsgrundlage für Tagespflegepersonen 68 % des durchschnittlichen Gehalts einer Erzieherin/eines Erziehers[263] bzw. für Tagespflegepersonen mit pädagogischer Ausbildung[264] 90 % des durchschnittlichen Gehalts festgelegt. Das Gericht monierte u.a., dass konkrete und nachvollziehbare Anhaltspunkte für die Höhe des vorgenommenen Abschlags fehlten. Der Jugendhilfeträger war nach Auffassung des Gerichts zudem von einem unrichtigen Sachverhalt ausgegangen, da er Betreuungsstunden mit Arbeitsstunden gleichgesetzt und deswegen die Arbeitszeit einer Tagespflegeperson mit der Arbeitszeit einer Erzieherin für grundsätzlich vergleichbar erachtet habe. Vor- und Nachbereitungszeit sowie administrative Aufgaben der Tagespflegepersonen seien bei der Festsetzung jedoch unberücksichtigt geblieben; ebenso, dass kein – mit angestellten Erzieherinnen/Erziehern vergleichbarer – Anspruch auf bezahlten Urlaub und Entgeltfortzahlung im Krankheitsfall der Tagespflegepersonen bestehe.

Der Hinweis in der Gesetzesbegründung, dass die finanzielle Vergütung »ab einem gewissen Umfang der Ausübung der Tätigkeit« das Auskommen der Tagespflegeperson sichern solle, wird z.T. dahin ausgelegt, dass eine Sicherung des Einkommens erst »bei vollständiger Ausschöpfung der Pflegeerlaubnis«[265], d.h. bei Vollzeitbetreuung von fünf Kindern erreicht werden müsse.

Auch laut OVG Bremen[266] war nicht zu beanstanden, dass der Jugendhilfeträger bei den Vergleichsberechnungen zur Festsetzung des Anerkennungsbetrages die Vollzeitbetreuung von fünf gleichzeitig anwesenden Kindern zugrunde gelegt hatte. Die Betreuung von fünf Kindern gleichzeitig sei in der Kindertagespflege grundsätzlich zulässig. Wenn eine Tagespflegeperson die Erlaubnis nicht im vollen Umfang ausnutzen könne, z.B. aufgrund einer unternehmerischen Entscheidung, aufgrund zu geringer Nachfrage und/oder zu geringen Betreuungsbedarfs oder bei Tätigkeit im Haushalt der Erziehungsberechtigten, unterfällt dies nach Auffassung des OVG

262. OVG Bremen, 16.12.2018 – 1 LC 77/17, 1 LC 75/17.
263. OVG Bremen, 16.12.2018 – 1 LC 75/17.
264. OVG Bremen, 16.12.2018 – 1 LC 77/17.
265. VGH Baden-Württemberg, 15.11.2013 – 12 S 352/12; VG Würzburg, 02.07.2015 – W 3 K 14.648VG.
266. OVG Bremen, 16.12.2018 – 1 LC 75/17.

allein ihrem unternehmerischen Risiko als Selbstständige. Es handele sich zudem nur um »Sollwerte«, die es ermöglichten, die Förderungsleistung der Tagespflegeperson mit der Förderungsleistung einer Erzieherin/eines Erziehers in einer Kindertageseinrichtung vergleichbar zu machen, um die Leistungsgerechtigkeit des Anerkennungsbetrags bestimmen zu können.

Der Gestaltungsspielraum des Jugendhilfeträgers bezieht sich auch auf die Fälligkeit der Geldleistung. Diese ist im Bundesgesetz nicht klar geregelt. Der Jugendhilfeträger kann daher nach Auffassung des OVG Nordrhein-Westfalen[267] auch regeln, ob die Auszahlung der laufenden Geldleistung am Anfang, in der Mitte oder am Ende des Monats erfolgt. Ein Anspruch auf Vorauszahlung besteht nach Ansicht des Gerichts daher nicht.

Mindestlohn als Anknüpfung

Unmittelbar kann das Mindestlohngesetz nur für Arbeitnehmer/innen zur Anwendung kommen.

Der Mindestlohn ist nach Auffassung des OVG Bremen[268] jedoch auch als mittelbares Kriterium ungeeignet, da dies den – dem Jugendhilfeträger zustehenden – Beurteilungsspielraum missachten würde, der gerade auch vor dem Hintergrund eröffnet sei, dass der Anerkennungsbetrag noch nicht auf eine Vollvergütung zur Sicherung des Lebensunterhaltes gerichtet sei, sondern dahinter zurückbleiben dürfe.

1.10.7 Erstattung von Unfallversicherungsbeiträgen

Die Erstattung nachgewiesener Aufwendungen für Beiträge zu einer Unfallversicherung ist bereits seit 2005 Bestandteil der laufenden Geldleistung.

Da die in der Kindertagespflege tätigen Personen i.d.R. gesetzlich unfallversichert sind, bezieht sich die Erstattung in diesem Rahmen auf die Beiträge, die an den Träger der gesetzlichen Unfallversicherung (Berufsgenossenschaft) zu zahlen sind.

Voraussetzung der Erstattung sind der Bezug der laufenden Geldleistung nach § 23 SGB VIII sowie der Nachweis des Versicherungsbeitrags durch Vorlage des Beitragsbescheids und ggf. des Überweisungsbelegs.

267. OVG Nordrhein-Westfalen, 27.07.2018 – 12 E 87/18.
268. OVG Bremen, 16.12.2018 – 1 LC 77/17, 1 LC 75/17.

Der Beitrag wird als Jahresbeitrag jeweils im Frühjahr eines Jahres für das vorangegangene Jahr festgelegt.

Der Wortlaut des § 23 Abs. 2 Nr. 3 SGB VIII gibt das Kriterium der Angemessenheit – im Gegensatz zur hälftigen Erstattung von Renten-, Kranken- und Pflegeversicherungsbeiträgen – bei der Erstattung des Unfallversicherungsbeitrages nicht ausdrücklich vor.

Es ist jedoch nicht anzunehmen, dass ein Jugendhilfeträger zur Erstattung jedes im Einzelfall gezahlten Unfallversicherungsbeitrags verpflichtet werden sollte.

Im »Hinblick auf den Charakter als steuerfinanzierte Fürsorgeleistung« dürfte daher nur ein angemessener Beitrag zu erstatten sein.[269]

Das Merkmal der Angemessenheit sollte durch das Kinder- und Jugendstärkungsgesetz (KJSG) auch für die Regelung zur Erstattung der Unfallversicherungsbeiträge in § 23 Abs. 2 Nr. 3 SGB VIII eingefügt werden. Das KJSG wurde zwar im Sommer 2017 vom Bundestag beschlossen; wegen der unterbliebenen Abstimmung im Bundesrat ist das zustimmungsbedürftige Gesetz jedoch nicht in Kraft getreten.

Die Versicherungssumme der gesetzlichen Unfallversicherung bei der BGW beträgt derzeit 23.000 € im Jahr; eine Höherversicherung ist auf Antrag möglich.

Da sich Leistungen wie Verletztengeld und Verletztenrente an der Höhe der Versicherungssumme orientieren, empfiehlt die BGW, eine angemessene Versicherungssumme zu wählen, um die finanziellen Belastungen im Ernstfall so gering wie möglich zu halten.

Vor diesem Hintergrund kann es im Einzelfall auch für Tagespflegepersonen sinnvoll sein, die Versicherungssumme zu erhöhen, insbesondere dann, wenn das Einkommen der Tagespflegeperson höher ist als die Mindestversicherungssumme und eine wesentliche Erwerbsgrundlage der Tagespflegeperson darstellt. In diesen Fällen dürfte die Höherversicherung auch angemessen und der sich daraus ergebende höhere Beitrag daher zu erstatten sein.

Aufgrund der gesetzlichen Versicherung kommt die Erstattung privater Unfallversicherungsbeiträge in aller Regel nicht in Betracht, es sei denn,

269. Struck in Wiesner, R. (2015): Kommentar zum SGB VIII, 5. Aufl. München: C.H. Beck, § 23 Rn. 33.

die Satzung sieht die Erstattung von Beiträgen zu einer privaten Unfallversicherung ausdrücklich vor.[270]

Da die gesetzliche Regelung »nachgewiesene« Aufwendungen verlangt, kommt eine pauschale Erstattung fiktiver Beiträge nicht in Betracht.

1.10.8 Hälftige Erstattung von Rentenversicherungsbeiträgen

Weiterer Bestandteil der laufenden Geldleistung ist die hälftige Erstattung nachgewiesener Beiträge zu einer angemessenen Alterssicherung.

Selbstständig tätige Tagespflegepersonen, die im Zusammenhang mit ihrer selbstständigen Tätigkeit keine versicherungspflichtigen Arbeitnehmer/innen beschäftigen und mehr als nur geringfügig selbstständig tätig sind, unterliegen als Erzieher/innen gemäß § 2 SGB VI der Versicherungspflicht in der gesetzlichen Rentenversicherung.

Eine Ausnahme besteht nur für Tagespflegepersonen, die in dem Zeitfenster bis 30.09.2001 auf der Grundlage des § 231 Abs. 6 SGB VI eine Befreiung von der Versicherungspflicht erreichen konnten.

Voraussetzung der hälftigen Erstattung sind der Bezug der laufenden Geldleistung nach § 23 SGB VIII sowie der Nachweis der Beiträge zu einer angemessenen Alterssicherung (Rentenversicherung).

Da die gesetzliche Regelung »nachgewiesene« Aufwendungen verlangt, kommt eine pauschale Erstattung fiktiver Beiträge nicht in Betracht.

Werden Beiträge nachgewiesen, erfolgt die Prüfung der Angemessenheit.

Pflichtbeiträge zur gesetzlichen Rentenversicherung, die aus Einkünften aus öffentlich finanzierter Kindertagespflege resultieren, gelten im Allgemeinen als angemessen.[271]

Einkünfte oder Umstände, die nicht mit der öffentlich geförderten Kindertagespflege in Verbindung stehen, können unberücksichtigt bleiben. Dies gilt beispielsweise für private Zahlungen bzw. Zuzahlungen der Eltern an die Tagespflegeperson.

---

270. VG Frankfurt, 05.11.2015 – 7 K 1942/11.F.
271. VG Schleswig-Holstein, 11.02.2010 – 15 A 162/09; VG Stuttgart, 30.07.2012 – 7 K 3/11, 7 K 4/11 und 7 K 3281/10.

Beispiel

Eine Tagespflegeperson betreut fünf Kinder in Kindertagespflege, erhält aber nur für vier Kinder eine Geldleistung vom Jugendhilfeträger. Für das fünfte Kind erhält sie die Vergütung direkt von den Eltern. Der Jugendhilfeträger kann in diesem Fall berücksichtigen, dass der Rentenversicherungsbeitrag durch die private Vergütung, auf die er keinen Einfluss hat, erhöht ist. Die Erstattung kann daher auf den hälftigen Beitrag, der sich auf Grundlage der laufenden Geldleistung ergab, reduziert werden. Für Rentenversicherungsbeiträge aus Einkünften privat finanzierter Kindertagespflege muss der Jugendhilfeträger nicht aufkommen.

Private Zuzahlungen dürfen laut OVG Niedersachsen[272] auch dann außer Acht gelassen werden, wenn die Geldleistung nach Auffassung der Tagespflegeperson nicht den Anforderungen des § 23 Abs. 2a SGB VIII genügt, d.h. nicht als leistungsgerecht angesehen wird.[273] Dies gilt laut OVG auch dann, wenn der Jugendhilfeträger bei rechtmäßiger Handhabung höhere laufende Geldleistungen hätte erbringen müssen. Andernfalls liefe es auf eine Berücksichtigung fiktiver Einkünfte hinaus, die § 23 Abs. 2 Nr. 4 SGB VIII nicht zulasse. Abgesehen davon besteht nach Ansicht des OVG für eine Berücksichtigung fiktiver laufender Geldleistungen oder privater Zuzahlungen auch kein sachlicher Grund, weil es einer Tagespflegeperson unbenommen sei, anstatt privater Zahlungen von den Eltern der betreuten Kinder höhere laufende Geldleistungen von dem Träger der Jugendhilfe zu verlangen und einen dahingehenden Anspruch notfalls gerichtlich durchzusetzen.

Ist die laufende Geldleistung leistungsgerecht ausgestaltet, besteht laut VG Stuttgart[274] (erst recht) keine Verpflichtung, auch den Beitragsanteil hälftig zu erstatten, der sich aus höheren Einnahmen aufgrund privater Zuzahlungen ergibt.

Besteht keine Rentenversicherungspflicht, kann die Tagespflegeperson eine private Altersversorgung wählen oder freiwillig Beiträge in die gesetzliche Rentenversicherung zahlen.

Sollen entsprechende Beiträge erstattet werden, ist bzgl. der privaten Versicherung zunächst zu klären, ob die Versicherung tatsächlich eine Altersvor-

272. OVG Niedersachsen, 08.07.2014 – 4 LB 262/12.
273. OVG Niedersachsen, 08.07.2014 – 4 LB 262/12.
274. VG Stuttgart, 30.07.2012 – 7 K 3/11.

sorge darstellt und der Absicherung in der gesetzlichen Rentenversicherung vergleichbar ist.

Voraussetzung dafür ist, dass eine Vorsorgeleistung vereinbart wird, die im Alter tatsächlich noch vorhanden ist und nicht vorab anderweitig verbraucht werden kann. Dies trifft z.B. nicht auf Bausparverträge zu. Kapitallebensversicherungen werden i.d.R. nur dann als Alterssicherung anerkannt, wenn der Zugriff auf die Leistung vor Erreichung der Altersgrenze ausgeschlossen ist.[275]

Darauf, ob die Leistung im Alter in einem Betrag oder in monatlichen Raten zur Auszahlung kommt, soll es dagegen nicht ankommen.[276]

Hinweis

Möchte eine Tagespflegeperson Beiträge zu einer privaten Versicherung geltend machen, sollte sie vorab mit ihrem Versicherungsunternehmen klären, inwieweit eine Vergleichbarkeit mit der Absicherung in der gesetzlichen Rentenversicherung gegeben ist. Möglicherweise lässt sich die Versicherung auch entsprechend anpassen.

Solange wegen Geringfügigkeit (regelmäßig nicht mehr als 450,00 € Arbeitseinkommen monatlich) keine Versicherungspflicht besteht, orientiert sich die Frage der Angemessenheit im Regelfall an der Höhe des Beitrags, der bei einer freiwilligen Versicherung in der gesetzlichen Rentenversicherung als Mindestbeitrag zu zahlen wäre.

Dieser Mindestbeitrag liegt im Jahr 2020 bei monatlich 83,70 €.

Ein nachgewiesener Beitrag zu einer privaten Rentenversicherung dürfte bei geringfügiger Tätigkeit daher bis zu dieser Höhe angemessen und hälftig (bis zu 41,85 €) zu erstatten sein.

Hinweis

Falls bei (noch) nicht bestehender Rentenversicherungspflicht die Überlegung ansteht, im Hinblick auf die hälftige Erstattung der Beiträge durch den Jugendhilfeträger eine private Altersvorsorge abzuschließen, sollte die Tagespflegeperson die mögliche Entwicklung ihrer Tätigkeit im Auge behalten. U.U. kann im Laufe der Zeit aufgrund höherer Ein-

275. OVG Saarland, 23.02.2010 – 3 A 345/09 (zur parallelen Regelung des § 39 SGB VIII).
276. OVG Saarland, 23.02.2010 – 3 A 345/09 (zur parallelen Regelung des § 39 SGB VIII).

künfte Versicherungspflicht in der gesetzlichen Rentenversicherung eintreten. In diesem Fall wird der Jugendhilfeträger die hälftige Erstattung vermutlich auf die Pflichtbeiträge zur gesetzlichen Rentenversicherung beschränken. Die Tagespflegeperson müsste dann die zusätzlichen Beiträge zur privaten Altersvorsorge ggf. auch allein tragen können.

Besteht im Ausnahmefall trotz einer mehr als geringfügigen Tätigkeit keine Versicherungspflicht in der gesetzlichen Rentenversicherung, kann sich die Frage der Angemessenheit der Beiträge ebenfalls an der Höhe der Beiträge zur gesetzlichen Rentenversicherung orientieren. Eine Begrenzung der Erstattung auf den halben gesetzlichen Mindestbeitrag kommt in diesen Fällen regelmäßig nicht in Betracht.

Wird zusätzlich zur gesetzlichen Rentenversicherung eine private Rentenversicherung abgeschlossen, dürfte eine hälftige Erstattung dieser zusätzlichen Beträge durch den Jugendhilfeträger nicht in Betracht kommen. Beiträge zu einer zusätzlichen privaten Alterssicherung sind nach Auffassung des VG Stuttgart[277] nicht angemessen i.S.d. § 23 Abs. 2 Nr. 3 SGB VIII.

1.10.9 Hälftige Erstattung von Kranken- und Pflegeversicherungsbeiträgen

Die hälftige Erstattung angemessener Kranken- und Pflegeversicherungsbeiträge wurde mit der – durch das KiföG erfolgten – Änderung des § 23 SGB VIII Ende 2008 neu aufgenommen. Mit der zusätzlichen Erstattung dieser Beiträge sollten Tagespflegepersonen in ihrer Absicherung den angestellten Arbeitnehmerinnen und Arbeitnehmern angenähert werden.[278]

Voraussetzung der hälftigen Erstattung sind der Bezug der laufenden Geldleistung nach § 23 SGB VIII sowie der Nachweis der Beiträge zu einer angemessenen Kranken- und Pflegeversicherung.

Da die gesetzliche Regelung »nachgewiesene« Aufwendungen verlangt, kommt eine pauschale Erstattung fiktiver Beiträge nicht in Betracht.

Die Frage der Angemessenheit soll sich laut Gesetzesbegründung[279] an den Beiträgen zur freiwilligen gesetzlichen Krankenversicherung orientieren.

277. VG Stuttgart, 30.07.2012 – 7 K 3/11.
278. Gesetzesbegründung zum KiföG, BT-Drucks. 16/9299, S. 16.
279. Begründung zum Entwurf des KiföG, BT-Drucks. 16/9299, S. 14 f..

Angemessen sind i.d.R. jedoch auch hier nur Versicherungsbeiträge, die ihre Grundlage in Einkünften aus öffentlich finanzierter Kindertagespflege haben.[280]

Für die Erstattung hälftiger Kranken- und Pflegeversicherungsbeiträge ist laut VG Stuttgart[281] allerdings nicht Voraussetzung, dass die Versicherungsbeiträge erst durch die Aufnahme der Kindertagespflegetätigkeit entstanden oder durch sie erhöht worden sind. Für diese Einschränkung bestehe keine gesetzliche Grundlage. Der Jugendhilfeträger hatte die hälftige Erstattung der Kranken- und Pflegeversicherung zuvor mit der – nicht rechtmäßigen – Begründung abgelehnt, die Einkünfte aus der Kindertagespflegetätigkeit hätten sich auf die private Kranken- und Pflegeversicherung nicht ausgewirkt.

Die Angemessenheit ist im Bereich der gesetzlichen Krankenversicherung nicht immer leicht festzustellen, da der Beitrag nicht unbedingt allein auf Grundlage des Arbeitseinkommens aus der Kindertagespflege berechnet wird. Da bei freiwilliger Versicherung auf die wirtschaftliche Leistungsfähigkeit abzustellen ist, können vielmehr auch weitere Einkünfte (z.B. Einkünfte aus weiteren Tätigkeiten, Miet- und Pachteinnahmen, Kapitalerträge etc.) bzw. besondere Umstände (Berücksichtigung des Ehegatteneinkommens bei nicht gesetzlicher Versicherung des Ehepartners) die Beitragshöhe beeinflussen.

Einkünfte, die nicht mit der öffentlich geförderten Kindertagespflege in Verbindung stehen, dürfen unberücksichtigt bleiben. Insofern können auch private Zuzahlungen der Eltern an die Tagespflegeperson außer Acht gelassen werden. Dies gilt auch dann, wenn die Geldleistung nicht den Anforderungen des § 23 Abs. 2a SGB VIII genügt und daher nicht als leistungsgerecht angesehen werden kann[282].

Hinsichtlich der Höhe der Erstattung zu einer privaten Kranken- und Pflegeversicherung wird teilweise unterschiedlich verfahren. Einige Jugendhilfeträger begrenzen die hälftige Erstattung auf Beiträge, die zu einer gesetzlichen Kranken- und Pflegeversicherung zu zahlen wären.

Dies ist laut VG Stuttgart[283] jedoch dann nicht rechtmäßig, wenn der Tagespflegeperson die gesetzliche Kranken- und Pflegeversicherung nicht

280. VGH Baden-Württemberg, 08.04.2014 – 12 S 1925/12 u. 12 S 1927/12; OVG Niedersachsen, 08.07.2014 – 4 LB 262/12; VG Stuttgart, 30.07.2012 – 7 K 3/11.
281. VG Stuttgart, 30.07.2012 – 7 K 3281/10.
282. OVG Niedersachsen, 08.07.2014 – 4 LB 262/12.
283. VG Stuttgart, 30.07.2012 – 7 K 3281/10.

offensteht (z.B. bei bereits bestehender privater Versicherung). »Erfordert die private Situation der Tagespflegeperson eine private Kranken- und Pflegeversicherung, ist ein Versicherungsschutz angemessen, der entsprechend dem einer gesetzlichen Krankenversicherung ausgestaltet ist.« Im entschiedenen Fall war die Tagespflegeperson, eine beurlaubte Polizistin, bereits seit längerer Zeit privat versichert; der Weg zur gesetzlichen Kranken- und Pflegeversicherung stand ihr nicht offen. Das Gericht hielt in diesem Fall die Beiträge zur privaten Basiskrankenversicherung, deren Leistungen mit denen einer gesetzlichen Versicherung vergleichbar sind, für angemessen.

Beiträge, die aufgrund der Mitberücksichtigung des Ehegatteneinkommens erhöht sind (in Fällen, in denen Ehepartner nicht der gesetzlichen Krankenversicherung angehören), sind nach Auffassung des OVG Sachsen[284] hälftig zu erstatten, da die Tagespflegeperson auf die Berechnungsweise keinen Einfluss hat. Diese Auffassung wurde durch das Bundesverwaltungsgericht[285] im Ergebnis bestätigt. Laut Bundesverwaltungsgericht ergibt sich zwar aus dem Gesetzgebungsverfahren, dass eigene Einkünfte der Tagespflegepersonen, die außerhalb der Kindertagespflegetätigkeit erzielt werden, unberücksichtigt bleiben sollten. Das mitberücksichtigte Ehegatteneinkommen stelle jedoch keine derartigen, eigenen Einkünfte der Tagespflegeperson dar. Eine Reduzierung der Erstattung komme daher in diesem Fall nicht in Betracht.

Für die Frage der Angemessenheit kommt es in aller Regel auf den Zeitraum an, der der Berechnung der nachgewiesenen Beiträge zugrunde lag.

Berechnet die Krankenkasse die Beiträge beispielsweise anhand der Einnahmen aus dem Jahr 2009, ist auch bei der Prüfung der Angemessenheit der Beiträge auf die Einkünfte der Tagespflegeperson aus öffentlich finanzierter Kindertagespflege im Jahr 2009 abzustellen.[286]

Wurde eine Tagespflegeperson auf eigenen Wunsch von ihrer gesetzlichen Krankenversicherung als hauptberuflich selbstständig tätig eingestuft, um ihr die Wahlleistung der Krankengeldversicherung zu ermöglichen, kann der daraus resultierende Beitrag u.U. angemessen und hälftig zu erstatten sein.[287]

284. OVG Sachsen, 08.11.2017 – 4 A 890/16.
285. BVerwG, 28.02.2019 – 5 C 1.18.
286. OVG Niedersachsen, 08.07.2014 – 4 LB 262/12.
287. OVG Sachsen, 21.06.2016 – 4 A 242/15; VG Münster, 23.05.2012 – 6 K 801/10.

Das VG Münster[288] sah die Vereinbarung von Krankengeld und die damit verbundene Einstufung als hauptberufliche Tätigkeit im entschiedenen Fall als notwendig und den daraus resultierenden Beitrag als angemessen an. Begründet wurde dies damit, dass die Einkünfte der alleinstehenden Tagespflegeperson deren Existenzgrundlage darstellten und diese im Falle einer länger andauernden Erkrankung keine Einkünfte gehabt hätte. Angemessen bedeutet laut VG Münster nicht, dass nur eine Minimalversorgung zugestanden wird. Vielmehr sollte nach Auffassung des Gerichts mit dem Korrektiv der Angemessenheit eher vermieden werden, »dass Einzelne sich für eine besonders aufwändige – und damit teure – Krankenversicherung (Luxusversicherung) entscheiden könnten«.

Auch nach Auffassung des OVG Sachsen[289] kann die Vereinbarung von Krankengeld im Einzelfall angemessen und der entsprechende Beitrag demgemäß hälftig zu erstatten sein. Bereits die Gesetzesbegründung zu § 23 Abs. 2 Nr. 4 SGB VIII enthält laut OVG Sachsen Anhaltspunkte dafür, dass eine Krankenversicherung mit Krankengeldanspruch angemessen wäre. Durch die hälftige Übernahme der Kranken- und Pflegeversicherungsbeiträge sollten Tagespflegepersonen in ihrer Absicherung angestellten Arbeitnehmern angenähert werden; Angestellten stehe jedoch ein Krankengeldanspruch zu. Im entschiedenen Fall war die Kindertagespflege zudem der Haupterwerb und die daraus erzielten Einkünfte daher nicht bloßes »Zubrot«, sondern die Existenzgrundlage der Tagespflegeperson. Das Einkommen erlaubte der Tagespflegeperson jedoch nicht, regelmäßig Rücklagen zu bilden, aus denen sie bei einer längeren krankheitsbedingten Arbeitsunfähigkeit ihren Lebensunterhalt hätte bestreiten können. Die Gefahr, bei einer längeren Erkrankung in eine wirtschaftliche Notlage zu geraten, sah das Gericht auch nicht dadurch als beseitigt an, dass der Jugendhilfeträger für zehn Krankheitstage im Jahr die Fortzahlung der Geldleistung vorgesehen hatte; gerade ein schwerwiegender längerer Verdienstausfall werde dadurch nicht kompensiert.

Die Tagespflegeperson konnte laut OVG Sachsen auch nicht auf die Möglichkeit verwiesen werden, bei einer Erkrankung von den ihr jährlich zustehenden 26 Urlaubstagen Gebrauch zu machen. Zum einen reichen die Urlaubstage – vor allem, wenn ein Teil des Urlaubs schon verbraucht wurde – nach Auffassung des Gerichts nicht zur Überbrückung längerer

288. VG Münster, 23.05.2012 – 6 K 801/10.
289. OVG Sachsen, 21.06.2016 – 4 A 242/15.

Fehlzeiten aus. Zum anderen solle der Urlaub Erholungszwecken, nicht jedoch Genesungszwecken dienen.

Die Versicherung mit Krankengeldanspruch ist in der gesetzlichen Krankenversicherung nur möglich, wenn die Tätigkeit hauptberuflich ausgeübt wird. Ob dies der Fall ist, wird nach Wegfall der Sonderregelung für den Bereich der Kindertagespflege durch die zuständige Krankenkasse der Tagespflegeperson nach den allgemein gültigen Kriterien geklärt. Erfolgt die Einstufung als hauptberuflich, dürfte die Vereinbarung von Krankengeld i.d.R. als angemessen anzusehen sein. Entscheidend sind jedoch die konkreten Umstände des Einzelfalls.

1.10.10 Erstattungsanspruch/Zeitraum

Die Erstattung der genannten Versicherungsbeiträge ist Bestandteil der laufenden Geldleistung gemäß § 23 Abs. 2 SGB VIII. Ein Anspruch auf die Erstattung besteht daher nur, wenn auch eine Geldleistung seitens des Jugendhilfeträgers gezahlt wird.

Da die Aufwendungen nachzuweisen sind, muss der Jugendhilfeträger eine entsprechende Mitteilung über die Art und Höhe der Beiträge erhalten. Eine pauschale Erstattung kommt grundsätzlich nicht in Betracht.

Grundsätzlich besteht der Erstattungsanspruch für den Zeitraum, in dem auch die Geldleistung fließt. Die Erstattung erfolgt jedoch i.d.R. separat und u.U. – insbesondere, wenn die Kindertagespflegetätigkeit erst aufgenommen wurde – auch mit zeitlicher Verzögerung, da die Beitragsbescheide der Versicherungsträger häufig einige Zeit auf sich warten lassen.

Liegt ein Beitragsnachweis vor, dürfte – abgesehen von der Unfallversicherung, deren Beitrag jährlich zu zahlen ist – einer monatlichen Erstattung i.d.R. nichts entgegenstehen.

Der Antragstellung kommt bei der Erstattung der Versicherungsbeiträge nach Ansicht des VG Saarland[290] nur eine formell-rechtliche Bedeutung zu; sie ist keine ausdrückliche Voraussetzung für die Erstattung.

§ 23 Abs. 2 Nr. 3 und 4 SGB VIII bestimme gerade nicht, dass eine Erstattung erst »ab Antragstellung« erfolgt, sondern benenne den Erstattungsanspruch als Bestandteil der laufenden Geldleistung.

290. VG Saarland, 20.03.2009 – 11 K 825/07.

Die Erstattung kann sich deshalb auch auf für die Vergangenheit zu zahlende Versicherungsbeiträge beziehen, soweit für diesen Zeitraum eine Geldleistung gewährt wurde.

Beispiel

Die Tagespflegeperson ist seit Januar tätig und erhält seitdem eine laufende Geldleistung vom Träger der öffentlichen Jugendhilfe. Den Beitragsbescheid über die Pflichtbeiträge zur Deutschen Rentenversicherung erhält sie erst im September. Darin sind sowohl der künftige monatliche Beitrag festgesetzt als auch die Beitragszahlung für die vergangenen Monate seit Januar. Da die Tagespflegeperson seit Januar bereits aufgrund der Geldleistung Pflichtbeiträge erbringen muss, ist der Jugendhilfeträger verpflichtet, die Beiträge seit Januar hälftig zu erstatten und kann sich nicht darauf berufen, dass die Erstattung erst im September »beantragt« wurde.

Nach Auffassung des OVG Nordrhein-Westfalen[291] ergibt sich bereits daraus, dass das Gesetz die Erstattung »nachgewiesener« Aufwendungen vorsieht, dass diese in oder für Zeiten entstanden sind, die regelmäßig vor dem Beitragsnachweis bzw. der Antragstellung liegen. Auch nach Ansicht des OVG Nordrhein-Westfalen sind daher Beiträge auch rückwirkend zu erstatten; eine besondere Antragsfrist bestehe nicht. Im entschiedenen Fall waren die Rentenversicherungsbeiträge für den Zeitraum von 2011 bis 2014 erst im Juli 2014 rückwirkend festgesetzt worden, da die Tagespflegeperson zuvor keine Kenntnis von der Rentenversicherungspflicht hatte und sich daher erst Anfang 2014 an den Rentenversicherungsträger gewandt hatte. Das OVG Nordrhein-Westfalen verpflichtete den Jugendhilfeträger, die nachgewiesenen Beiträge zu erstatten. Ein (konkludenter) Verzicht auf den Erstattungsanspruch war laut OVG nicht anzunehmen, da die Tagespflegeperson zuvor keine Altersvorsorgeaufwendungen hatte, die sie hätte nachweisen können. Der Beitragsbescheid über die rückwirkenden Beiträge war erst im Juli 2014 ergangen; die Beiträge konnten daher erst dann nachgewiesen werden.

Aus der Sicht der Jugendhilfeträger kann sich die Erstattung zuweilen schwierig gestalten, da sie beim Nachweis von Beiträgen auf die Mitwirkung der Tagespflegeperson angewiesen sind. Lässt sich eine Tagespflege-

291. OVG NRW, 06.12.2016 – 12 A 637/16.

person sehr lange Zeit, wird die Kalkulation der Ausgaben für den Jugendhilfeträger u.U. schwierig.

Ob ggf. eine Verweigerung der Erstattung auf der Grundlage des § 66 SGB I wegen fehlender Mitwirkung in Betracht gezogen werden kann, ist fraglich. Die Vorschrift dürfte nicht einschlägig sein, da sie auf Sozialleistungen im Sinne des § 11 SGB I abstellt, zu denen die Erstattungsansprüche nach § 23 Abs. 2 Nr. 3 u. 4 SGB VIII jedoch nicht gehören.

Sozialleistungen mögen laut OVG Nordrhein-Westfalen[292] mit Blick auf § 11 Satz 1, § 27 Abs. 1 Nr. 3 SGB I diejenigen Leistungen sein, die eine Tagespflegeperson erbringt, nicht jedoch die Geldleistungen, die sie für ihre Tätigkeit erhält.

Hinweis

Um einen reibungslosen Ablauf zu ermöglichen, sollten Tagespflegepersonen ihre Einkünfte und die sich daraus möglicherweise ergebenden Konsequenzen für die Renten-, Kranken- und Pflegeversicherung immer im Blick behalten. Auf diese Weise besteht eine größere Gewähr dafür, dass sie zeitnah Beitragsbescheide erhalten, die dem Jugendhilfeträger als Nachweis vorgelegt werden können.

Der Jugendhilfeträger kann im Rahmen der Beratung und Begleitung auf die zu beachtende Sozialversicherung und die mögliche Erstattung der Beiträge hinweisen und dadurch dazu beitragen, dass die Tagespflegepersonen entsprechende Nachweise zeitnah erbringen.

1.10.11 Erstattung bei Arbeitsverhältnissen

Wird die Förderung in Kindertagespflege gemäß §§ 23 f. SGB VIII durch den Jugendhilfeträger übernommen und die Tätigkeit im Rahmen eines Arbeitsverhältnisses (z.B. zu den Erziehungsberechtigten) ausgeübt, hat die Tagespflegeperson einen Anspruch auf die laufende Geldleistung gegen den Jugendhilfeträger und einen Anspruch auf Arbeitsentgelt gegen den Arbeitgeber.

In diesen Fällen wird der Anspruch auf die Geldleistung i.d.R. an den Arbeitgeber abgetreten, sodass der Jugendhilfeträger die Geldleistung an diesen auszahlen und der Arbeitgeber Lohnsteuer und Sozialversicherungsbeiträge an die zuständigen Stellen abführen kann.

292. OVG NRW, 06.12.2016 – 12 A 637/16.

In diesen Fällen stellt sich die Frage, wie es sich mit der (hälftigen) Erstattung der in § 23 Abs. 2 Nr. 3 u. 4 SGB VIII genannten Sozialversicherungsbeiträge verhält.

Bzgl. der Arbeitsverhältnisse zwischen Tagespflegeperson und Erziehungsberechtigten wurde die Fragestellung u.a. von den Spitzenverbänden der Sozialversicherung[293] erörtert. Danach bezieht sich die Erstattung der Sozialversicherungsbeiträge nach § 23 Abs. 2 SGB VIII auf die Arbeitgeberbeiträge. Auf diese Weise sollen für die Erziehungsberechtigten zusätzliche Kosten, die sich aufgrund des Arbeitsverhältnisses ergeben, vermieden werden.

Diese Auffassung ist zwar im Hinblick auf die Systematik des SGB VIII nachvollziehbar; sie ist jedoch sehr weitgehend und betrifft im Grunde nur die Fälle, in denen die Tagespflegeperson bei den Erziehungsberechtigten angestellt ist.

Zu bedenken ist, dass die Tagespflegeperson nicht mehr abtreten kann, als ihr als Anspruch selbst zusteht.

Laut Gesetzesbegründung[294] sollte die Tagespflegeperson in ihrer Absicherung den angestellten Arbeitnehmern angenähert werden. Eine Annäherung ist jedoch nicht erforderlich, wenn sie tatsächlich angestellt ist. Insofern dürfte fraglich sein, ob die Tagespflegeperson nach dem Sinn und Zweck der Vorschrift auch dann einen Anspruch auf die genannten Sozialversicherungsbeiträge hat, wenn sie im Arbeitsverhältnis steht.

Die Regelung des § 23 Abs. 2 SGB VIII ist aufgrund ihrer Ausrichtung auf die selbstständige Tätigkeit der Tagespflegepersonen unergiebig.

Ein direkter Anspruch der Arbeitgeber auf Erstattung der in § 23 Abs. 2 Nr. 3 u. 4 SGB VIII genannten Sozialversicherungsbeiträge ergibt sich laut VG Aachen[295] aus der Vorschrift nicht.

Auch eine analoge Anwendung kommt nach Auffassung des VG Aachen nicht in Betracht. Zwar besteht nach Ansicht des Gerichts eine Regelungslücke, da das SGB VIII keine Regelung enthält, ob bzw. in welchem Umfang Beiträge zur Kranken- und Pflegeversicherung, die bei der Beschäftigung einer Tagespflegeperson durch die Personensorgeberechtigten anfallen, ebenfalls (anteilig) der Tagespflegeperson als Arbeitnehmer/

---

293. Besprechungsergebnis vom 13.03.2013, »Beitragspflichtige Beurteilung der Geldleistung zur Förderung in Kindertagespflege nach § 23 SGB VIII an Tagespflegepersonen (›Tagesmütter‹)«.
294. Gesetzesbegründung zum KiföG, BT-Drucks. 16/9299, S. 14 f..
295. VG Aachen, 16.03.2017 – 1 K 2250/15.

in oder den Personensorgeberechtigten als Arbeitgeber zu erstatten sind. Eine Planwidrigkeit dieser Regelungslücke, die Voraussetzung einer analogen Anwendung wäre, ist nach Auffassung des VG Aachen jedoch nicht erkennbar. Schon in den 1990er Jahren sei die Frage der Arbeitnehmereigenschaft der Tagespflegepersonen Gegenstand sozialgerichtlicher Verfahren[296] sowie in der gesellschaftlichen Diskussion gewesen und dürfte allein deshalb eine dem Gesetzgeber bekannte Konstellation gewesen sein. Dennoch habe der Gesetzgeber für das Modell einer abhängig beschäftigten Tagespflegeperson bewusst keine Beteiligung an den Kosten, die Personensorgeberechtigten in diesem Falle entstehen können, vorgesehen. Dies ergibt sich laut VG Aachen u.a. aus dem insoweit eindeutigen Wortlaut des Gesetzes, der – wie durch die Klarstellung im Rahmen des KiföG nochmals verdeutlicht worden sei – nur einen Anspruch der Tagespflegeperson zu deren Gunsten begründe.

Hinweis

Aufgrund der Unklarheiten und Unsicherheiten in diesem Bereich sind bei Arbeitsverhältnissen Vereinbarungen zwischen den Beteiligten dringend anzuraten.
Mittelfristig erscheint jedoch eine Anpassung der gesetzlichen Regelungen erforderlich, um den Besonderheiten der Arbeitsverhältnisse in der Kindertagespflege gerecht werden zu können.

296. Mit Hinweis auf BSG, 16.09.1999 – B 7 AL 80/98 R und BSG, 17.02.1998 – B 2 U 3/97 R.

1.11 Kostenbeitrag an den Jugendhilfeträger

Zur Finanzierung der Kindertagespflege können von den Jugendhilfeträgern Kostenbeiträge festgesetzt werden. Das bedeutet, dass die Eltern für die Inanspruchnahme der Kindertagespflege einen bestimmten monatlichen Beitrag an den Jugendhilfeträger zahlen. Die Höhe der Beiträge wird in Satzungen festgelegt und teilweise nach Einkommen gestaffelt.

Staffelung der Kostenbeiträge

Nach § 90 Abs. 3 SGB VIII sind Kostenbeiträge zu staffeln. Der zunächst eingeräumte Landesrechtsvorbehalt, eine abweichende Regelung zu treffen, besteht seit August 2019 nicht mehr; die Staffelung der Beiträge ist seitdem bundesweit Pflicht.

Als Kriterien für die Staffelung können gemäß § 90 Abs. 3 S. 2 SGB VIII insbesondere das Einkommen der Eltern, die Anzahl der kindergeldberechtigten Kinder in der Familie und die tägliche Betreuungszeit des Kindes berücksichtigt werden.

Eine Staffelung der Beiträge ist auch nach anderen, zusätzlichen Kriterien möglich. Das Gesetz enthält keine abschließende, sondern lediglich eine beispielhafte Aufzählung der infrage kommenden Kriterien. Die Staffelung muss nicht zwingend nach dem Einkommen erfolgen.[297]

Zur Festsetzung von Kostenbeiträgen ist eine Satzung erforderlich; Verwaltungsrichtlinien werden wegen ihrer fehlenden Außenwirkung nicht als ausreichende Rechtsgrundlage für die Erhebung von Kostenbeiträgen angesehen.[298]

Dies gilt laut OVG Schleswig-Holstein[299] auch für die Staffelung (im Fall: Sozialstaffelung und Geschwisterregelung). Die Staffelung sei Teil der Gebührenbemessung und daher wesentlicher Regelungsinhalt einer Satzung. Erfolge die Staffelung lediglich in einer Richtlinie, entfalte diese nur mittelbare Außenwirkung durch Bindung der Verwaltung. Dies ist

297. OVG Niedersachsen, 08.08.2018 – 10 KN 3/18.
298. VG Osnabrück, 27.01.2010 – 4 A 185/08; VG Göttingen, 05.08.2010 – 2 A 188/09; VG Neustadt/Weinstraße, 03.11.2010 – 4 K 535/10 NW; VG Münster, 13.12.2010 – 3 K 831/10.
299. OVG Schleswig-Holstein, 22.09.2016 – 3 KN 1/15.

laut OVG Schleswig-Holstein – auch wegen der fehlenden öffentlichen Bekanntmachung und mangels Möglichkeit einer Normenkontrollklage – nicht ausreichend. Nach Auffassung des Gerichts war die Satzung wegen der fehlenden Staffelung nichtig.

Höhe der Kostenbeiträge

Bei der Festsetzung der Höhe der Kostenbeiträge sind laut VG Stade[300] die allgemeinen verfassungsrechtlichen Grenzen zu beachten, die sich insbesondere aus dem Gleichheitssatz, dem Schutzgebot der Familie sowie dem Verhältnismäßigkeitsgrundsatz ergeben. Einkommensgestaffelte Beiträge hält das Gericht für unbedenklich, »solange selbst der Höchstsatz die tatsächlichen Kosten nicht deckt und in einem angemessenen Verhältnis zu der damit abgegoltenen Leistung steht«.

Eine Kostenüberdeckung verstößt laut VG Stade[301] gegen den Grundsatz der Abgabengerechtigkeit und das bundesrechtliche Äquivalenzprinzip und ist daher rechtswidrig.

Zu diesem Ergebnis kam auch das VG Aachen.[302] Die Höhe der Geldleistung, die an die Tagespflegepersonen gezahlt wird, kann laut VG Aachen zu dem für diesen Betreuungsumfang geschuldeten Elternbeitrag in Bezug gesetzt werden. Nach Abzug des monatlichen Anteils des Landeszuschusses ergab sich im entschiedenen Fall allerdings in einigen Beitragsstufen ein Kostenbeitrag, der die Kosten des Jugendhilfeträgers überstieg. Nach Ansicht des Gerichts war daher nicht »– wie in einer Entscheidung des Bundesverfassungsgerichts gefordert –, sichergestellt, dass die Nutzer, die die volle Gebühr zahlen, nicht zur Entlastung sozial schwächerer Nutzer oder zur Entlastung des kommunalen Haushalts herangezogen werden«.

Ob weitere Kosten (z.B. für Vermittlung, Beratung, Begleitung und weitere Qualifizierung) auf der Seite des Jugendhilfeträgers zu berücksichtigen waren, hatte das Gericht offengelassen, da der Jugendhilfeträger diese nicht konkret benannt hatte. Laut VG Aachen dürfte sich der Elternbeitrag jedoch schwerpunktmäßig auf die Kinderbetreuung und ggf. noch auf die Vermittlung beziehen. Zuschüsse des Jugendhilfeträgers an einen Verein für die Qualifizierung und Gewinnung neuer Tagespflegepersonen und deren Eignungsprüfung seien der Förderung jedoch vorgelagert. Diese

300. VG Stade, 09.03.2012 – 4 A 1567/09.
301. VG Stade, 25.09.2017 – 4 A 1246/15.
302. VG Aachen, 14.06.2017 – 8 K 1427/14.

gehörten daher nicht zu den Kosten, die der Jugendhilfeträger in Bezug zum Elternbeitrag setzen könnte.

Unterschiedliche Kostenbeiträge Kindertagespflege/ Tageseinrichtung

Hinsichtlich der Höhe der Kostenbeiträge wäre es zwar wünschenswert und i.S.d. Wunsch- und Wahlrechts, wenn die Kostenbeiträge für die Inanspruchnahme der Kindertagespflege in etwa in derselben Höhe lägen wie die Kostenbeiträge für die Inanspruchnahme einer Tageseinrichtung.

Eine Verpflichtung hierzu besteht nach Ansicht des VG Stade[303] jedoch nicht. Die Betreuungsformen Kindertagespflege und Tageseinrichtung seien zwar gleichwertig, jedoch nicht (im Wesentlichen) gleich. Zudem könne jede Kommune aufgrund ihrer Satzungshoheit die Gebühr für den Besuch von Kindertagesstätten/Krippen selbst festsetzen, sodass die Gebühren häufig unterschiedlich ausfielen.

Unterschiede in der Höhe der Kostenbeiträge sind auch laut VG Gießen[304] und VG Aachen[305] im Hinblick auf die unterschiedlichen Konzepte der Betreuungsformen gerechtfertigt.

Soweit hinsichtlich der finanziellen Belastung der Eltern eine Gleichbehandlung angestrebt werden sollte, ergeben sich laut VG Aachen daraus keine Vorgaben für eine genau gleiche Belastung.

Laut VG Köln[306] muss dagegen die Gleichwertigkeit der Betreuungsformen auch bei der Beitragsbemessung Berücksichtigung finden. Das Gericht führte dazu aus: »Auch wenn man der Auffassung folgt, dass das Wunsch- und Wahlrecht der Personensorgeberechtigten zwischen Kindertageseinrichtung und Kindertagespflege kapazitätsabhängig sei und deshalb seine Grenze finde, wenn keine Plätze in der gewünschten Betreuungsform mehr vorhanden seien, ist ein über 40 % höher liegender Elternbeitrag für die nicht gewünschte Betreuungsart unverhältnismäßig und die dies regelnde Satzung insoweit unwirksam«.

In einer weiteren Entscheidung hob das VG Stade[307] die Vorteile der Kindertagespflege hervor (flexiblere Betreuungszeiten, individuelle Betreuung und familienähnliche Form) und kam abermals zu dem Ergebnis, dass die

303. VG Stade, 09.03.2012 – 4 A 1567/09.
304. VG Gießen, 14.08.2017 – 7 K 174/15.GI.
305. VG Aachen, 14.06.2017 – 8 K 1427/14.
306. VG Köln, 05.12.2014 – 19 K 5890/13.
307. VG Stade, 08.09.2015 – 4 A 2991/13.

unterschiedlichen Konzepte Unterschiede in den Kostenbeiträgen rechtfertigen. Allerdings ergaben sich im konkreten Fall lediglich Mehrkosten für die Kindertagespflege in Höhe von max. 12 %. Durch diesen geringfügig höheren Kostenbeitrag ist nach Auffassung des Gerichts keine unverhältnismäßige Belastung[308] der Eltern unter Berücksichtigung der Unterschiede in beiden Betreuungsformen ersichtlich.

Erlass des Kostenbeitrags

Der Kostenbeitrag wird gemäß § 90 Abs. 4 SGB VIII auf Antrag erlassen, wenn die Belastung durch Kostenbeiträge den Eltern und dem Kind nicht zuzumuten ist.

Dies ist gemäß § 90 Abs. 4 S. 2 SGB VIII immer dann der Fall, wenn Eltern oder Kinder Leistungen zur Sicherung des Lebensunterhalts nach dem SGB II, bestimmte Leistungen nach dem SGB XII oder Leistungen nach §§ 2, 3 des Asylbewerberleistungsgesetz beziehen. Nicht zuzumuten sind Kostenbeiträge auch dann, wenn die Eltern des Kindes Kinderzuschlag gemäß § 6a Bundeskindergeldgesetz oder Wohngeld nach dem Wohngeldgesetz erhalten.

Die Träger der öffentlichen Jugendhilfe sind verpflichtet, die Eltern bzw. den Elternteil, bei dem das Kind lebt, über die Möglichkeit eines Antrags zum Erlass des Kostenbeitrags bei unzumutbarer Belastung durch Kostenbeiträge zu beraten.

308. Unter Hinweis auf VG Köln, 05.12.2014 – 19 K 5890/13.

1.12 Unterstützungs- und Beratungsleistungen

Der Träger der öffentlichen Jugendhilfe hat gemäß § 23 Abs. 4 SGB VIII und § 43 Abs. 4 SGB VIII weitere Unterstützungs- und Beratungspflichten.

1.12.1 Vertretung in Ausfallzeiten

Gemäß § 23 Abs. 4 S. 2 SGB VIII ist für Ausfallzeiten einer Tagespflegeperson rechtzeitig eine andere Betreuungsmöglichkeit für das Kind sicherzustellen.

Diese Verpflichtung richtet sich an den Träger der öffentlichen Jugendhilfe, ist also keine Verpflichtung der Tagespflegeperson selbst.

Jugendhilfeträger dürfen diese Verpflichtung auch nicht der ggf. zu vertretenen Tagespflegeperson aufbürden.

Laut OVG Nordrhein-Westfalen[309] sind Tagespflegepersonen lediglich »zur intensiven Mitwirkung bei der Installation eines Vertretungssystems oder einer Ersatzbetreuung durch den Träger der öffentlichen Jugendhilfe verpflichtet«.

Die Schaffung von Vertretungsmöglichkeiten ist allerdings nicht einfach zu bewerkstelligen, da auch im Vertretungsfall die in der Erlaubnis zur Kindertagespflege angegebene Zahl der Kinder nicht überschritten werden darf.

Betreut eine Tagespflegeperson bereits fünf Kinder, dürfte eine Vertretung durch diese Tagespflegeperson kaum infrage kommen.

Um Vertretungsmöglichkeiten zur Verfügung stellen zu können, sind bisher verschiedene Modelle entwickelt[310] worden.

Sie haben Vor- und Nachteile und setzen wegen der unbedingt empfehlenswerten Kontaktpflege zwischen den Vertretungspersonen, Tagespflegepersonen und Kindern grundsätzlich eine gewisse räumliche Nähe voraus.

---

309. OVG NRW, 22.08.2014 – 12 A 591/14.
310. Z.B. in Bundesministerium für Familie, Senioren, Frauen und Jugend/Deutsches Jugendinstitut (DJI) (Hrsg.) (2010): Vertretungsmodell in der Kindertagespflege. Praxismaterialien für die Jugendämter, Nr. 4, Oktober 2010. URL: https://www.landesverband-kindertagespflege-nrw.de/files/handreichung_vertretungsmodelle_in_der_kindertagespflege.pdf (Stand: 31.12.2017).

Vertretungsmodelle beanspruchen zusätzliche Gelder, die i.d.R. vom Jugendhilfeträger aufzubringen sind und bei der Gestaltung der Kostenbeiträge berücksichtigt werden können.

Die Vertretungsmöglichkeit ist zwar ein Angebot, das von den Eltern grundsätzlich zu begrüßen sein dürfte. Dennoch sollte die Vertretung in jedem Fall mit den Eltern abgesprochen werden; das erforderliche Einverständnis darf nicht einfach vorausgesetzt werden.

Tagespflegepersonen im Verbund – Team-Modell

Bei diesem Modell trifft sich eine kleine Gruppe von Tagespflegepersonen regelmäßig. Die Kinder lernen auf diese Weise sowohl die anderen Kinder als auch die anderen Tagespflegepersonen kennen.

Im Vertretungsfall werden die Kinder auf die anderen Tagespflegepersonen »verteilt«.

Dabei ist darauf zu achten, dass die Tagespflegeperson immer mindestens einen Platz frei hat, um ein zusätzliches Kind betreuen zu können.

Wenn möglich, sollte die Person, die das Kind im Vertretungsfall aufnimmt, immer dieselbe sein, um häufige Wechsel der Betreuungspersonen zu vermeiden.

Auch hier ist darauf zu achten, dass die maximale Anzahl von fünf gleichzeitig anwesenden fremden Kindern nicht überschritten wird.

Tagespflegepersonen im Zweierverbund – Tandem-Modell

Bei diesem Modell schließen sich jeweils zwei Tagespflegepersonen zusammen, die sich in Ausfallzeiten gegenseitig vertreten.

Dies bedingt allerdings, dass beide zusammen nicht mehr als fünf Kinder betreuen, da auch im Vertretungsfall von einer Tagespflegeperson nicht mehr als max. fünf fremde Kinder gleichzeitig betreut werden dürfen.

In der Regel betreut also eine Tagespflegeperson zwei Kinder, die andere Tagespflegeperson max. 3 Kinder.

Auch hier finden regelmäßige Treffen statt, damit die Kinder die andere Tagespflegeperson und deren Räumlichkeiten kennenlernen können. Bei diesem Modell gelingt es den Erziehungsberechtigten leichter, eine Beziehung zur Vertretungsperson herzustellen, da das Modell überschaubar ist.

Tagespflegepersonen als Springer/innen – mobile Tagespflegeperson

Bei diesem Modell stehen Tagepflegepersonen bereit, die im Vertretungsfall (z.B. bei Krankheit, Urlaub oder Fortbildung) einspringen können.

Die Personen sollten regelmäßig die später zu vertretenden Tagespflegepersonen besuchen bzw. von diesen besucht werden, um zu gewährleisten, dass die Kinder diese Personen und ggf. deren Räumlichkeiten bereits kennen.

Stützpunktmodell

In diesem Modell sucht die Vertretungstagespflegeperson nicht die einzelnen Tagespflegepersonen auf, sondern diese besuchen mit ihren Tagespflegekindern in regelmäßigem Abstand den »Betreuungsstützpunkt«. Dieser kann – je nach örtlichen Erfordernissen oder Möglichkeiten – in dafür extra angemieteten oder zur Verfügung gestellten Räumen oder in den privaten Räumlichkeiten der Vertretungstagespflegeperson bestehen.

Für die Erziehungsberechtigten kann dieses Modell je nach örtlicher Lage die »Bring-und-Hol-Organisation« erschweren oder auch erleichtern.

Um den Tagespflegepersonen gemeinsam mit den Tagespflegekindern regelmäßige Besuche des Stützpunktes zu ermöglichen, sollte dieser in zumutbarer Reichweite sein.

Kooperation mit einer Tageseinrichtung

Dieses Modell kommt hauptsächlich für etwas ältere Kinder in Betracht, die in absehbarer Zeit in die Tageseinrichtung wechseln.

Werden vorab bereits Kontakte aufgebaut und regelmäßige Besuche der Einrichtung in den Alltag eingebaut, besteht u.U. auch die Möglichkeit, die Kinder im Vertretungsfall in der Einrichtung betreuen zu lassen.

Hierfür bedarf es einer engen Kooperation mit dem Einrichtungsträger und – wie bei den übrigen Modellen – des Einverständnisses der Erziehungsberechtigten.

1.12.2 Anspruch auf Beratung in allen Fragen der Kindertagespflege

Sowohl Tagespflegepersonen als auch Erziehungsberechtigte haben Anspruch auf Beratung in allen Fragen der Kindertagespflege.

Der Anspruch ist sowohl in § 23 Abs. 4 SGB VIII im Rahmen der öffentlich geförderten Kindertagespflege verankert als auch im Rahmen des § 43 SGB Abs. 4 VIII für Fälle, in denen eine Erlaubnis zu erteilen ist, aber u.U. keine Förderung nach § 23 SGB VIII erfolgt (z.B. bei rein privat finanzierter Kindertagespflege).

Der Beratungsanspruch besteht daher unabhängig davon, ob die Kindertagespflege öffentlich gefördert oder rein privat organisiert ist.

Zu den Fragen der Kindertagespflege gehören neben pädagogischen auch finanzielle und rechtliche Fragestellungen.

Werden gezielte Hilfestellungen – insbesondere im nichtpädagogischen Bereich – erforderlich, können die Beratungsstellen jedoch schnell überfordert sein.

Hier dürfte ist es aber bereits hilfreich und i.d.R. auch ausreichend sein, wenn die Beratungsstellen über die Grundlagen informieren und darüber hinaus Hinweise geben können, an wen sich die Ratsuchenden im Einzelfall wenden können.

Im Hinblick auf rechtliche oder steuerrechtliche Fragestellungen ist darauf zu achten, dass die Grenzen der zulässigen Beratung nicht überschritten werden. Rechts- und Steuerberatung sollten den rechts- bzw. steuerberatenden Berufen überlassen bleiben.

1.12.3 Beratung, Unterstützung und Förderung von Zusammenschlüssen

Die Träger der öffentlichen Jugendhilfe sollen gemäß § 23 Abs. 4 S. 3 SGB VIII Zusammenschlüsse von Tagespflegepersonen beraten, unterstützen und (auch finanziell) fördern.

Die Beratung und Unterstützung von Zusammenschlüssen bezieht sich hier nicht auf die Zusammenarbeit von Tagespflegepersonen, die gemeinsame Räumlichkeiten nutzen.

Vielmehr sind Tagespflegevereine, -projekte oder auch lose Zusammenschlüsse gemeint, bei denen sich Tagespflegepersonen treffen, um ihre Interessen zu vertreten, Fortbildungen zu planen, regelmäßigen Austausch zu halten, etc.

Die Unterstützung und Förderung dieser Angebote wird u.a. deshalb als notwendig angesehen, weil Tagespflegepersonen meist nicht in berufsständischen Organisationen eingebunden sind und gegenüber großen Einrichtungsträgern und den Trägern der öffentlichen und freien Jugendhilfe eine vergleichsweise schwache Position haben. Zusammenschlüsse von Tagespflegepersonen können dazu dienen, diesen Nachteil auszugleichen.[311]

311. Struck in Wiesner, R. (2015): Kommentar zum SGB VIII, 5. Aufl. München: C.H. Beck, § 23 Rn. 40.

1.13 Bußgeld- und Strafvorschriften

1.13.1 Ordnungswidrigkeit

Wer vorsätzlich ohne eine nach § 43 SGB VIII erforderliche Erlaubnis Kinder betreut, handelt ordnungswidrig.

Diese Ordnungswidrigkeit kann mit einer Geldbuße geahndet werden. Die Ahndung erfolgt durch Bußgeldbescheid.

Die Höhe der Geldbuße beträgt zwischen 5,00 € und 500,00 € (§ 104 Abs. 1 Nr. 1 SGB VIII, § 17 Abs. 1 OWiG).

Grundlage für die Zumessung der Geldbuße sind die Bedeutung der Ordnungswidrigkeit und die Schwere des Vorwurfs, die den Täter trifft (§ 17 Abs. 3 OWiG).

Zuständig für die Verfolgung und Ahndung von Ordnungswidrigkeiten ist gemäß § 35 OWiG grundsätzlich die Verwaltungsbehörde.

Sachlich zuständig ist gemäß § 36 OWiG die fachlich zuständige oberste Landesbehörde. Die Landesregierungen können die sachliche Zuständigkeit jedoch durch Rechtsverordnung auf andere Behörden übertragen.

In einigen Bundesländern ist die Zuständigkeit für die Ahndung und Verfolgung von Ordnungswidrigkeiten auch direkt in den Ausführungsgesetzen zum SGB VIII geregelt.[312]

Gegen den Bußgeldbescheid kann gemäß § 67 OWiG innerhalb von zwei Wochen nach Zustellung schriftlich oder zur Niederschrift bei der Verwaltungsbehörde, die den Bußgeldbescheid erlassen hat, Einspruch eingelegt werden.

1.13.2 Straftat

In besonders schwerwiegenden Fällen kann die vorsätzliche Betreuung von Kindern ohne die nach § 43 SGB VIII erforderliche Erlaubnis auch eine Straftat darstellen. Diese wird mit einer Freiheitsstrafe bis zu einem Jahr oder mit Geldstrafe bestraft.

Eine Straftat nach § 105 SGB VIII liegt vor, wenn die Betreuung ohne erforderliche Erlaubnis ausgeübt wird und dadurch leichtfertig ein Kind in

---

312. Z.B. in Hessen gemäß § 24 Abs. 1 Nr. 1 HKJGB, in Sachsen gemäß § 33 Abs. 2 Nr. 3 LJHG, in Thüringen gemäß § 25 Abs. 2 Nr. 1 ThürKJHAG.

seiner körperlichen, geistigen oder sittlichen Entwicklung schwer gefährdet wird oder die (vorsätzliche) Betreuung ohne erforderliche Erlaubnis beharrlich wiederholt wird.

Mit der Beharrlichkeit ist i.d.R. eine besondere Hartnäckigkeit und gesteigerte Gleichgültigkeit gegenüber der gesetzlichen Verpflichtung, eine Erlaubnis einzuholen, verbunden. »Aus der Tat und ihren Umständen muss eine erhöhte Missachtung, also ein Mehr an Widersetzlichkeit gegenüber der normalen Gesetzesübertretung hervorgehen. Diese subjektive Tatkomponente ist eingehend zu prüfen und zu begründen. Der bloße Hinweis auf mehrfache frühere Übertretungen reicht regelmäßig nicht aus, um von Beharrlichkeit ausgehen zu können«.[313]

313. Grube in Hauck, K./Noftz, W. (2017): Kommentar zum Sozialgesetzbuch (SGB) VIII: Kinder- und Jugendhilfe. Berlin: Erich Schmidt Verlag, § 105 Rn. 6.

1.14 Rechtsschutz

Die Erteilung der Erlaubnis zur Kindertagespflege bzw. deren Ablehnung oder Aufhebung stellt einen Verwaltungsakt dar. Gegen die Entscheidung des Jugendhilfeträgers sind als Rechtsmittel Widerspruch und Klage der Tagespflegeperson möglich.

Auch die Entscheidung über die Förderung in Kindertagespflege, die Gewährung der laufenden Geldleistung oder den Kostenbeitrag erfolgt häufig durch einen Verwaltungsakt.

Der Anspruch auf Förderung steht dem Kind zu; gegen eine ablehnende Entscheidung kann seitens des Kindes (vertreten durch die Eltern) Widerspruch eingelegt bzw. Klage erhoben werden.

Der Anspruch auf die laufende Geldleistung steht dagegen der Tagespflegeperson selbst zu. Wird durch Leistungsbescheid entschieden, sind gegen die Entscheidung Widerspruch bzw. Klage der Tagespflegeperson (nicht der Eltern!) möglich.

Für das Verwaltungsverfahren gelten die Regelungen des SGB X.

Die Gewährung der laufenden Geldleistung muss jedoch nicht zwingend durch Verwaltungsakt erfolgen; sie kann auch im Rahmen eines öffentlich-rechtlichen Vertrags vereinbart werden.

Vertraglich übernommene Pflichten können nur durch Leistungsklage durchgesetzt werden:[314] in diesen Fällen ist kein Widerspruchsverfahren vorgeschaltet.

1.14.1 Widerspruch und Klage

Hat der Jugendhilfeträger durch Verwaltungsakt entschieden, ist gegen die Entscheidung i.d.R. innerhalb einer Vier-Wochen-Frist Widerspruch und – falls dem Widerspruch nicht abgeholfen wurde oder im jeweiligen Bundesland kein Widerspruchsverfahren vorgeschaltet ist – Klage vor dem Verwaltungsgericht möglich.

Die 4-Wochen-Frist gilt nur, wenn der Verwaltungsakt mit einer Rechtsbehelfsbelehrung gemäß § 36 SGB X versehen wurde. In dieser ist der Rechtsbehelf (Widerspruch/Klage), die Behörde oder das Gericht, bei

314. VG Würzburg, 15.01.2015 – W 3 K 14.589.

denen der Rechtsbehelf anzubringen ist sowie deren einzuhaltende Frist und Form anzugeben.

Fehlt die Rechtsbehelfsbelehrung, verlängert sich die Frist, in der der Rechtsbehelf (Widerspruch/Klage) eingelegt werden kann, i.d.R. auf ein Jahr (§ 58 VwGO).

Ist über einen Antrag oder einen Widerspruch ohne zureichenden Grund sachlich nicht in angemessener Frist entschieden worden, kann gemäß § 75 VwGO Untätigkeitsklage erhoben werden.

Die Klageerhebung ist allerdings in aller Regel nicht vor Ablauf von drei Monaten seit dem Antrag oder der Einlegung des Widerspruchs zulässig, es sei denn, wegen besonderer Umstände des Falles ist eine kürzere Frist geboten.

Besondere Umstände liegen vor, wenn die Betroffenen ohne eine alsbaldige Entscheidung einen schweren und irreparablen Schaden erleiden würden.

Liegt ein zureichender Grund für die Verzögerung vor, setzt das Gericht das Verfahren bis zum Ablauf einer von ihm bestimmten Frist aus.

1.14.2 Anordnung der sofortigen Vollziehung

Legt die Tagespflegeperson gegen die Entziehung der Erlaubnis Widerspruch ein oder erhebt sie dagegen Klage, haben beide Rechtsmittel aufschiebende Wirkung. D.h., die Tagespflegeperson kann bis zur Entscheidung über den Widerspruch bzw. die Klage zunächst weiterhin tätig sein.

Soll dies verhindert werden (z.B. zur Vermeidung einer Kindeswohlgefährdung), kann der Jugendhilfeträger unter bestimmten Voraussetzungen die sofortige Vollziehung (§ 80 Abs. 2 Nr. 4 VwGO) anordnen.

In diesem Fall wirkt die Entscheidung sofort, d.h. die Tagespflegeperson verfügt nicht mehr über die erforderliche Erlaubnis und darf dementsprechend ihre Tätigkeit nicht mehr ausüben.

Die Anordnung der sofortigen Vollziehung ist möglich, wenn daran ein »besonderes Interesse« besteht, z.B. weil eine mögliche Schädigung an Gesundheit, Leib oder Leben des Tagespflegekindes zu befürchten ist.[315]

---

315. VG München, 25.11.2010 – M 18 S 10.4248.

1.14.3 Wiederherstellung der aufschiebenden Wirkung

Gegen die Anordnung der sofortigen Vollziehung ist als Rechtsmittel der Antrag auf Wiederherstellung der aufschiebenden Wirkung gemäß § 80 Abs. 5 VwGO möglich.

Hat der Antrag Erfolg, ist die Wirkung des Erlaubnisentzugs bis zur Entscheidung im Hauptsacheverfahren wieder ausgesetzt.

In dem Eilverfahren stellt das Gericht im Rahmen einer Interessenabwägung der einzelnen Interessen, die für und gegen die sofortige Vollziehbarkeit sprechen, u.a. auf die Erfolgsaussichten des eingelegten Rechtsbehelfs ab. Es kommt also u.a. darauf an, wie hoch die Wahrscheinlichkeit ist, dass auf Widerspruch oder Klage der Tagespflegeperson die Entziehung der Erlaubnis als rechtswidrig angesehen und deshalb gegenstandslos wird.

Das VG München[316] hatte in seiner Entscheidung eine Interessenabwägung vorgenommen zwischen dem besonderen Interesse am Sofortvollzug und dem Interesse der Tagespflegeperson, ohne Rufschädigung ihren Beruf auszuüben. Das Gericht entschied, dass die Gewährleistung der körperlichen Integrität der kleinen Tagespflegekinder und deren Schutz vor unter Umständen sogar traumatisierenden Erlebnissen ein größeres Gewicht haben. Sollte sich im Hauptsachverfahren ergeben, dass der Entzug der Erlaubnis rechtswidrig war, wäre nach Ansicht des Gerichts die Untersagung der Kindertagespflege und der damit verbundene Imageschaden leichter rückgängig zu machen als im umgekehrten Fall die mögliche Schädigung an Gesundheit, Leib und Leben der sehr jungen Tagespflegekinder. Die Tagespflegeperson hatte das Kind so heftig ins Gesichts geschlagen, dass sich ein Hämatom gebildet hatte, jedoch behauptet, das Kind sei auf Duplosteine bzw. eine Spielkiste gefallen. Die Schilderung der Tagespflegeperson konnte von einem Rechtsmediziner anhand der konkreten Verletzung weitgehend widerlegt werden. Der Antrag der Tagespflegeperson auf Wiederherstellung der aufschiebenden Wirkung hatte keinen Erfolg; die Anordnung der sofortigen Vollziehung des Erlaubnisentzugs war laut VG München rechtmäßig.

Der Antrag einer Tagespflegeperson vor dem VG Dresden[317] blieb ebenfalls erfolglos. Zeugenaussagen hatten bestätigt, dass die Tagespflegeperson einem Kind auf die Stirn geschlagen hatte und auch in weiteren Situationen offensichtlich überfordert war. U.a. hatte sie wegen privater Prob-

316. VG München, 25.11.2010 – M 18 S 10.4248.
317. VG Dresden, 21.07.2017 – 1 L 857/17.

leme mehrfach vor den Kindern geweint, die Kinder sehr grob auf Stühlen zurechtgerückt und an den Armen gezerrt und war öfters laut geworden. Unter Beachtung des Umstandes, dass sich der Aufhebungsbescheid im Rahmen eines Hauptsacheverfahrens mit hoher Wahrscheinlichkeit als rechtmäßig erweisen wird, überwog laut VG Dresden das Interesse an der sofortigen Vollziehung. Insbesondere das Schlagen auf die Stirn des Kindes war laut VG Dresden ein besonders erhebliches Vorkommnis, mit dem eine Gefährdung des Kindeswohls und der körperlichen Unversehrtheit des zu betreuenden Kindes einherging und das die Eignung der Tagespflegeperson infrage stellte.

Ist die Entziehung der Erlaubnis weder offensichtlich rechtmäßig noch offensichtlich rechtswidrig, ist eine von den Erfolgschancen des Widerspruchs losgelöste Abwägung der gegenläufigen Interessen geboten. Die Abwägung fiel in einem vom OVG Nordrhein-Westfalen[318] entschiedenen Fall zugunsten der Tagespflegeperson aus. Maßgeblich für die Entscheidung war, dass die Tagespflegeperson nicht unbeträchtliche finanzielle Einbußen erlitten hätte, wenn ihr aufgrund der Vollziehung des Widerrufs die weitere Ausübung der Kindertagespflege vorläufig verwehrt geblieben wäre. Nach den vorgelegten Prozesskostenhilfeunterlagen war davon auszugehen, dass sie dann auf Sozialleistungen angewiesen wäre, um ihren Lebensunterhalt zu decken. Demgegenüber erwies sich das öffentliche Interesse an einem Sofortvollzug des Widerrufs laut OVG als weniger gewichtig. Konkrete Mängel in der Ausübung der Kindertagespflege hatte der Jugendhilfeträger nicht ermittelt und waren nach Auffassung des Gerichts auch »nicht hinreichend wahrscheinlich zu besorgen«. Die verhaltensbedingten Vorwürfe, insbesondere in Bezug auf unzureichendes Wickeln, hatten nach Auffassung des OVG schon deshalb kein ausschlaggebendes Gewicht, weil sie – als berechtigt unterstellt – in ihren bisherigen Auswirkungen weit von einer Kindeswohlgefährdung entfernt waren. Unter dem Druck des schwebenden Verfahrens war laut OVG auch nicht zu erwarten, dass eine erhebliche Beeinträchtigung des Kindeswohls eintreten wird, falls die Tagespflegeperson vorerst weiterhin tätig ist. Der Jugendhilfeträger habe es in der Hand, eine engmaschige Qualitätskontrolle durchzuführen; die damit verbundenen Beeinträchtigungen habe die Tagespflegeperson hinzunehmen. Die aufschiebende Wirkung der Klage wurde daher wiederhergestellt.

318. OVG NRW, 19.12.2016 – 12 B 1282/16.

1.14.4 Einstweilige Anordnung

Gerichtliche Entscheidungen können mitunter recht lange dauern. Um eine schnellere (vorläufige) Entscheidung herbeizuführen, sind u.U. bestimmte Eilverfahren möglich.

Für den Erlass einer einstweiligen Anordnung (§ 123 VwGO) ist das Gericht der Hauptsache (Verwaltungsgericht) zuständig.

Voraussetzungen für den Erlass einer einstweiligen Anordnung ist, dass einerseits ein Anspruch glaubhaft gemacht wird, der durch die Anordnung vorläufig gesichert werden soll (Anordnungsanspruch) und dass andererseits die Gründe glaubhaft gemacht werden, die eine gerichtliche Eilentscheidung erforderlich machen (Anordnungsgrund).

Anspruch auf einen Platz in der Kindertagesbetreuung

Das Rechtsschutzbedürfnis für einen Antrag nach § 123 VwGO setzt voraus, dass der Betreuungsbedarf dem Jugendhilfeträger rechtzeitig mitgeteilt wurde. Einige Bundesländer geben für die Anmeldung des Betreuungsbedarfs eine bestimmte Frist[319] vor.

Ein Kind, das ein oder zwei Jahre alt ist, hat einen Rechtsanspruch auf frühkindliche Förderung. Ist das Kind – beispielsweise aufgrund der berufsbedingten Abwesenheit der Eltern – auf die Betreuung zeitnah angewiesen, ist ihm ein Abwarten einer Entscheidung im Hauptsacheverfahren nicht zuzumuten. Im entschiedenen Fall hat das VG Köln[320] dem Jugendhilfeträger im Wege der einstweiligen Anordnung gem. § 123 Abs. 1 VwGO aufgegeben, dem Kind eine Betreuung in Kindertagespflege in dem glaubhaft gemachten Umfang von 35 Stunden pro Woche zur Verfügung zu stellen.

Der wesentliche Nachteil i.S.d. § 123 Abs. 1 Satz 2 VwGO liegt für ein Kind, das Anspruch auf frühkindliche Förderung hat, laut BVerwG[321] in der irreversiblen Nichterfüllung seines unaufschiebbaren Anspruchs. Die Förderung lässt sich für die vergangene Zeit nicht nachholen.

Die Kinderbetreuung, die – trotz Rechtsanspruchs – nicht für den Zeitraum gewährt wird, für den sie begehrt wird, bleibt für diesen Zeitraum

319. Z.B. Nordrhein-Westfalen: 6 Monate (§ 3b KiBiz bzw. § 5 Abs. 1 KiBiz n.F.) oder Bayern: 3 Monate (§ 45a AGSG).
320. VG Köln, 25.04.2015 – 19 L 590/14.
321. BVerwG, 12.09.2013 – 5 C 35/12.

unerfüllt; der Anspruch auf Zuweisung eines real verfügbaren Platzes erledigt sich durch Zeitablauf.[322]

Da die Nichterfüllung des Anspruchs auf frühkindliche Förderung irreversibel ist, dürfte i.d.R. eine besondere Dringlichkeit und damit auch ein Anordnungsgrund bestehen, der die Durchführung des Eilverfahrens ermöglicht.

Eine andere Auffassung vertrat allerdings der VGH Baden-Württemberg[323], der es nicht allein für ausreichend hielt, dass die Nichterfüllung des Anspruchs irreversibel war. Da die Mutter noch nicht wieder gearbeitet hatte und das Kind selbst betreuen konnte, hatte das Gericht den Anordnungsgrund verneint.

Laut OVG Berlin-Brandenburg[324] wäre eine Verneinung des Anordnungsgrundes dagegen mit dem Grundsatz des effektiven Rechtsschutzes nicht vereinbar, da der Anspruch dem Kind für die Zeit der Nichterfüllung endgültig verloren ginge.[325]. Nach Auffassung des OVG war der Anordnungsgrund daher nicht deshalb zu verneinen, weil die Eltern beschäftigungslos waren.

Wird die Förderung des Kindes in Kindertagespflege seitens des Jugendhilfeträgers eingestellt, ist es im Eilverfahren u.U. möglich, den Jugendhilfeträger zu verpflichten, die Kindertagespflege bei der bisherigen Tagespflegeperson fortzusetzen. In dem vom VG Göttingen[326] entschiedenen Fall hatte der Jugendhilfeträger die Förderung des Kindes bei der bisherigen Tagespflegeperson verweigert, weil die Behörde der Meinung war, sie sei für das Kind als Tagespflegeperson ungeeignet. Ohne schnelle gerichtliche Entscheidung wäre der Anspruch des Kindes vereitelt worden, da die Tagespflegeperson den Platz nicht bis zur Entscheidung im Hauptsacheverfahren hätte freihalten können. Da nach Ansicht des Gerichts die vom Jugendhilfeträger angeführte Begründung der fehlenden Eignung widersprüchlich und nicht tragbar war, wurde dem Antrag stattgegeben. Die Kindertagespflege war (vorerst) bei der bisherigen Tagespflegeperson weiterhin zu fördern.

---

322. VGH Baden-Württemberg, 08.12.2016 – 12 S 1782/15.
323. VGH Baden-Württemberg, 18.07.2018 – 12 S 643/18.
324. OVG Berlin-Brandenburg, 08.10.2018 – OVG 6 S 52.18 u. 6 M 55.18.
325. So auch OVG Schleswig-Holstein, 09.08.2019 – 3 MB 20/19; VG Köln, 30.07.2019 – 19 L 1493/19; VG Münster, 20.07.2017 – 6 O 1177/17.
326. VG Göttingen, 01.03.2011 – 2 B 22/11.

Anspruch auf Erteilung der Erlaubnis zur Kindertagespflege

Den Anspruch auf (vorläufige) Erteilung einer Erlaubnis zur Kindertagespflege im Wege einer einstweiligen Anordnung durchzusetzen, ist eher problematisch, da mit einer solchen Entscheidung die Hauptsache im Grunde vorweggenommen wird.

Laut OVG Nordrhein-Westfalen[327] stellt die vorläufige Genehmigung für den Zeitraum bis zur Entscheidung in der Hauptsache für die einzelnen hiervon erfassten Tage eine endgültige Regelung dar, die faktisch nicht rückgängig zu machen wäre.

Eine derartige Vorwegnahme der Hauptsache ist nur dann zulässig, wenn die ohne Erlass der einstweiligen Anordnung eintretenden Schäden für die Tagespflegeperson – auch mit Blick auf die kindlichen Interessen – unzumutbar und die Folgen nicht reparabel wären. Außerdem muss die Tagespflegeperson glaubhaft machen, dass ein hoher Grad an Wahrscheinlichkeit für das Bestehen eines Anspruchs auf Erteilung der Erlaubnis spricht und gegenläufige öffentliche Interessen der Verwaltung nicht überwiegen.[328]

Dies ist m.E. bisher nur in einem Fall gelungen. Das OVG Nordrhein-Westfalen[329] hat dem Antrag der Tagespflegeperson, ihr bis zur Entscheidung im Hauptsacheverfahren vorläufig eine Erlaubnis zur Kindertagespflege in einer Großtagespflegestelle zu erteilen, stattgegeben. Laut OVG bestand ein hoher Grad an Wahrscheinlichkeit, dass die Tagespflegeperson einen Anspruch auf Erteilung einer Erlaubnis zur Kindertagespflege hat. Ihre fachliche Eignung hatte sie durch Vorlage des Bundeszertifikats nachgewiesen; die vom Jugendhilfeträger vorgetragenen Zweifel an der persönlichen Eignung (fehlende Kooperationsfähigkeit und mangelnde Kritikfähigkeit) griffen nach Ansicht des OVG nicht durch. Laut OVG bestand auch ein Anordnungsgrund, da der Tagespflegeperson eine Stelle in einer Großtagespflegestelle angeboten war, die so schnell wie möglich neu besetzt werden sollte. Der Tagespflegeperson war es nach Auffassung des Gerichts »insbesondere unter Berücksichtigung des durch die Ablehnung des Erlaubnisantrags tangierten Grundrechts aus Art. 12 GG nicht zuzumuten, den (möglichen) Verlust der ihr zugesagten Stelle hinzunehmen oder abzuwarten«. Auf die Möglichkeit, nach positivem Abschluss des Hauptsacheverfahrens und Verlusts der angebotenen Stelle als Tagespflegeperson in eigenen Räumen tätig zu werden, konnte die Tagespflegeperson laut OVG nicht ver-

327. Ablehnend OVG NRW, 28.09.1984 – 8 B 1297/84 (zu § 44 SGB VIII a. F.).
328. OVG NRW, 02.09.2008 – 12 B 1224/08.
329. OVG NRW, 12.05.2017 – 12 B 333/17.

wiesen werden, »da es ihr aufgrund ihres finanziellen Hintergrundes nicht möglich sein dürfte, die hierfür erforderlichen Rahmenbedingungen insbesondere in räumlicher Hinsicht (vgl. § 43 Abs. 2 Satz 2 Nr. 2 SGB VIII) zu schaffen«.

1.14.5 Gerichtskosten, Vertretung

Für das verwaltungsgerichtliche Verfahren besteht gemäß § 188 Abs. 2 VwGO in Verfahren der Kinder- und Jugendhilfe Gerichtskostenfreiheit, d.h. es fallen keine Gerichtsgebühren an.

Vor den Verwaltungsgerichten besteht kein Anwaltszwang, d.h. Tagespflegepersonen bzw. das Kind (vertreten durch die Eltern) können den Rechtsstreit vor dem Verwaltungsgericht selbst führen.

Hinweis

Auch wenn das Verfahren vor den Verwaltungsgerichten ohne anwaltlichen Beistand geführt werden kann, empfiehlt sich i.d.R., eine Rechtsanwältin bzw. einen Rechtsanwalt (ggf. eine Fachanwältin oder einen Fachanwalt für Verwaltungsrecht) zu beauftragen. Adressen von Rechtsanwältinnen und Rechtsanwälten sind u.a. über Anwaltssuchdienste (z.B. die Anwaltsauskunft des Deutschen Anwaltsvereins[330]) zu finden.

In Verfahren vor dem Oberverwaltungsgericht bzw. dem Verwaltungsgerichtshof (zweite Instanz) und dem Bundesverwaltungsgericht ist die Vertretung durch eine Rechtsanwältin bzw. einen Rechtsanwalt erforderlich.

1.14.6 Prozesskostenhilfe

Können Tagespflegepersonen oder Eltern (in Vertretung des Kindes) aufgrund ihrer persönlichen und wirtschaftlichen Verhältnisse die Kosten der Prozessführung nicht, nur zum Teil oder nur in Raten aufbringen, kann auf Antrag Prozesskostenhilfe gewährt werden.

Voraussetzung ist, dass die beabsichtigte Rechtsverfolgung oder Verteidigung hinreichende Aussicht auf Erfolg bietet und nicht mutwillig erscheint (§§ 114 ZPO, 166 VwGO).

330. www.anwaltsauskunft.de (Stand: 10.01.2020).

Die Beiordnung einer Rechtsanwältin bzw. eines Rechtsanwalts ist auf Antrag möglich, wenn die Vertretung erforderlich erscheint.

Ist die Vertretung durch eine Rechtsanwältin bzw. einen Rechtsanwalt vorgeschrieben (z.B. vor dem Oberverwaltungsgericht bzw. dem Verwaltungsgerichtshof), wird der Tagespflegeperson bzw. den Eltern ein/e zur Vertretung bereite/r Rechtsanwältin bzw. Rechtsanwalt ihrer Wahl beigeordnet (§§ 121 ZPO, 166 VwGO).

1.15 Unterstützende Maßnahmen des Bundes

Die Finanzierung des notwendigen Ausbaus der Kindertagesbetreuung kann nicht allein von Ländern und Kommunen getragen werden. Der Bund stellt daher verschiedene Programme und erhebliche Geldmittel zur Verfügung, um den Ausbau der Kindertagesbetreuung voranzubringen.

1.15.1 Kinderbetreuungsfinanzierung

Den Bundesländern werden zur Förderung des Ausbaus der Kindertagesbetreuung u.a. auf der Grundlage einer zwischen Bund und Ländern im Jahr 2007 geschlossenen Verwaltungsvereinbarung (Investitionsprogramm – Kinderbetreuungsfinanzierung)[331] finanzielle Mittel zur Verfügung gestellt.

Die Förderung diente zunächst der Schaffung eines bedarfsgerechten Angebots für Unter-3-Jährige und wurde anfangs für den Zeitraum 2008 bis 2013 gewährt.

Als sich abzeichnete, dass der Bedarf an Betreuungsplätzen größer ist als anfangs angenommen, hat der Bund zusätzliche Mittel zur Verfügung gestellt; die Investitionsförderung wurde mit dem zweiten Investitionsprogramm »Kinderbetreuungsfinanzierung 2013-2014« verlängert.

Mit dem dritten Investitionsprogramm (Zeitraum 2015 bis 2018) wurde nicht nur die Schaffung neuer Betreuungsplätze, sondern erstmalig auch die Sicherung von im Bestand gefährdeter Betreuungsplätze gefördert.

Mit dem »Gesetz zum weiteren quantitativen und qualitativen Ausbau der Kindertagesbetreuung« wurde schließlich die Grundlage eines vierten Investitionsprogramms der »Kinderbetreuungsfinanzierung« geschaffen.

Mit einem Volumen von 1,126 Mrd. € können in den Jahren 2017 bis 2021 weitere 100.000 Betreuungsplätze für Kinder bis zum Schuleintritt geschaffen werden.

Im Unterschied zu den bisherigen Investitionsprogrammen umfasst dieses Investitionsprogramm auch Betreuungsplätze für Kinder im Alter von drei

331. Richtlinie zur Förderung von Investitionen im Rahmen des Investitionsprogramms Kinderbetreuungsfinanzierung 2008 – 2013, 13.02.2008 – VI4/7360/237/07.

Jahren bis Schuleintritt, da der Betreuungsbedarf in dieser Altersgruppe durch die starke Geburtenrate und die Zuwanderung von Kindern mit Fluchthintergrund erheblich steigen wird.[332]

Die Förderung beschränkt sich nicht auf den Bereich der Kindertagespflege, sondern bezieht auch die Tageseinrichtungen, die i.d.R. einen deutlichen höheren Mittelbedarf haben, ein.

Wie die Finanzhilfen des Bundes im Einzelnen vergeben werden, entscheiden die jeweiligen Bundesländer. Den Ländern wurde ein relativ weiter Handlungsspielraum gelassen, um die Bundesmittel vor Ort bedarfsgerecht einsetzen zu können.

Voraussetzungen, Verfahren und Mittelbereitstellung sind dementsprechend in den einzelnen Bundesländern sehr unterschiedlich geregelt.

I.d.R. wird ein bestimmter Geldbetrag als Zuschuss für Ausstattung und/oder Baumaßnahmen gewährt.

Die Gewährung von Mitteln ist i.d.R. mit einer zeitlich begrenzten Zweckbindung verbunden, um zu gewährleisten, dass die Plätze auch tatsächlich für einen bestimmten Mindestzeitraum zur Verfügung stehen.

Der Bereich der Kindertagespflege wird allerdings teilweise nur eingeschränkt und auch nicht immer durch Zahlung von Geldmitteln gefördert.

1.15.2 Aktionsprogramm/Bundesprogramm Kindertagespflege

Das »Aktionsprogramm Kindertagespflege« war darauf angelegt, die Strukturen und den Ausbau der Kindertagespflege zu fördern. Inhalte waren u.a. die flächendeckende Umsetzung der Qualifizierung der Tagespflegepersonen und die Schaffung eines Gütesiegels für Bildungsträger.

Mit der »Online-Beratung Kindertagespflege« wurde zudem ein Serviceangebot für die Beantwortung von Fragen zur Umsetzung der rechtlichen und finanziellen Rahmenbedingungen der Kindertagespflege geschaffen.

Ab 2012 förderte der Bund die Festanstellung von Tagespflegepersonen.

Das Aktionsprogramm wurde im Januar 2016 vom »Bundesprogramm Kindertagespflege« abgelöst (Laufzeit bis Dezember 2018).

Mit diesem Programm unterstützte die Bundesregierung unter anderem die (Weiter-)Entwicklung der Festanstellung und die Weiterqualifizierung

332. Quelle und weitere Informationen: https://www.fruehe-chancen.de/ausbau/investitionsprogramme/(Stand: 10.01.2020).

für Kindertagespflegepersonen (Implementierung des kompetenzorientierten Qualifizierungshandbuchs, QHB), die Inklusion in der Kindertagespflege sowie die Qualitätsentwicklung in der Fachberatung.

1.15.3 Bundesprogramm »ProKindertagespflege«

Am 1. Januar 2019 ist das Programm »ProKindertagespflege« gestartet. Nach dem Motto »qualifiziert handeln und betreuen« setzt das Bundesprogramm auf die Qualifizierung der Tagespflegepersonen, die Verbesserung der Rahmenbedingungen und die Stärkung der Zusammenarbeit mit den Kommunen. In der Laufzeit von 2019 bis Ende 2021 werden Fördermittel in Höhe von insgesamt 22,5 Mio. € durch das Bundesministerium für Familie, Senioren, Frauen und Jugend zur Verfügung gestellt. Je gefördertem Vorhaben entspricht dies einer Fördersumme von bis zu 150.000 € pro Jahr.[333]

1.15.4 Gute-Kita-Gesetz

Mit dem Gute-Kita-Gesetz unterstützt der Bund seit dem Jahr 2019 die Länder, die Qualität in der Kindertagesbetreuung weiterzuentwickeln. Welche Maßnahmen die Länder konkret ergreifen, entscheiden diese selbst. Die Länder konnten dabei verschiedene Handlungsfelder auswählen, u.a. auch das Handlungsfeld »Starke Kindertagespflege«. Dieses Handlungsfeld zielt auf eine professionelle Qualifizierung und bessere Arbeitsbedingungen für Tagespflegepersonen ab.

Das Handlungsfeld »Starke Kindertagespflege« wählten insgesamt sechs Bundesländer aus: Baden-Württemberg, Bayern, Berlin, Niedersachsen, Nordrhein-Westfalen und Sachsen.[334]

Hinweis

Ausführliche und aktuelle Informationen zu einzelnen Förderprogrammen erhalten Sie auf den Internetseiten »Frühe Chancen« unter: www.fruehe-chancen.de

333. Quelle: https://prokindertagespflege.fruehe-chancen.de/programm/ueber-das-programm/ (Stand: 04.01.2020).
334. Nähere Informationen zum Gute-Kita-Gesetz und der Umsetzung in den einzelnen Bundesländern unter: https://www.bmfsfj.de/gute-kita-gesetz (Stand: 06.01.2020).

1.16 Masernschutzgesetz – Auswirkungen auf die Kindertagespflege

Ende Dezember 2019 wurde das »Gesetz für den Schutz vor Masern und zur Stärkung der Impfprävention (Masernschutzgesetz)« beschlossen.

Ziel des Masernschutzgesetzes ist es, einen besseren individuellen Schutz sowie einen ausreichenden Gemeinschaftsschutz zu erreichen.

Deshalb sollen im Regelfall künftig alle Kinder ab dem vollendeten ersten Lebensjahr bei Aufnahme in eine Kindertageseinrichtung bzw. in die Kindertagespflege die von der Ständigen Impfkommission empfohlenen Masern-Impfungen vorweisen.

Dies gilt ebenfalls für Personen, die in Gemeinschaftseinrichtungen tätig sind wie z.B. Erzieher/innen, Lehrer/innen und Tagespflegepersonen, soweit diese Personen nach 1970 geboren sind.

Zwar sind die Rahmenbedingungen bereits bundesrechtlich (insbesondere im Infektionsschutzgesetz) geregelt; wie die Umsetzung im Einzelnen erfolgt und welche Behörden für die Erbringung der Nachweise im Einzelfall zuständig sind, ist jedoch teilweise noch offen und bleibt abzuwarten.

Im Folgenden werden daher nur die Grundzüge des Masernschutzgesetzes bzw. des geänderten Infektionsschutzgesetzes dargestellt:

1.16.1 Kindertagespflege als Gemeinschaftseinrichtung

Die nach § 43 Abs. 1 SGB VIII erlaubnispflichtige Kindertagespflege wird mit Inkrafttreten des Masernschutzgesetzes im März 2020 im Bereich des Infektionsschutzgesetzes als Gemeinschaftseinrichtung i.S.d. § 33 Nr. 2 IfSG n.F. definiert und damit in den Geltungsbereich des Masernschutzgesetzes einbezogen.

Dies gilt nicht nur für Großtagespflegestellen, die bisher z.T. bereits als eine den Gemeinschaftseinrichtungen ähnliche Einrichtung in den Geltungsbereich des Infektionsschutzgesetzes einbezogen wurden, sondern für jede Kindertagespflegetätigkeit, die gemäß § 43 SGB VIII erlaubnispflichtig ist.

Ausgenommen ist lediglich die erlaubnisfreie Kindertagespflege, insbesondere die Kindertagespflege, die im Haushalt der Erziehungsberechtigten geleistet wird.

Der Begriff der »Einrichtung« im Sinne des Infektionsschutzgesetzes ist laut Gesetzesbegründung[335] ein gegenüber dem SGB VIII eigenständiger Begriff. Daher ist es laut Bundesregierung nicht zwingend, dass gesetzliche Vorschriften außerhalb des Infektionsschutzrechts für Einrichtungen analog auf die Kindertagespflege Anwendung finden müssen.[336]

1.16.2 Impfschutz und Nachweiserbringung

Künftig müssen Personen, die nach dem 31. Dezember 1970 geboren sind, gemäß § 20 Abs. 8 IfSG n.F. entweder einen ausreichenden Impfschutz gegen Masern bzw. ab Vollendung des ersten Lebensjahres eine Immunität gegen Masern aufweisen, wenn sie in einer Gemeinschaftseinrichtung betreut oder tätig werden.

Dies betrifft sowohl Tagespflegepersonen, die nach dem 31. Dezember 1970 geboren sind und eine nach § 43 SGB VIII erlaubnispflichtige Kindertagespflegetätigkeit ausüben, als auch die von ihnen betreuten Kinder.

Darüber hinaus können auch weitere Personen nachweispflichtig sein.

Zu den Personen, die in Gemeinschaftseinrichtungen tätig sind, zählen laut Gesetzesbegründung Personen mit Lehr-, Erziehungs-, Pflege- oder Aufsichtstätigkeiten, aber auch Hausmeister, Transport-, Küchen- oder Reinigungspersonal, ehrenamtlich Tätige und Praktikanten.

Ausgenommen von der Impfpflicht sind nur Personen, die aufgrund einer medizinischen Kontraindikation nicht geimpft werden können.

Wann ein ausreichender Impfschutz gegen Masern besteht, bestimmt § 20 Abs. 8 IfSG n.F.

Dies ist i.d.R. der Fall, wenn ab Vollendung des ersten Lebensjahres mindestens eine Schutzimpfung und ab Vollendung des zweiten Lebensjahres mindestens zwei Schutzimpfungen gegen Masern durchgeführt wurden.

---

335. Gesetzesentwurf der Bundesregierung zum Masernschutzgesetz, BT-Drucks. 19/13452, 23.09.2019, S. 32.
336. Gegenäußerung der Bundesregierung zur Stellungnahme des Bundesrats, Drucksache 19/13826, 09.10.2019.

Personen, die in Gemeinschaftseinrichtungen betreut oder tätig werden sollen, haben der Leitung der jeweiligen Einrichtung gemäß § 20 Abs. 9 IfSG n.F. vor Beginn ihrer Betreuung oder Tätigkeit Nachweise vorzulegen.

Als Leitung der Einrichtung gilt gemäß § 2 Nr. 15 IfSG n.F. die Person, die mit den Leitungsaufgaben der jeweiligen Einrichtung beauftragt ist.

Bei selbstständig tätigen Personen ist dies gemäß § 2 Nr. 15 IfSG n.F. die selbstständig tätige Person für ihren Zuständigkeitsbereich selbst.

D.h., eine selbstständig tätige Tagespflegeperson, die eine nach § 43 SGB VIII erlaubnispflichtige Tätigkeit ausübt, gilt als »Leitung der Einrichtung« i.S.d. Regelungen des IfSG.

Nachweise dürften daher grundsätzlich ihr gegenüber zu erbringen sein, falls nicht etwas anderes bestimmt ist.

Gemäß § 20 Abs. 9 IfSG n.F. kann die oberste Landesgesundheitsbehörde oder eine von ihr bestimmte Stelle bestimmen, dass der Nachweis dem Gesundheitsamt oder einer anderen staatlichen Stelle gegenüber zu erbringen ist.

Zudem kann der für die Erlaubnis zur Kindertagespflege zuständige Jugendhilfeträger bestimmen, dass vor dem Beginn der Tätigkeit im Rahmen der Kindertagespflege der Nachweis ihm gegenüber zu erbringen ist.

Der Nachweis des Impfschutzes kann z.B. durch Vorlage des Impfausweises, des gelben Kinderuntersuchungshefts oder – insbesondere bei bereits erlittener Krankheit oder medizinischer Kontraindikation – durch Vorlage eines ärztlichen Attests erbracht werden. Ebenfalls möglich ist die Bestätigung einer zuvor besuchten Einrichtung, dass ein entsprechender Nachweis bereits dort vorgelegen hat.

Wenn sich aus dem Nachweis ergibt, dass ein Impfschutz gegen Masern erst zu einem späteren Zeitpunkt möglich ist oder vervollständigt werden kann, ist die Tagespflegeperson verpflichtet, unverzüglich das Gesundheitsamt, in dessen Bezirk sie tätig ist, darüber zu benachrichtigen und dem Gesundheitsamt personenbezogene Angaben zu übermitteln.

Das Gesundheitsamt wird dann alles Weitere veranlassen, insbesondere die Eltern gemäß § 20 Abs. 12 IfSG n.F. zu einer Beratung laden und sie zu einer Vervollständigung des Impfschutzes gegen Masern auffordern und ggf. Verbote erteilen, falls der Nachweis trotz Aufforderung nicht vorgelegt wird. Widerspruch und Anfechtungsklage gegen ein vom Gesundheitsamt erteiltes Verbot haben keine aufschiebende Wirkung.

1.16.3 Bereits tätige bzw. betreute Personen

Kinder, die am 1. März 2020 in einer erlaubnispflichtigen Kindertagespflege betreut werden, und Tagespflegepersonen, die am 1. März 2020 eine erlaubnispflichtige Kindertagespflegetätigkeit ausüben und nach dem 31. Dezember 1970 geboren sind, müssen den Nachweis bis zum 31. Juli 2021 erbringen. Andernfalls ist das Gesundheitsamt zu benachrichtigen.

1.16.4 Einschränkung von Grundrechten/Rechtsansprüchen

Als Konsequenz eines nicht erbrachten Nachweises sieht § 20 Abs. 9 IfSG n.F. vor, dass die Personen, die den Nachweis nicht erbracht haben, in Gemeinschaftseinrichtungen (zu denen künftig auch die nach § 43 SGB VIII erlaubnispflichtige Kindertagespflege gehört) weder betreut noch tätig werden dürfen.

Für Personen, die eine erlaubnispflichtige Kindertagespflegetätigkeit ausüben oder im Rahmen einer Kindertagespflegestelle (z.B. als Küchenkraft, Reinigungskraft oder Praktikant/in etc.) tätig sein möchten, stellen die Einschränkungen des Masernschutzgesetzes eine subjektive Berufszulassungsbeschränkung und damit einen Eingriff in das Grundrecht der Freiheit der Berufswahl (Artikel 12 Abs. 1 S. 1 GG) dar.

Laut Gesetzesbegründung ist dieser Eingriff jedoch durch die damit verfolgten Zwecke des Schutzes der öffentlichen Gesundheit als wichtiges Gemeinschaftsgut gerechtfertigt[337].

Zu den Einschränkungen, die das Masernschutzgesetz für den Rechtsanspruch der Kinder nach § 24 SGB VIII mit sich bringt, wird in der Gesetzesbegründung ausgeführt:

»Der öffentliche Träger erfüllt den gegen ihn gerichteten Anspruch auf Förderung in Tageseinrichtungen und in der Kindertagespflege (§ 24 SGB VIII) durch den Nachweis eines bedarfsgerechten Betreuungsplatzes in einer Tageseinrichtung oder in Kindertagespflege (vergleiche Urteil des Bundesverwaltungsgerichts vom 26.10.2017 – 5 C 19.16). Wenn der Träger der öffentlichen Jugendhilfe einen bedarfsgerechten Betreuungsplatz nachweist, wird der Anspruch bereits durch diesen Nachweis erfüllt. Wird ein zumutbarer Betreuungsplatz abgelehnt, so verliert der Anspruchsinhaber seinen Anspruch hierauf. Dies gilt auch im Fall einer Nicht-Wahrneh-

337. Gesetzesentwurf der Bundesregierung zum Masernschutzgesetz, BT-Drucks. 19/13452, 23.09.2019, S. 29.

mung eines Platzes aufgrund des Aufnahmeverbots nach Satz 4. Es steht den Einrichtungen nach § 33 Nummer 1 und 2 und ihren Trägern anheim, künftige Betreuungsverträge unter der aufschiebenden Bedingung eines Impfnachweises gemäß Satz 1 zu schließen.«[338]

D.h., erbringen die Erziehungsberechtigten keinen Nachweis und darf das Kind deswegen nicht in einer Gemeinschaftseinrichtung betreut werden, verliert das Kind i.d.R. seinen Rechtsanspruch auf Förderung.

1.16.5 Infektionshygienische Überwachung

Die erlaubnispflichtige Kindertagespflege wird zwar als Gemeinschaftseinrichtung definiert; sie unterliegt jedoch nicht automatisch der infektionshygienischen Überwachung.

Auf Vorschlag der Länder wurde die infektionshygienische Überwachung der Kindertagespflege vielmehr als Kann-Regelung ausgestaltet, d.h. die nach § 43 Abs. 1 SGB VIIII erlaubnispflichtige Kindertagespflege kann gemäß § 36 IfSG n.F. infektionshygienisch durch das Gesundheitsamt überwacht werden.

338. Gesetzesentwurf der Bundesregierung zum Masernschutzgesetz, BT-Drucks. 19/13452, 23.09.2019, S. 29.

Teil 2:
Steuern in der Kindertagespflege

2.1 Allgemeine Grundlagen zur Einkommensteuer

2.1.1 Abgabe einer Einkommensteuererklärung

Verpflichtung zur Abgabe einer Einkommensteuererklärung

Nicht alle Steuerpflichtigen, jedoch eine Vielzahl, müssen eine Einkommensteuererklärung abgeben. Zunächst muss daher für jeden Einzelfall geprüft werden, ob eine Einkommensteuererklärung abzugeben ist. Dies hängt davon ab, welche Arten von Einkünften der Steuerpflichtige[339] bzw. sein Ehegatte erzielt.

Steuerpflichtige, die Einkünfte aus selbstständiger Arbeit erzielen, müssen grundsätzlich eine Einkommensteuererklärung abgeben. Ist bei Verheirateten einer der Ehegatten selbstständig tätig, müssen die Ehegatten eine Einkommensteuererklärung abgeben, wenn sie zusammen zur Einkommensteuer veranlagt werden. Informationen zur Veranlagung von Ehegatten finden Sie an anderer Stelle in diesem Buch.

Steuerpflichtige, die ausschließlich Einkünfte aus nichtselbstständiger Arbeit erzielen, müssen keine Einkommensteuererklärung abgeben, wenn Sie nicht verheiratet sind, Steuerklasse 1 haben und auf der Lohnsteuerkarte kein Freibetrag eingetragen ist. Verheiratete, bei denen beide Einkünfte aus nichtselbstständiger Arbeit erzielen, müssen nur dann keine Einkommensteuererklärung abgeben, wenn Sie die Steuerklassenkombination IV/IV haben. Bei einer anderen Steuerklassenkombination ist eine Steuererklärung abzugeben.[340]

Soweit weitere Einkünfte (z.B. Renteneinkünfte oder Einkünfte aus Vermietung und Verpachtung) bezogen werden, die nicht dem Steuerabzug wie z.B. Lohnsteuer oder Abgeltungssteuer, unterlegen haben, ist zwingend eine Einkommensteuererklärung abzugeben, wenn die Höhe dieser Einkünfte 410 € im Kalenderjahr übersteigt.

339. Einkommensteuerpflichtige sind natürliche Personen mit Wohnsitz oder gewöhnlichem Aufenthalt in Deutschland.
340. § 46 EStG.

Diejenigen Steuerpflichtigen, die Sozialleistungen erhalten haben, wie z.B. Elterngeld oder Krankengeld, müssen auf jeden Fall eine Einkommensteuererklärung abgeben.

Beispiele

- Eine selbstständig tätige Tagespflegeperson ist nicht verheiratet und erzielt ausschließlich Einkünfte aus selbstständiger Arbeit. Sie muss eine Einkommensteuererklärung abgeben.
- Eine selbstständig tätige Tagespflegeperson ist verheiratet und erzielt ausschließlich Einkünfte aus selbstständiger Tätigkeit. Ihr Ehemann erzielt ausschließlich Einkünfte aus nichtselbständiger Arbeit. Die Eheleute müssen bei Wahl der Zusammenveranlagung eine gemeinsame Einkommensteuererklärung abgeben.
- Eine selbstständig tätige Tagespflegeperson ist nicht verheiratet und erzielt Einkünfte aus selbstständiger Tätigkeit. Daneben erhält sie Elterngeld. Sie muss eine Einkommensteuererklärung abgeben.
- Beide Ehegatten sind angestellt. Der Ehemann hat Lohnsteuerklasse III, die Ehefrau hat Lohnsteuerklasse V. Die Eheleute sind zur Abgabe einer Einkommensteuererklärung verpflichtet.

Abgabefrist für die Einkommensteuererklärung

Die Einkommensteuererklärungen müssen bis zum 31. Juli des Folgejahres beim Finanzamt eingereicht werden. Eine Fristverlängerung ist nicht mehr möglich.

Beispiel

Die Einkommensteuererklärung für das Jahr 2019 muss bis zum 31. Juli 2020 beim Finanzamt abgegeben werden.

Das Finanzamt kann bei einer verspäteten Abgabe einen Mindestverspätungszuschlag von € 25 für jeden Monat der verspäteten Abgabe festsetzen.

Wenn die Einkommensteuererklärung durch einen Steuerberater erstellt wird, besteht eine automatische Fristverlängerung bis zum 28. Februar des Folgejahres.

2023 -> 31. August 2024
2024 -> 31. Juli 2025

Zu verwendende Steuerformulare

Alle Steuerpflichtigen müssen den sogenannten Mantelbogen ausfüllen. Der Mantelbogen enthält neben den allgemeinen Angaben solche zu Sonderausgaben, außergewöhnlichen Belastungen und haushaltsnahen Hilfen und Dienstleistungen sowie Handwerkerleistungen. Verheiratete, die zusammen zur Einkommensteuer veranlagt werden, füllen gemeinsam einen Mantelbogen aus. Zusätzlich zum Mantelbogen ist die Anlage »Vorsorgeaufwand« auszufüllen. Hierauf werden vor allem die im Veranlagungsjahr gezahlten Beiträge zur Renten,- Kranken- und Pflegeversicherung angegeben. Steuerpflichtige, die eigene Kinder haben, müssen daneben für jedes eigene Kind eine Anlage »Kind« ausfüllen.

Welche weiteren Anlagen zur Einkommensteuererklärung auszufüllen sind, hängt von der Art der Einkünfte ab, die die Steuerpflichtigen im Kalenderjahr bezogen haben.

Selbstständige müssen die Anlage »S« ausfüllen. Hier wird der errechnete Gewinn eingetragen.

Alle Selbstständigen und Gewerbetreibenden müssen zusätzlich die Anlage EÜR ausfüllen und einreichen. In dieser Anlage werden die Betriebseinnahmen und -ausgaben aufgeschlüsselt dargestellt. Sie stellt eine Ergänzung zur Anlage S dar.

Nichtselbständig Tätige füllen die Anlage »N« aus.

Hinweis

Formulare, die auszufüllen sind:

- Mantelbogen
- Anlage Vorsorgeaufwand
- Anlage Kind (für jedes eigene Kind)

Formulare, die selbstständig Tätige zusätzlich ausfüllen:

- Anlage S
- Anlage EÜR

Formulare, die Angestellte zusätzlich ausfüllen:

- Anlage N

Hinweis

Die Steuerformulare erhalten Sie bei den zuständigen Finanzämtern oder im Internet über den Formularservice der Bundesfinanzverwaltung (www.formulare-bfinv.de).

Selbstständige müssen ihre Jahressteuererklärung elektronisch abgeben. Die elektronische Übermittlung der Einkommensteuererklärung erfolgt mittels ELSTER.

Grundsätzlich gibt es hier zwei Möglichkeiten:

1. Versand ohne elektronische Unterschrift

Hierbei wird die Steuererklärung lediglich online an das Finanzamt versendet. Für eine wirksame Abgabe der Einkommensteuererklärung muss die sogenannte Komprimierte Steuererklärung ausgedruckt, unterschrieben und an das Finanzamt geschickt werden.

2. Versand mit elektronischer Unterschrift

Hierzu ist eine Registrierung im ELSTERPortal notwendig. Auch hier stehen mehrere Verfahren zur Auswahl. Das einfachste hiervon ist das kostenlose »ELSTERBasis«. Bei diesem Verfahren wird ein Zertifikat auf dem Computer gespeichert und die Steuererklärung mit einem personalisierten Softwareschlüssel versendet. Dieser Versand gilt als wirksame Abgabe der Einkommensteuererklärung, die komprimierte Steuererklärung muss nicht mehr ausgedruckt und unterschrieben an das Finanzamt geschickt werden.

Steuerliche Formalitäten bei der Existenzgründung

Tagespflegepersonen, die eine selbstständige Tätigkeit neu aufnehmen, sind verpflichtet, sich beim zuständigen Finanzamt zu melden und diese neue Tätigkeit anzuzeigen. Sie erhalten vom Finanzamt den **»Fragebogen zur steuerlichen Erfassung«,** der ausgefüllt eingereicht werden muss. Der Fragebogen verlangt u.a. Angaben zur Anschrift des Unternehmens, zu Betriebsstätten, zur Umsatzsteuer, zu Arbeitnehmern und zur Gewinnermittlung. Ein wichtiger Punkt sind die Angaben zur Festsetzung von Steuervorauszahlungen. Anhand der Angaben, die hier gemacht werden, wird das Finanzamt entscheiden, ob und in welcher Höhe von Anfang an quartalsweise Vorauszahlungen festgesetzt werden.

Hinweis

Sie sollten die »Angaben zu den Vorauszahlungen« zwar mit der nötigen Sorgfalt und anhand realistischer Annahmen ausfüllen, da anhand dieser Angaben die Vorauszahlungen festgesetzt werden. Bedenken Sie aber auch, dass die Vorauszahlungen jederzeit (nach unten und nach oben) angepasst werden können.

2.1.2 Einkommensteuerveranlagung von Ehegatten

Ehegatten haben grundsätzlich die Wahl, sich zusammen oder getrennt zur Einkommensteuer veranlagen zu lassen.[341] Zusammenveranlagung ist jedoch nur möglich, wenn Eheleute wenigstens an einem Tag im Kalenderjahr

- verheiratet waren **und**
- zusammengelebt haben.

Das Finanzamt wählt bei Eheleuten automatisch die Zusammenveranlagung, wenn keiner der Ehegatten widerspricht bzw. bei der Einkommensteuererklärung nichts anderes beantragt wird.

Bei Eheleuten, die zwar verheiratet sind, aber dauerhaft getrennt leben, kommt nur die Einzelveranlagung der jeweiligen Ehegatten in Betracht. Lebenspartner, die zwar zusammenleben, aber nicht verheiratet sind, können ebenfalls nur einzeln zur Einkommensteuer veranlagt werden.

Bei der Zusammenveranlagung geben beide Ehegatten eine gemeinsame Einkommensteuererklärung ab. Bei der Berechnung der Einkommensteuer wird der so genannte Splittingtarif angewendet. Bei der getrennten Veranlagung gibt jeder der Ehegatten eine eigene Einkommensteuererklärung ab. Bei der Berechnung der Einkommensteuer wird der Grundtarif angewendet.

In sehr vielen Fällen ist die Zusammenveranlagung für Ehegatten günstiger als die getrennte Veranlagung. Es gibt jedoch Ausnahmen, bei denen dies nicht der Fall ist. Im Zweifelsfall ist eine Vergleichsrechnung erforderlich.

Hinweis

Wenn Sie verheiratet sind und mit Ihrem Ehegatten zusammenleben, können Sie zwischen Zusammenveranlagung und getrennter Veranlagung wählen. Oftmals ist die Zusammenveranlagung die günstigere Veranlagungsart.

341. § 26 EStG.

2.1.3 Berechnung der Einkommensteuer

Berechnung des zu versteuernden Einkommens

Das zu versteuernde Einkommen bildet die Bemessungsgrundlage für die Einkommensteuer. Auf diese Bemessungsgrundlage wird die tarifliche Einkommensteuer entweder nach dem Grundtarif (Einzel- oder getrennte Veranlagung) oder nach dem Splittingtarif (Zusammenveranlagung) berechnet.

Ein Teil des zu versteuernden Einkommens, das sogenannte Existenzminimum, bleibt einkommensteuerfrei, d.h. es wird nicht der Einkommensteuer unterworfen. Dieser Betrag wird auch Grundfreibetrag genannt und liegt im Jahr 2020 bei 9.408 € (2019: 9.168 €) bei Alleinstehenden bzw. bei Personen, die getrennt zur Einkommensteuer veranlagt werden und bei 18.816 € (2019: 18.336 €) bei Verheirateten, die zusammen zur Einkommensteuer veranlagt werden.

Hinweis

Wenn Ihr zu versteuerndes Einkommen im Jahr 2020 unterhalb von 9.408 € (bei Alleinstehenden bzw. getrennt veranlagten Verheirateten) bzw. unterhalb von 18.816 € (bei Verheirateten) liegt, müssen Sie keine Einkommensteuer bezahlen.

Das zu versteuernde Einkommen setzt sich aus den Einkünften der jeweiligen Einkunftsarten, vermindert um die gesetzlich definierten Abzugsbeträge, zusammen. Dieses wird wie folgt berechnet:[342]

342. § 2 EStG.

Berechnung des zu versteuernden Einkommens

1. Einkünfte aus Land- und Forstwirtschaft
2. Einkünfte aus Gewerbebetrieb
3. Einkünfte aus selbstständiger Tätigkeit
4. Einkünfte aus nichtselbstständiger Tätigkeit
5. Einkünfte aus Kapitalvermögen
6. Einkünfte aus Vermietung und Verpachtung
7. Sonstige Einkünfte

Summe der Einkünfte

./. Entlastungsbetrag für Alleinerziehende
./. Altersentlastungsbetrag

Gesamtbetrag der Einkünfte

./. Sonderausgaben
./. Außergewöhnliche Belastungen

Einkommen

./. Kinderfreibetrag/Erziehungsfreibetrag
./. Härteausgleich für Arbeitnehmer/innen mit geringen Nebeneinkünften

---

Zu versteuerndes Einkommen

(= Bemessungsgrundlage für die tarifliche Einkommensteuer)

Bei der Berechnung des zu versteuernden Einkommens wird zunächst der Überschuss bzw. Gewinn jeder einzelnen Einkunftsart ermittelt. Hierzu werden im ersten Schritt die Einnahmen der passenden Einkunftsart zugeordnet. Im zweiten Schritt wird ermittelt, ob für die Einnahmen eine Steuerbefreiungsvorschrift existiert. Steuerpflichtigen Einnahmen werden dann die zugehörigen Ausgaben bzw. Werbungskosten zugeordnet und so der Überschuss bzw. Gewinn der jeweiligen Einkunftsart berechnet. Bei steuerfreien Einnahmen kann es sein, dass diese zwar einkommensteuerfrei sind, aber unter Progressionsvorbehalt stehen. Progressionsvorbehalt bedeutet, dass die Einnahmen zwar nicht besteuert, bei der Ermittlung des Steuersatzes aber berücksichtigt werden (z.B. Elterngeld).

Die Überschüsse bzw. die Gewinne der jeweiligen Einkunftsarten zusammengerechnet ergeben die Summe der Einkünfte.

Nachfolgend werden einige Einnahmen dargestellt, deren korrekte steuerliche Behandlung oftmals unklar ist:

- *Kindergeld:* Das Kindergeld stellt eine einkommensteuerfreie Einnahme[343] dar. Es muss nicht in der Einkommensteuererklärung als Einnahme abgegeben werden.
- *Elterngeld:* Das Elterngeld ist einkommensteuerfrei,[344] unterliegt aber dem sogenannten Progressionsvorbehalt.[345] Es muss daher in der Einkommensteuererklärung angegeben werden.
- *Arbeitslosengeld I:* Das Arbeitslosengeld I ist einkommensteuerfrei,[346] unterliegt aber dem Progressionsvorbehalt. Es muss daher in der Einkommensteuererklärung angegeben werden.
- *Arbeitslosengeld II (Hartz IV):* Das Arbeitslosengeld II ist ebenfalls einkommensteuerfrei, unterliegt jedoch nicht dem Progressionsvorbehalt.

Von der Summe der Einkünfte können verschiedene Abzugsbeträge abgezogen werden, an deren Abzugsfähigkeit der Gesetzgeber besondere Voraussetzungen geknüpft hat.

Nachfolgend werden einige der häufigeren Abzugsbeträge näher erläutert.

Entlastungsbetrag für Alleinerziehende

Bei Alleinerziehenden wird bei der Berechnung des zu versteuernden Einkommens ein sogenannter Entlastungsbetrag für Alleinerziehende[347] in Höhe von 1.908 € jährlich für das erste Kind abgezogen. Für jedes weitere Kind wird ein Betrag in Höhe von 240 € jährlich abgezogen.

Voraussetzungen für die Abzugsfähigkeit des Entlastungsbetrags für Alleinerziehende sind:

- im Haushalt lebt mindestens ein Kind, für das Anspruch auf Kindergeld besteht,
- der Steuerpflichtige kann den Splittingtarif nicht anwenden,
- im Haushalt lebt keine weitere volljährige Person (es sei denn, es ist ein Kind, für das Anspruch auf Kindergeld besteht).

Der Entlastungsbetrag für Alleinerziehende wird zeitanteilig gekürzt, wenn die Voraussetzungen nicht das ganze Jahr vorgelegen haben.

---

343. § 31 EStG.
344. § 3 Nr. 67 EStG.
345. § 32b EStG.
346. § 3 Nr. 2 EStG.
347. § 24b EStG.

Hinweis

Wenn Sie alleinerziehend sind, nicht mit einem Lebenspartner zusammenleben und steuerlich zu berücksichtigende Kinder haben, wird bei der Berechnung des zu versteuernden Einkommens ein Entlastungsbetrag für Alleinerziehende in Höhe von 1.908 € für das erste Kind und in Höhe von 240 € für jedes weitere Kind abgezogen.

Der Entlastungsbetrag für Alleinerziehende wird im Steuerformular in der Anlage »Kind« beantragt.

Sonderausgaben

Zu den Sonderausgaben zählen neben den Vorsorgeaufwendungen u.a. auch geleistete Unterhaltsleistungen, gezahlte Kirchensteuer sowie Spenden und Mitgliedsbeiträge.

Vorsorgeaufwendungen als Sonderausgaben

An anderer Stelle wird erläutert, unter welchen Voraussetzungen Tagespflegepersonen kranken- und pflegeversicherungspflichtig sowie rentenversicherungspflichtig werden. Diese Beiträge können im Rahmen der Sonderausgaben als Vorsorgeaufwendungen bei der Berechnung des zu versteuernden Einkommens abgezogen werden.

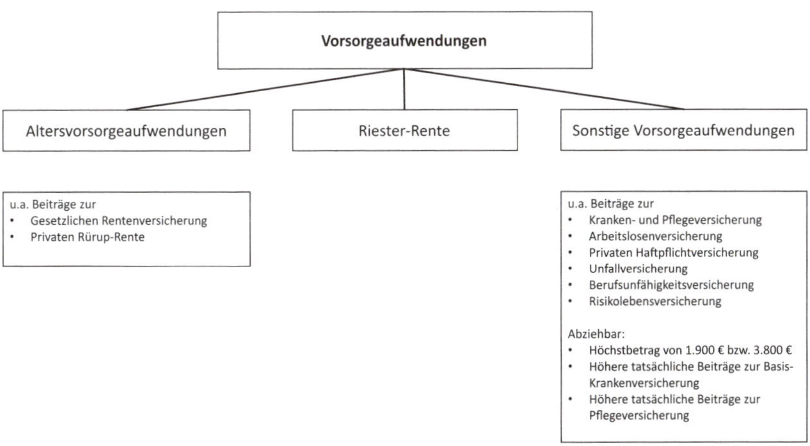

Abb. 1: Vorsorgeaufwendungen als Sonderausgaben

Altersvorsorgeaufwendungen

Zu den Altersvorsorgeaufwendungen gehören vor allem die Beiträge zur gesetzlichen Rentenversicherung oder zu einer privaten Rürup-Rente, die auch Basis-Rente genannt wird.[348] Diese Beiträge können mit Einschränkungen bis zur Höhe von maximal 24.000 € (48.000 € bei Verheirateten) jährlich abgezogen werden. Eine der Einschränkungen ist eine derzeit bestehende Übergangsregelung, nach der bis zum Jahr 2025 die Altersvorsorgeaufwendungen nur zu einem bestimmten Anteil steuerlich abgezogen werden können. Im Jahr 2020 beträgt dieser Anteil 90 % der gezahlten Beiträge. Dieser steigt bis zum Jahr 2025 kontinuierlich auf 100 % an. Für bestimmte Berufsgruppen existieren weitere Einschränkungen, die im Gesetz dargestellt sind.[349] Tagespflegepersonen zählen jedoch nicht dazu. Tagespflegepersonen haben einen Anspruch darauf, dass die Hälfte der angemessenen Beiträge zur Altersvorsorge durch den Träger der Jugendhilfe erstattet werden. Die gezahlten Rentenversicherungsbeiträge müssen beim Sonderausgabenabzug um den Erstattungsbetrag des Jugendhilfeträgers gekürzt werden. Der Jugendhilfeträger ist verpflichtet, an das Finanzamt die Höhe der erstatteten Beiträge zur Altersvorsorge zu melden.

Beispiel

Eine Tagesmutter hat im Jahr 2020 Beiträge in Höhe von 1.200 € an die Deutsche Rentenversicherung gezahlt. Aufgrund ihres Antrags hat ihr das Jugendamt 600 € erstattet. Sie kann als Vorsorgeaufwendungen also nur den Betrag, den sie selbst zu tragen hatte, d.h. 600 € als Altersvorsorgeaufwendungen abziehen.

Die Beiträge zur Rentenversicherung werden in dem Jahr als Sonderausgaben abgezogen, in dem sie gezahlt werden. Die Erstattung durch den Jugendhilfeträger wird in dem Jahr angesetzt, in dem sie dem Steuerpflichtigen zufließt.

Sonstige Vorsorgeaufwendungen

Zu den Sonstigen Vorsorgeaufwendungen zählen u.a. die Beiträge zur Kranken- und Pflegeversicherung.[350] Die tatsächlich geleisteten Beiträge

348. § 10 Abs. 1 Nr. 2 EStG.
349. § 10 Abs. 3 EStG.
350. § 10 Abs. 1 Nr. 3a EStG.

zur Basis-Krankenversicherung sowie die tatsächlich geleisteten Beiträge zur Pflegeversicherung können als »Sonstige Vorsorgeaufwendungen« abgezogen werden. Auch hier gilt wie bereits bei den Beiträgen zur Rentenversicherung, dass die gezahlten Beiträge um die Erstattungsbeträge des Jugendhilfeträgers gekürzt werden müssen. Diese Erstattungsbeträge werden durch den Jugendhilfeträger an das Finanzamt gemeldet. Liegen die Beiträge zur Kranken- und Pflegeversicherung unterhalb des Höchstbetrags in Höhe von 1.900 € (bei Alleinstehenden) bzw. 3.800 € (bei Ehegatten, die zusammen veranlagt werden), können zusätzlich zu den Basis-Kranken- und Pflegeversicherungsbeiträgen weitere Vorsorgeaufwendungen (z.B. Beiträge zur Arbeitslosenversicherung) bis zur Erreichung des Höchstbetrags abgezogen werden.

Beispiel
Eine (nicht verheiratete) Tagespflegeperson hat im Kalenderjahr 2020 an die gesetzliche Kranken- und Pflegeversicherung Beiträge in Höhe von 2.172,48 € bezahlt. Diese gezahlten Beiträge stellen Beiträge zur Basis-Krankenversicherung dar. Vom Jugendamt wurde die Hälfte dieser Beiträge, also 1.086,24 €, erstattet. Sie kann daher Sonstige Vorsorgeaufwendungen in Höhe von 1.086,24 € als Sonderausgaben abziehen. Da der Höchstbetrag von 1.900 € noch nicht ausgeschöpft ist, kann sie weitere Vorsorgeaufwendungen wie z.B. Beiträge zur privaten Haftpflichtversicherung in Höhe von 813,76 € abziehen (dann ist der Höchstbetrag von1.900 € ausgeschöpft).

Was Beiträge zur Basis-Krankenversicherung sind, hängt davon ab, ob es sich um eine gesetzliche Krankenversicherung oder eine private Krankenversicherung handelt. Wenn bei einer gesetzlichen Krankenversicherung kein Anspruch auf Krankengeld besteht, entsprechen die tatsächlich gezahlten Beiträge den Beiträgen zur Basis-Krankenversicherung. Wenn ein Anspruch auf Krankengeld besteht, sind für die Berechnung der Basis-Krankenversicherungsbeiträge die tatsächlich gezahlten Beiträge um 4 % zu kürzen. Im Zweifelsfall können Sie bei der Krankenversicherung nachfragen, ob bei Ihnen Krankengeld mitversichert ist.

Beispiel
Ein Arbeitnehmer hat im Jahr 2020 Beiträge zur gesetzlichen Krankenversicherung in Höhe von 2.200 € gezahlt. Da bei Arbeitnehmern Krankengeld in den Versicherungsbeiträgen mitversichert ist, sind als

Beiträge zur Basis-Krankenversicherung 2.112 € (2.200 € minus 4 %) als Sonstige Vorsorgeaufwendungen abziehbar.

Beispiel
Eine Tagespflegeperson hat im Jahr 2020 Beiträge zur gesetzlichen Krankenversicherung in Höhe von 2.200 € gezahlt. Wenn in der Krankenversicherung kein Krankentagegeld enthalten ist, sind als Beiträge zur Basis-Versicherung 2.200 € abziehbar (abzüglich der Erstattung durch den Jugendhilfeträger). Wenn in ihrer Krankenversicherung Krankengeld enthalten ist, wird der gezahlte Betrag um 4 % gekürzt.

Die Beiträge zur gesetzlichen Pflegeversicherung können in voller Höhe abgezogen werden.

Bei einer privaten Krankenversicherung muss die Versicherungsgesellschaft dem Versicherten mitteilen, welcher Anteil der Beiträge einer Basisversicherung entspricht. Maximal kann es jedoch zu Abschlägen in Höhe von 20 % kommen.

Beispiel
Eine privat krankenversicherte Tagespflegeperson hat im Jahr 2020 4.800 € an Beiträgen für die private Krankenversicherung bezahlt. Die Versicherungsgesellschaft teilt mit, dass von den gezahlten Beiträgen 4.000 € als Sonderausgaben steuerlich abzugsfähig sind. Sie kann daher 4.000 € als Sonstige Vorsorgeaufwendungen ansetzen.

Die Beiträge zur privaten Pflege-Pflichtversicherung können in voller Höhe abgezogen werden.

Steuerpflichtige können nur die Beiträge zur Kranken- und Pflegeversicherung abziehen, die sie selbst zu tragen hatten. Wird ein Teil dieser Beiträge erstattet, müssen die gezahlten Beiträge um den Erstattungsbetrag gekürzt werden.

Beispiel
Eine Tagespflegeperson hat im Jahr 2020 Beiträge zur Kranken- und Pflegeversicherung in Höhe von 2.172,48 € gezahlt. Das Jugendamt hat ihr hiervon 1.082,24 € erstattet. Sie kann als Sonstige Vorsorgeaufwendungen nur den Betrag ansetzen, den sie selbst zu tragen hatte, d.h. 1.082,24 €.

Alle Vorsorgeaufwendungen werden im Einkommensteuerformular in der Anlage »Vorsorgeaufwand« eingetragen.

Hinweis

Beiträge zur Kranken-, Pflege- und Rentenversicherung können Sie im Rahmen der Sonderausgaben als Vorsorgeaufwendungen abziehen. Wenn ein Teil der Beiträge durch das Jugendamt erstattet wird, können Sie nur den Teil abziehen, den Sie selbst zu tragen haben. Der Jugendhilfeträger ist verpflichtet, dem Finanzamt die Höhe der erstatteten Kranken- und Pflegeversicherungsbeiträge zu melden.

Die Beiträge zur Kranken- und Pflegeversicherung werden in dem Jahr abgezogen, in dem sie durch den Steuerpflichtigen gezahlt werden. Die Erstattung durch den Jugendhilfeträger wird in dem Jahr angesetzt, in dem sie dem Steuerpflichtigen zufließen.

Berechnung der zu zahlenden Einkommensteuer

Das zu versteuernde Einkommen stellt die Bemessungsgrundlage für die Einkommensteuer dar. Je nach Veranlagungsart (Einzelveranlagung, Zusammenveranlagung oder getrennte Veranlagung) wird auf das zu versteuernde Einkommen die tarifliche Einkommensteuer nach dem Grundtarif oder nach dem Splittingtarif berechnet.

Steuer laut Grundtabelle/Splittingtabelle

=	tarifliche Einkommensteuer
./.	Steuerermäßigung für Handwerkerleistungen sowie haushaltsnahe Hilfen und Dienstleistungen
+	zustehendes Kindergeld (falls Abzug von Kinder- und Erziehungsfreibetrag)
=	festzusetzende Einkommensteuer
./.	Vorauszahlungen zur Einkommensteuer
./.	Lohnsteuer
=	Steuererstattung/Steuernachzahlung

Die tarifliche Einkommensteuer ist der Einkommensteuerbetrag, der sich für alle im entsprechenden Kalenderjahr angefallenen einkommensteuerlich relevanten Einnahmen und Ausgaben ergibt.

Im Steuerbescheid nimmt das Finanzamt die sogenannte Abrechnung vor. Hierbei wird die festzusetzende Einkommensteuer mit den bereits geleisteten Vorauszahlungen bzw. der einbehaltenen Lohnsteuer verglichen. Sind die geleisteten Vorauszahlungen höher als die festzusetzende Einkommensteuer, ergibt sich eine Erstattung. Wenn die geleisteten Vorauszahlungen niedriger sind als die festzusetzende Einkommensteuer, ergibt sich eine Nachzahlung, die innerhalb von vier Wochen zur Zahlung fällig wird.

2.1.4 Einkommensteuervorauszahlungen und Rücklagenbildung

Wie Vorauszahlungen zur Einkommensteuer erhoben werden, ist bei Angestellten und selbstständig Tätigen unterschiedlich. Auch bei Personen, die Einkünfte aus anderen Einkunftsarten erwirtschaften, werden Vorauszahlungen erhoben.

Angestellte Tagespflegepersonen (nicht selbständig tätige Tagespflegepersonen)

Bei Angestellten ist der Arbeitgeber verpflichtet Lohnsteuer einzubehalten und an das Finanzamt abzuführen. Die Lohnsteuer stellt eine Vorauszahlung zur Einkommensteuer dar. Die Höhe der Lohnsteuer richtet sich u.a. nach der Steuerklasse und den Freibeträgen, die in den Lohnsteuerlichen Abzugsmerkmalen (ELSTAM) enthalten sind.

Selbstständige Tagespflegepersonen

Bei Selbstständig Tätigen werden Vorauszahlungen quartalsweise erhoben. Die bundesweit einheitlichen Vorauszahlungstermine sind:

- 10. März
- 10. Juni
- 10. September
- 10. Dezember

Die Höhe der Vorauszahlungen richtet sich grundsätzlich nach dem Einkommen und den Informationen des letzten Einkommensteuerbescheids. Bei Existenzgründern aber insbesondere nach den Angaben aus dem »Fragebogen zur steuerlichen Erfassung«.

Beispiel
Eine Tagespflegeperson gibt Ihre Einkommensteuererklärung für das Jahr 2019 im Mai 2020 ab. Der Einkommensteuerbescheid 2019 wird im Juli 2020 erlassen. In diesem Steuerbescheid werden Vorauszahlungen für das Jahr 2020 festgesetzt. Diese sind ab dem 3. Quartal 2020 zu leisten, also erstmals am 10. September 2020. Die Höhe der Vorauszahlungen richtet sich nach den Zahlen des Einkommensteuerbescheids für das Jahr 2019.

Herabsetzungsantrag

Aus unterschiedlichen Gründen kann der Gewinn der Tagespflegeperson im Lauf der Jahre schwanken. Sinkt in einem Jahr der Gewinn, können die quartalsweisen Vorauszahlungen zu hoch festgesetzt sein, wenn sie auf der Basis eines Jahres festgesetzt wurden, in dem der Gewinn höher als im laufenden Jahr war. Die Tagespflegeperson hat dann die Möglichkeit, beim Finanzamt einen Antrag auf Herabsetzung der Vorauszahlungen stellen. Dieser kann formlos, jedoch immer unter Angabe eines Grundes erfolgen.

Beispiel
Eine Tagespflegeperson hat im Jahr 2019 drei Kinder jeweils 40 Stunden betreut. Für das Kalenderjahr 2020 hat das Finanzamt auf der Basis des Gewinns des Jahres 2019 quartalsweise Vorauszahlungen festgesetzt. Im Jahr 2020 kommen alle drei Kinder in den Kindergarten und die Tagespflegeperson muss alle drei Stellen neu besetzen. Dies gelingt ihr nur mit einer Unterbrechung von zwei Monaten im Sommer. Während der Eingewöhnungszeit kann sie nur geringe Einnahmen erzielen. Da ihr Gewinn im Jahr 2020 geringer ausfallen wird als der im Jahr 2019, sind die festgesetzten Vorauszahlungen voraussichtlich zu hoch und sie kann einen Herabsetzungsantrag stellen.

Hinweis
Sind Ihre Vorauszahlungen zu hoch festgesetzt, können Sie beim Finanzamt formlos die Herabsetzung der Vorauszahlungen beantragen. Hierbei sollten Sie eine überschlägige Gewinnermittlung mit einreichen.

Heraufsetzungsantrag

Umgekehrt kann es aber auch vorkommen, dass die Vorauszahlungen zu niedrig festgesetzt sind, weil der Gewinn, der der Festsetzung zugrunde liegt, niedriger war, als der aktuelle Gewinn voraussichtlich sein wird (z.B. weil mehr Kinder betreut werden, oder weil die Anzahl der betreuten Stunden gestiegen ist). In diesem Fall kann beim Finanzamt die Heraufsetzung der Vorauszahlungen beantragt werden.

Bildung monatlicher steuerlicher Rücklagen

Manchmal werden durch das Finanzamt keine Vorauszahlungen festgesetzt, weil beispielsweise die selbstständige Tätigkeit dem Finanzamt noch nicht bekannt ist. Oder die festgesetzten Vorauszahlungen sind zu niedrig, weil der Gewinn der Tagespflegeperson gestiegen ist. Um vor »bösen Überraschungen« beim Erhalt des Einkommensteuerbescheids sicher zu sein, ist es dringend angeraten, monatliche Rücklagen für eine Einkommensteuernachzahlung zu bilden.

Hinweis

Legen Sie sich jeden Monat einen Betrag als Steuerrücklage zurück. Von dieser monatlichen Rücklage können sie zum einen die quartalsweise Vorauszahlung, aber auch eine Nachzahlung bezahlen.

2.1.5 Der Einkommensteuerbescheid

Der Einkommensteuerbescheid stellt einen sogenannten Verwaltungsakt dar. Ehegatten, die zusammen zur Einkommensteuer veranlagt werden, erhalten einen gemeinsamen Einkommensteuerbescheid.

Im Einkommensteuerbescheid wird nicht nur gezeigt, welche Einnahmen angesetzt worden sind und welche Kosten steuermindernd berücksichtigt wurden, sondern auch wie hoch die festzusetzende Einkommensteuer ist, wie hoch der Solidaritätszuschlag und gegebenenfalls die Kirchensteuer sind. Im Einkommensteuerbescheid wird auch die Abrechnung vorgenommen, d.h. durch die Gegenüberstellung von festzusetzender Steuer und Vorauszahlungen wird die Steuernachzahlung bzw. die Steuererstattung ermittelt.

Der Einkommensteuerbescheid ist folgendermaßen aufgebaut:

Am Anfang des Einkommensteuerbescheides steht die so genannte Abrechnung. Hier wird die noch zu zahlende Einkommensteuer bzw. die Einkommensteuererstattung ermittelt. Danach folgt die Berechnung des zu versteuernden Einkommens, an das die Berechnung der festzusetzenden Einkommensteuer, die Berechnung des festzusetzenden Solidaritätszuschlags und ggf. die Berechnung der festzusetzenden Kirchensteuer anschließt. Am Ende des Einkommensteuerbescheids stehen die Erläuterungen und die Rechtsbehelfsbelehrung.

In den Erläuterungen legt das Finanzamt dar, ob und welche Änderungen es zur abgegebenen Einkommensteuererklärung vorgenommen hat.

Nach Eintritt bestimmter Voraussetzungen tritt bei einem Einkommensteuerbescheid automatisch Bestandskraft ein. Er ist dann sozusagen endgültig, d.h. er kann nur unter extrem engen Voraussetzungen geändert werden.

Das folgende Schaubild zeigt, unter welchen Voraussetzungen Bestandskraft eines Einkommensteuerbescheids eintritt:

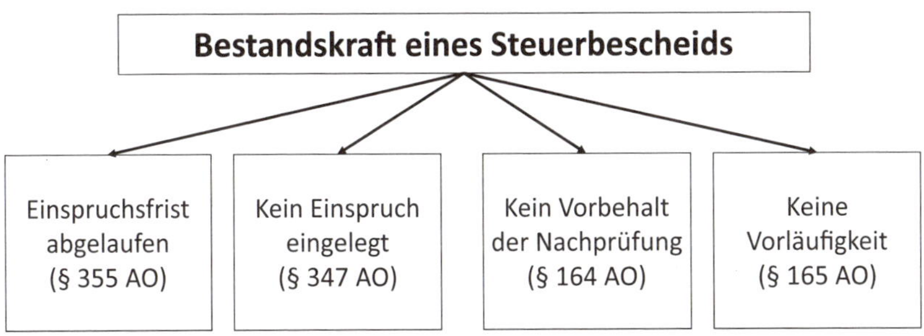

Abb. 2: Voraussetzungen für die Bestandskraft eines Einkommensteuerbescheids

Hinweis

Ein Einkommensteuerbescheid, der nicht bestandskräftig ist, kann sowohl durch den Steuerpflichtigen als auch durch das Finanzamt geändert werden.

Einspruch gegen den Einkommensteuerbescheid

Stimmt der Einkommensteuerbescheid nicht mit der Einkommensteuererklärung überein und ist die Abweichung zuungunsten des Steuerpflichtigen, sollte das Eintreten der Bestandskraft des Einkommensteuerbescheids verhindert werden. Nur dann kann die gewünschte Änderung zugunsten des Steuerpflichtigen herbeigeführt werden.

Ein Einspruch kann auch eingelegt werden, um Aufwendungen aber auch Einnahmen, die in der Einkommensteuererklärung vergessen wurden, nachzureichen.

Hinweis

Wenn Sie sich nicht sicher sind, ob der Einkommensteuerbescheid korrekt ist, können Sie gegen den Bescheid auch fristwahrend, d.h. rechtzeitig Einspruch einlegen. Zu einem späteren Zeitpunkt können Sie Ihren Einspruch dann begründen, oder zurücknehmen.

Einspruchsfrist

Die Frist, innerhalb derer gegen den Einkommensteuerbescheid Einspruch eingelegt werden kann, beträgt einen Monat nach Bekanntgabe des Einkommensteuerbescheids. Im Folgenden wird die Ermittlung der Frist erläutert.

Beginn der Einspruchsfrist

Wenn ein Einkommensteuerbescheid per Post bekannt gegeben wird, was der Regelfall ist, gilt er als am dritten Tag, nachdem das Finanzamt den Brief zur Post gegeben hat, als bekannt gegeben. Als Postaufgabedatum gilt das Datum des Poststempels.

Beispiel

Der Einkommensteuerbescheid für das Jahr 2019 trägt das Datum 12.06.2020. Damit gilt der Bescheid als am 15.06.2020 bekannt gegeben. Die Einspruchsfrist beginnt am 15.06.2020.

Ende der Einspruchsfrist

Die Einspruchsfrist beträgt einen Monat. Der Einspruch muss am letzten Tag der Frist (spätestens bis 24:00 Uhr) beim zuständigen Finanzamt eingegangen sein. Fällt das Ende der Frist auf einen Samstag, Sonntag oder gesetzlichen Feiertag, dann läuft die Frist erst mit Ende des darauffolgenden Werktags ab.

Beispiel

Die Frist für den oben genannten Einkommensteuerbescheid läuft am 15.07.2020 ab.

Hinweis

Den Einspruch gegen den Einkommensteuerbescheid müssen Sie innerhalb der Einspruchsfrist einlegen.

Form des Einspruchs

Der Einspruch kann zur Niederschrift oder schriftlich vorgenommen werden. Ausnahmsweise kann ein Einspruch zur Wahrung der Frist per Fax vorgenommen werden.

Der schriftliche Einspruch muss bestimmte Formalien erfüllen. Zunächst sollten – damit der Einspruch auch korrekt zugerechnet werden kann – Name, Adresse und Steuernummer angegeben werden. Aus dem Schreiben muss hervorgehen, dass gegen den Einkommensteuerbescheid Einspruch erhoben werden soll und der betreffende Steuerbescheid muss benannt werden.

Beispiel

Der Einspruch gegen den Einkommensteuerbescheid für das Jahr 2019 könnte wie folgt lauten:

»Gegen den Einkommensteuerbescheid für das Jahr 2019 vom 12.06.2020 legen wir Einspruch ein.«

Danach folgt die Begründung, warum Einspruch eingelegt wird.

Das Einspruchsschreiben muss unterschrieben werden. Da bei Ehegatten der Steuerbescheid gegen beide Ehegatten wirkt, sollten auch beide Ehegatten den Einkommensteuerbescheid anfechten. Beide Ehegatten sollten daher das Einspruchsschreiben unterschreiben.

Hinweis

Wenn Sie gegen Ihren Einkommensteuerbescheid Einspruch einlegen, sollten Sie als Ehegatten den Einspruch beide unterschreiben.

Begründung des Einspruchs

Neben den Formalien muss das Einspruchsschreiben die Begründung des Einspruchs enthalten. Hierzu sollen entsprechende Tatsachen angeführt und Beweismittel benannt werden.

Droht die Einspruchsfrist zu verstreichen, kann fristwahrend Einspruch eingelegt werden. Dann ist es zunächst ausreichend, unter Beachtung der Formvorschriften anzugeben, dass die Begründung nachgereicht wird.

Beispiel

Im oben genannten Einspruch können Sie folgendes ergänzen:

»Die Begründung wird nachgereicht.«

Die Begründung kann dann zu einem späteren Zeitpunkt nachgereicht werden. Alternativ kann der Einspruch natürlich jederzeit zurückgenommen werden

Hinweis

Wenn die Frist abläuft, können Sie auch fristwahrend ohne Begründung Einspruch einlegen und die Begründung dann nachreichen.

Nebenbestimmungen des Einkommensteuerbescheids

Das Finanzamt kann den Einkommensteuerbescheid mit Nebenbestimmungen versehen, die den Steuerbescheid nicht bestandskräftig werden lassen.

Diese Nebenbestimmungen befinden sich auf der ersten Seite des Einkommensteuerbescheids, direkt über der Abrechnung.

Hinweis

Sehen Sie sich Ihren Einkommensteuerbescheid genau an, ob er »vorläufig« erlassen ist, oder unter »Vorbehalt der Nachprüfung« steht. Nur so können Sie entscheiden, ob der Steuerbescheid bestandskräftig ist.

Vorläufigkeit gemäß § 165 AO

Ist ein Einkommensteuerbescheid vorläufig, dann finden Sie den Vermerk »Dieser Bescheid ist nach § 165 Abs. 1 AO vorläufig«. Die Vorläufigkeit trifft nicht den gesamten Einkommensteuerbescheid, sondern immer nur einzelne Punkte, die in den Erläuterungen am Ende des Steuerbescheids dargestellt sind. Der Einkommensteuerbescheid ist daher nur in diesen Punkten und nicht allumfassend »offen«. Er kann daher später durch das Finanzamt oder den Steuerpflichtigen auch nur in diesen Punkten geändert werden (Punktänderung). Alle anderen Teile des Einkommensteuerbescheids werden bestandskräftig.

Hinweis

Wurde Ihr Einkommensteuerbescheid vorläufig gemäß § 165 AO erlassen, finden Sie in den Erläuterungen den Grund für die Vorläufigkeit. Meist ist der Grund ein anhängiges Gerichtsverfahren. Auch Gründe im Einzelfall können zu einer Vorläufigkeit führen. Diese sind dann ebenfalls in den Erläuterungen aufgeführt.

Vorbehalt der Nachprüfung gemäß § 164 AO

Ein Einkommensteuerbescheid, der unter dem Vorbehalt der Nachprüfung steht, kann in vollem Umfang sowohl durch den Steuerpflichtigen als auch durch das Finanzamt geändert werden. Die Änderungen können zugunsten oder zuungunsten des Steuerpflichtigen erfolgen. Gründe für den Vorbehalt der Nachprüfung können sein, dass der Steuerfall durch das Finanzamt noch nicht abschließend geprüft ist und diese abschließende Prüfung später im Rahmen einer steuerlichen Außenprüfung nachgeholt werden soll.

Zahlung der Einkommensteuer

Im Steuerbescheid wird die endgültige Einkommensteuernachzahlung bzw. -erstattung errechnet. Dies wird in der Abrechnung, die sich am Anfang des Einkommensteuerbescheids befindet, vorgenommen.

Eine Einkommensteuernachzahlung wird innerhalb eines Monats nach Bekanntgabe des Einkommensteuerbescheids zur Zahlung fällig. Dieses Datum steht im Einkommensteuerbescheid.

Beispiel

Der Einkommensteuerbescheid für das Jahr 2019 trägt das Datum 12.06.2020. Die Einspruchsfrist läuft, wie oben erläutert, am 15.07.2020 ab. Die Einkommensteuernachzahlung ist bis zum 15.07.2018 zu zahlen.

Die Einkommensteuernachzahlung muss zum Fälligkeitstag direkt an das Finanzamt überwiesen werden. Wenn Sie dem Finanzamt eine Einzugsermächtigung erteilt haben, zieht die Finanzkasse den Betrag von Ihrem Konto ein.

Eine Steuererstattung wird durch das Finanzamt auf das in der Einkommensteuererklärung angegebene Konto überwiesen.

2.1.6 Einkommensteuerliche Behandlung von Kinderbetreuungskosten

Viele Eltern, bei denen Kinderbetreuungskosten z.B. in der Kindertagespflege anfallen, können diese Kosten steuerlich abziehen. Daher soll an dieser Stelle die Abziehbarkeit der Kinderbetreuungskosten dargestellt werden.

Grundsätzlich werden die abziehbaren Kinderbetreuungskosten als Sonderausgaben abgezogen.

Abziehbare Kinderbetreuungskosten

Nicht alle Kosten, die im weitesten Sinne für die Betreuung eines Kindes anfallen, gehören zu den abziehbaren Aufwendungen für die Kinderbetreuung.

Zu den abziehbaren Kinderbetreuungskosten gehören alle Aufwendungen, die für die Betreuung des Kindes anfallen. Hierzu gehören beispielsweise Beiträge an das Jugendamt für die Betreuung des Kindes in der Kindertagespflege, Zahlungen der Eltern an die Tagespflegeperson und Kindergartenbeiträge sowie Beiträge an Hort- oder Schulbetreuung.

Nicht abziehbar sind Verpflegungsaufwendungen (Essensgeld) und weitere Sachleistungen. Zu den nicht abziehbaren Kosten für die Kinderbetreuung zählen ebenfalls die Kosten für Unterricht und für die Vermittlung bestimmter Fähigkeiten sowie für Freizeitaktivitäten.

Hinweis

Zu den abziehbaren Kinderbetreuungskosten zählen Beiträge an das Jugendamt für die Betreuung eines Kindes in der Kindertagespflege und direkte Zahlungen der Eltern an die Tagespflegeperson. Nicht zu den abziehbaren Aufwendungen zählen u.a. Kosten für Essen und Kosten für Wissensvermittlung.

Die angefallenen Aufwendungen können nicht in voller Höhe abgezogen werden. Die Höhe der abziehbaren Kosten ist einerseits auf 6.000 € pro Kind begrenzt. Andererseits können lediglich 2/3 der angefallenen Kosten in Abzug gebracht werden.

Beispiel

Im Jahr 2020 fielen für Max Mustermann Kinderbetreuungskosten in Höhe von 2.700 € an. Hiervon sind 2/3 d.h. 1.800 € abziehbar. Für Maja Mustermann fielen im Jahr 2020 Kinderbetreuungskosten in Höhe von 6.400 € an. Hiervon sind lediglich 2/3 von maximal 6.000 €, d.h. 4.000 € abziehbar.

Abziehbar sind nur die Betreuungskosten für Kinder bis 14 Jahre.

Nachweise der Kinderbetreuungskosten

Um angefallene Kinderbetreuungskosten steuerlich abziehen zu können, werden hohe Anforderungen an die Nachweise gestellt.

Diejenigen, die die angefallenen Kinderbetreuungskosten steuerlich abziehen möchten, müssen diese sowohl durch eine Rechnung als auch durch die Zahlung auf das Konto des Empfängers nachweisen. Wichtig ist, dass beide Nachweise bei der Person vorliegen, die die Kinderbetreuungskosten steuerlich abziehen möchte.

Eine Rechnung ist jedes geeignete Abrechnungsdokument über die Kinderbetreuungskosten. Dies kann der schriftliche (einmalig abgeschlossene) Betreuungsvertrag mit dem Jugendamt oder der Tagespflegeperson, der Gebührenbescheid des Jugendamts, aber auch eine regelmäßige »Rechnung« durch die Tagespflegeperson sein.

Die Beträge müssen für die Abziehbarkeit zwingend auf das Konto des Zahlungsempfängers überwiesen werden. Eine quittierte Barzahlung reicht für die Abziehbarkeit der Kinderbetreuungskosten nicht aus.

Hinweis

Für die Absetzbarkeit von Kinderbetreuungskosten muss die Rechnung auf die Person lauten, die die Kinderbetreuungskosten bezahlt und die sie auch steuerlich geltend machen möchte. Ansonsten kann die Möglichkeit zum Abzug verloren gehen. Die Zahlung muss zwingend per Überweisung erfolgen.

2.2 Einkommensteuerrechtliche Besonderheiten in der Kindertagespflege

In der Kindertagespflege bestehen bei der Ermittlung der Einkünfte einige Besonderheiten, die in diesem Kapitel dargestellt werden.

Zunächst muss unterschieden werden, ob es sich bei der Tagespflegetätigkeit um eine selbstständige Tätigkeit oder um eine Angestelltentätigkeit handelt. Aufgrund der Natur der Kindertagespflege kommt der selbstständigen Tätigkeit eine weitaus größere Bedeutung zu.

Die Abgrenzung, wann eine selbstständige Tätigkeit und wann eine nicht selbstständige Tätigkeit vorliegen, finden Sie an anderer Stelle dieses Buches.

Die einkommensteuerrechtlichen Besonderheiten der Kindertagespflege sind im Schreiben des Bundesministeriums der Finanzen vom 11. November 2016 geregelt. Dieses Schreiben finden Sie im Anhang.

2.2.1 Einkommensteuerrechtliche Behandlung selbstständiger Tagespflegepersonen

Die Tätigkeit einer Tagespflegeperson stellt eine erzieherische Tätigkeit dar. Daher werden die Einkünfte als Einkünfte aus »freiberuflicher Tätigkeit« qualifiziert.[351] Diese fallen unter die Einkünfte aus »selbstständiger Arbeit«.[352]

Gewinnermittlung

Die Einkünfte werden mittels Einnahmen-Überschussrechnung als Überschuss der Betriebseinnahmen über die Betriebsausgaben berechnet.[353] Dieser Überschuss wird Gewinn genannt.

351. § 18 Abs. 1 Nr. 1 EStG.
352. § 18 EStG.
353. § 4 Abs. 3 EStG.

Hinweis

Betriebseinnahmen minus Betriebsausgaben = Gewinn/Verlust

Betriebseinnahmen

Betriebseinnahmen sind alle Einnahmen in Geld und Geldeswert, die die Tagespflegeperson durch die Ausübung ihrer Tätigkeit erhält. Grundsätzlich gehören damit alle Einnahmen aus der Kindertagespflege zu den einkommensteuerpflichtigen Betriebseinnahmen, unabhängig davon, ob sie aus öffentlichen Kassen oder von privater Seite stammen. Zu den Einnahmen zählen auch die Leistungen in Geldeswert, d.h. nicht monetäre Zahlungen beispielsweise der Eltern an die Tagespflegeperson. Eine Ausnahme bildet die Erstattung der Sozialversicherungsbeiträge durch den Jugendhilfeträger. Diese Erstattungsbeiträge sind einkommensteuerfrei.[354]

Hinweis

Steuerpflichtige Betriebseinnahmen sind alle Einnahmen in Geld oder Geldeswert, die die Tagespflegeperson für die Tätigkeit in der Kindertagespflege erhält. Eine Ausnahme bildet die Erstattung der Sozialversicherungsbeiträge durch den Jugendhilfeträger. Dies ist eine einkommensteuerfreie Betriebseinnahme.

Tagespflegepersonen können grundsätzlich vom Träger der Jugendhilfe, aber auch von anderer Seite für ihre Tätigkeit in der Kindertagespflege Zahlungen erhalten.

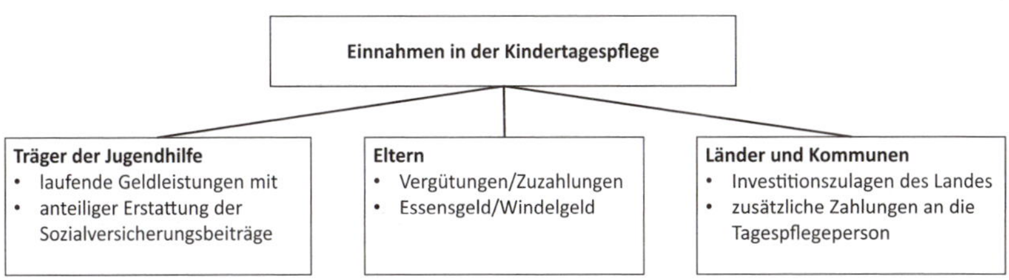

Abb. 3: Einnahmen in der Kindertagespflege

354. § 3 Nr. 9 EStG.

Geldleistungen durch den Jugendhilfeträger

Die laufende Geldleistung des Jugendamts stellt eine einkommensteuerpflichtige Betriebseinnahme dar. Hierzu gehört jedoch nicht die Erstattung der Sozialversicherungsbeiträge durch den Jugendhilfeträger. Die in der laufenden Geldleistung enthaltene Erstattung der Sozialversicherungsbeiträge ist einkommensteuerfrei.

Erstattung der Sozialversicherungsbeiträge durch den Jugendhilfeträger

Wie an anderer Stelle dargestellt wird, ist der Jugendhilfeträger verpflichtet, der Tagespflegeperson die Hälfte der angemessenen Beiträge zur Altersvorsorge sowie die Hälfte der angemessenen Beiträge zur Kranken- und Pflegeversicherung und die gesamten Beiträge zur Unfallversicherung zu erstatten. Diese Erstattungsbeträge sind gemäß § 3 Nr. 9 EStG einkommensteuerfrei. Sie zählen nicht zu den einkommensteuerpflichtigen Betriebseinnahmen und werden bei der Ermittlung des steuerlichen Gewinns nicht berücksichtigt.

Hinweis

Die Erstattung der Sozialversicherungsbeiträge ist einkommensteuerfrei. Diese Beträge müssen Sie nicht versteuern.

Geldzahlungen durch die Eltern an die Tagespflegeperson

Einige Tagespflegepersonen werden ausschließlich von den Eltern des Kindes bezahlt. Auch diese Geldleistungen stellen steuerpflichtige Einnahmen im Rahmen der selbstständigen Arbeit dar. Auch private Zuzahlungen, die Eltern direkt an die Tagespflegeperson leisten, stellen einkommensteuerpflichtige Betriebseinnahmen dar.

Manchmal vereinbaren Tagespflegepersonen mit den Eltern die zusätzliche Zahlung eines Essensgeldes oder die Zahlung weiterer Sachleistungen. Die Eltern bezahlen in manchen Fällen einen pauschalen monatlichen Betrag an die Tagespflegeperson und diese stellt hierfür das Essen und/oder die Windeln für das Kind bereit. Diese Einnahmen stellen bei der Tagespflegeperson einkommensteuerpflichtige Betriebseinnahmen dar. Im Gegenzug kann sie die Kosten für die Sachleistungen als Betriebsausgabe abziehen (sofern sie nicht die Betriebsausgabenpauschale abzieht).

Wenn die Tagespflegeperson für Fahrten, die sie für oder mit dem Kind unternimmt, eine pauschale Fahrtkostenerstattung von den Eltern erhält, stellt diese Erstattung bei ihr ebenfalls eine einkommensteuerpflichtige Betriebseinnahme dar. Auch hier kann sie im Gegenzug die bei ihr entstandenen Kosten als Betriebsausgaben abziehen.

Hinweis

Alle Geldzahlungen, die Sie durch die Eltern erhalten, stellen eine einkommensteuerpflichtige Betriebseinnahme dar.

Bezahlung von anderer Seite

In einigen Bundesländern erhalten Tagespflegepersonen neben den laufenden Geldleistungen des Jugendhilfeträgers einen Zuschuss von den Kommunen. In manchen Bundesländern, z.B. in Hessen, erhalten die Tagespflegepersonen neben den laufenden Geldleistungen des Jugendhilfeträgers noch zusätzliche Gelder des Landes. Alle diese Einnahmen stellen ebenfalls steuerpflichtige Betriebseinnahmen im Rahmen der Kindertagespflege dar.

Auch Mietzuschüsse von kommunaler Seite oder durch den Jugendhilfeträger stellen Einnahmen aus der selbstständigen Tätigkeit dar.

Hinweis

Geldleistungen von Kommunen sowie Geldleistungen der Länder stellen ebenfalls einkommensteuerpflichtige Betriebseinnahmen dar.

Beispiele

- In Hessen erhalten Tagespflegepersonen unter bestimmten Voraussetzungen Landesfördermittel. Diese Gelder stellen steuerpflichtige Betriebseinnahmen dar.
- Einzelne Kommunen leisten zusätzlich zu den Geldleistungen eine Zuzahlung zur Betreuung. Diese kommunalen Zuzahlungen zählen ebenfalls zu den steuerpflichtigen Betriebseinnahmen.

Einmalige Zahlungen(Investitionszulagen)

Bundesweit gibt es Investitionsförderungen für die Schaffung neuer Plätze in der Kindertagespflege. Hierbei werden Tagespflegepersonen gegen Nachweis einzelne Investitionen erstattet. Nach einer Vereinbarung des Bundes und der Länder sind diese Investitionszulagen einkommensteuerfrei. Sie rechnen also nicht zu den steuerpflichtigen Betriebseinnahmen.

Zeitpunkt der Versteuerung der Einnahmen

Für den Zeitpunkt der Versteuerung der Einnahmen aus der Kindertagespflege gilt das Zuflussprinzip gemäß § 11 EStG. Hiernach sind die Einnahmen in dem Kalenderjahr zu versteuern, in dem sie der Tagespflegeperson zufließen, d.h. ihrem Konto gutgeschrieben werden.

Hinweis

Einnahmen aus der Kindertagespflege sind grundsätzlich dann zu versteuern, wenn sie Ihnen zufließen.

Von diesem Prinzip gibt es eine Ausnahme. Regelmäßig wiederkehrende Einnahmen, die der Tagespflegeperson kurze Zeit vor Beginn oder kurze Zeit nach Beendigung des Kalenderjahres, zu dem sie wirtschaftlich gehören, zugeflossen sind, gelten als in dem Kalenderjahr bezogen, zu dem sie wirtschaftlich gehören.[355] Laufende Geldleistungen des Jugendhilfeträgers können als regelmäßig wiederkehrende Einnahmen betrachtet werden. Werden also die laufenden Geldleistungen des Jugendhilfeträgers, die wirtschaftlich zu einem abgelaufenen Kalenderjahr gehören erst im nächsten Kalenderjahr ausgezahlt, gelten sie noch als im abgelaufenen Kalenderjahr bezogen, wenn die Auszahlung »kurze Zeit« nach Beendigung des Kalenderjahrs erfolgt. Als »kurze Zeit« gilt ein Zeitraum von 10 Tagen.

Beispiele

- Eine Tagespflegeperson erhält die laufende Geldleistung des Jugendamts für Dezember 2019 am 5. Januar 2020 ausbezahlt. Da die Auszahlung innerhalb von 10 Tagen im neuen Jahr erfolgt, ist die Geldleistung noch im Kalenderjahr 2019 zu versteuern.
- Eine Tagepflegeperson erhält die laufende Geldleistung des Jugendamts für Dezember 2019 am 12. Januar 2020. Da die Auszahlung nicht innerhalb »kurzer Zeit« erfolgt, ist die laufende Geldleistung für Dezember 2019 erst im Kalenderjahr 2020 zu versteuern.

355. § 11 EStG.

Betriebsausgaben

Betriebsausgaben sind alle Ausgaben, die durch den Betrieb veranlasst sind.[356] Vor allem wenn die Kindertagespflege im eigenen Haushalt erbracht wird, sind Ausgaben aufgrund der Art der Vermischung von betrieblicher und privater Sphäre zwar meist dem Grunde nach zu benennen, die Höhe der auf die Kindertagespflege entfallenden Aufwendungen ist oftmals nur sehr schwer, wenn nicht gar unmöglich greifbar. Man denke hierbei beispielsweise an den »anteiligen« Strom des Haushalts, der durch die Kindertagespflege »verursacht« ist.

Außerdem kommt hinzu, dass grundsätzlich ein Aufteilungsverbot zwischen privaten und betrieblichen Aufwendungen besteht. Auch wenn dieses Aufteilungsverbot immer wieder durch die Rechtsprechung aufgeweicht wurde, dürfte es in der Kindertagespflege bei vielen Aufwendungen trotzdem schwierig sein, private Aufwendungen und betriebliche Aufwendungen zu trennen.

Aus Vereinfachungsgründen besteht für Tagespflegepersonen daher die Möglichkeit, die zweifelsohne angefallenen aber nicht »greifbaren« Betriebsausgaben im Rahmen einer Betriebsausgabenpauschale abzuziehen.

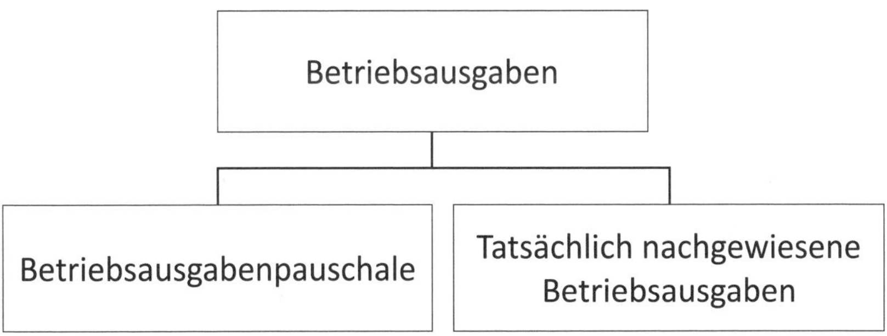

Abb. 4: Betriebsausgaben

Wenn die tatsächlich angefallenen und nachgewiesenen Betriebsausgaben höher sind als die Betriebsausgabenpauschale kann die Tagespflegeperson anstatt der Betriebsausgabenpauschale die tatsächlich angefallenen Aufwendungen als Betriebsausgaben abziehen.

356. § 4 Abs. 4 EStG.

Hinweis

Sie können wählen, ob Sie die Betriebsausgabenpauschale oder die tatsächlich nachgewiesenen Betriebsausgaben bei der Gewinnermittlung abziehen.

Die Betriebsausgabenpauschale deckt alle angefallenen Aufwendungen ab. Neben der Betriebsausgabenpauschale können keine weiteren Betriebsausgaben abgezogen werden.

Hinweis

Wenn Sie die Betriebsausgabenpauschale geltend machen, können Sie daneben keine weiteren Betriebsausgaben abziehen.

Die Tagespflegeperson kann jedes Jahr neu wählen, ob sie die Betriebsausgabenpauschale oder die tatsächlich nachgewiesenen Betriebsausgaben bei der Gewinnermittlung abzieht. Selbstverständlich besteht dieses Wahlrecht nur auf Jahres- und nicht auf Monatsbasis

Hinweis

Sie können jedes Jahr neu wählen, ob Sie die Betriebsausgabenpauschale oder die tatsächlich nachgewiesenen Betriebsausgaben abziehen.

Betriebsausgabenpauschale oder tatsächlich angefallene Betriebsausgaben?

Erfahrungsgemäß ist in vielen Fällen die Betriebsausgabenpauschale nicht nur die leichtere, sondern auch die finanziell vorteilhaftere Alternative für die Tagespflegepersonen. Dies gilt insbesondere für diejenigen Tagespflegepersonen, die die Tagespflegetätigkeit bei sich zu Hause ausüben.

Bei Tagespflegepersonen, die Räume für die Kindertagespflege angemietet haben, ist eine Alternativberechnung sicherlich lohnenswert. Diesen Personen bleibt es nicht erspart, neben dem Sammeln der Belege für die tatsächlichen Aufwendungen auch die Betriebsausgabenpauschale zu berechnen, um die für sie günstigste Alternative herauszufinden.

In den Jahren, in denen eine Tagespflegeperson neu mit der Kindertagespflege beginnt, kann sich eine Alternativberechnung ebenfalls lohnen. Dies ist vor allem dann gegeben, wenn hohen und teuren (Erst-)Anschaffungen nur eine geringe Betriebsausgabenpauschale gegenüberstehen würde, weil nur für eine kurze Zeit des Jahres Kinder betreut werden.

Wichtig: bei Abzug der Betriebsausgabenpauschale können daneben keine weiteren Ausgaben abgezogen werden (die Betriebsausgabenpauschale deckt alle Ausgaben ab).

Beispiel

Eine Kindertagespflegeperson schließt ihre Qualifikation im Oktober 2020 ab. Im Jahr 2020 sind bei ihr Kosten für die Qualifikation angefallen sowie für diverse Anschaffungen wie Spielzeug, Bücher, Reisebettchen etc. Ab November 2020 wird das erste Kind eingewöhnt, das ab Dezember 2020 wöchentlich 20 Stunden betreut wird. Ab Januar 2021 werden dann die nächsten zwei Kinder eingewöhnt. Da für die Monate November und Dezember eine vergleichsweise geringe Betriebsausgabenpauschale angesetzt werden kann, ist es sicherlich lohnend, neben der Betriebsausgabenpauschale die tatsächlich angefallenen Aufwendungen für die Kindertagespflege im Jahr 2020 zu berechnen, um herauszufinden, welche der beiden Möglichkeiten zum günstigsten Ergebnis führt.

Betriebsausgabenpauschale

Die Berechnung der Betriebsausgabenpauschale wird durch das Bundesministerium der Finanzen mit Schreiben vom 11. November 2016 geregelt. Dieses Schreiben finden Sie im Anhang.

Die Betriebsausgabenpauschale beträgt maximal 300 € pro Monat und Kind. Die volle Betriebsausgabenpauschale bezieht sich auf eine vereinbarte wöchentliche Betreuungszeit von 40 Stunden und mehr. Dabei ist es unerheblich, wann die Betreuung erbracht wird.

Wird ein Kind mehr als 40 Stunden wöchentlich betreut, beträgt die Betriebsausgabenpauschale 300 €. Wenn ein Kind weniger als 40 Stunden wöchentlich betreut wird, muss die Betriebsausgabenpauschale zeitanteilig gekürzt werden. Diese Kürzung erfolgt nach der folgenden Formel:

Formel Betriebsausgabenpauschale

$$300\,€ \times \frac{\textit{Vereinbarte wöchentliche Betreuungszeit in Stunden (max. 40 Stunden)}}{\textit{40 Stunden}}$$

Beispiel

Eine Tagespflegeperson betreut Kind A 20 Stunden pro Woche, Kind B 30 Stunden pro Woche und Kind C 45 Stunden pro Woche. Die Betriebsausgabenpauschale für Kind A beträgt 150 € pro Monat (300 x 20/40), für Kind B 225 € (300 x 30/40) und die für Kind C 300 € pro Monat (300 x 40/40).

Maßgeblich für die Berechnung der Betriebsausgabenpauschale ist hierbei die vereinbarte wöchentliche Betreuungszeit. Der tatsächlich geleisteten Betreuungszeit kommt keine Bedeutung zu. Zugrunde gelegt wird hierbei die Stundenzahl, die in der Betreuungsvereinbarung zwischen den Eltern und der Tagespflegeperson vereinbart ist.

Beispiel

Das Kind von Familie Mustermann soll von einer Tagespflegeperson betreut werden. Durch das Jugendamt wird eine Betreuung von 25 Stunden wöchentlich gefördert. Familie Mustermann vereinbart jedoch mit der Tagespflegeperson eine wöchentliche Betreuungszeit von 30 Stunden. Tagespflegeperson und Familie Mustermann regeln dies in einer schriftlichen Betreuungsvereinbarung. Für die Berechnung der monatlichen Betriebsausgabenpauschale werden 30 Stunden herangezogen.

Die Tagespflegeperson muss mit dieser Regelung für das Finanzamt keine Aufzeichnungen über die tatsächlich geleisteten Betreuungszeiten führen. Vom Jugendhilfeträger können diese Aufzeichnungen jedoch gefordert werden.

Wenn Tagespflegepersonen, die privat bezahlt werden, mit den Eltern die tatsächlich geleisteten Stunden abrechnen, sind diese für die Berechnung der Betriebsausgabenpauschale heranzuziehen, da in diesem Fall die vereinbarte Betreuungszeit mit der tatsächlichen Betreuungszeit übereinstimmt.

Betriebsausgabenpauschale in Zeiten, in denen das Kind nicht betreut wird

Eine Betreuung findet nicht statt, wenn sowohl das Kind als auch die Tagespflegeperson krank, im Urlaub oder anderweitig verhindert sind. In diesen Fällen kann die Betriebsausgabenpauschale trotzdem abgezogen werden. Voraussetzung hierfür ist, dass die Tagespflegeperson für diese Zeiten weiterbezahlt wird. Viele Jugendhilfeträger sehen eine Urlaubs- und Krankheitsregelung in ihrer Satzung vor. Hiernach wird das Betreuungsgeld für eine bestimmte Zeit weitergezahlt. Solange die Tagespflegeperson auch für die betreuungsfreien Zeiten eine Bezahlung erhält, kann sie die Betriebsausgabenpauschale abziehen.

Hinweis

Betreuen Sie ausnahmsweise ein Kind nicht, weil Sie oder das Kind verhindert sind, können Sie für diese betreuungsfreien Zeiten die Betriebsausgabenpauschale trotzdem abziehen, wenn Sie für diese Zeiten weiterbezahlt werden.

Betreuung des Kindes im Haus der Sorgeberechtigten

Wird ein Kind in den Räumen der Erziehungsberechtigten betreut, kann die Betriebsausgabenpauschale nicht abgezogen werden. Diese Regelung betrifft vor allem Kinderfrauen und mobile Tagespflegepersonen, die die Kinder im Haus der Erziehungsberechtigten betreuen. Diese Tagespflegepersonen haben nur die Möglichkeit, die tatsächlich angefallenen Betriebsausgaben abzuziehen.

Hinweis

Wenn Sie als Tagespflegeperson Kinder im Haus der Eltern betreuen, können Sie keine Betriebsausgabenpauschale abziehen. Dann bleibt nur der Abzug der tatsächlich angefallenen Aufwendungen.

Wenn ein Kind durch die Tagespflegeperson lediglich zu Hause abgeholt wird (beispielsweise morgens geweckt und angezogen wird) und danach im Haus der Tagespflegeperson weiter betreut wird, trifft diese Regelung meiner Ansicht nach nicht zu. Die Betriebsausgabenpauschale kann trotzdem abgezogen werden.

Betreuung der Kinder in unentgeltlich zur Verfügung gestellten Räumen

Manche Tagespflegepersonen betreuen die Kinder in Räumen, die ihnen beispielsweise von der Gemeinde, einem Kindergarten oder einer anderen Person unentgeltlich zur Verfügung gestellt werden. Diese Tagespflegepersonen haben ebenfalls nicht die Möglichkeit, die Betriebsausgabenpauschale abzuziehen. Ihnen bleibt nur der Einzelnachweis der angefallenen Betriebsausgaben.

Betreuung der Kinder in angemieteten Räumen

Tagespflegepersonen, die entgeltlich Räume anmieten, in denen sie Kinder betreuen, können grundsätzlich die Betriebsausgabenpauschale abziehen. Im Schreiben des Bundesfinanzministeriums wird keine Regelung dazu getroffen, wie die Betriebsausgabenpauschale zu berechnen ist, wenn die Tagespflegeperson die Räume verbilligt angemietet hat. Auch bei einer verbilligten Anmietung handelt es sich meiner Ansicht nach um eine entgeltliche Anmietung. Der Abzug der Betriebsausgabenpauschale ist demnach möglich. Um einen steuerlichen Gestaltungsmissbrauch auszuschließen, ist es jedoch ratsam, von der ortsüblichen Miete nicht allzu deutlich abzuweichen bzw. klarzustellen, warum eine Anmietung zu vergünstigten Konditionen erfolgt.

Die Anmietung von Räumen von nahen Angehörigen wird von der Finanzverwaltung besonders kritisch unter die Lupe genommen. Hier sollten auf jeden Fall die Grundsätze des Fremdvergleichs eingehalten werden.

Beschränkung der Betriebsausgabenpauschale

Die Betriebsausgabenpauschale kann maximal bis zur Höhe der Einnahmen abgezogen werden.

Aus dem Schreiben des Bundesministeriums der Finanzen geht nicht hervor, ob diese Begrenzung Kind weise oder monatsweise zu sehen ist, oder ob diese Begrenzung über alle Kinder und Monate hinweg zu berechnen ist.[357]

Freihaltepauschale

Einige Jugendhilfeträger bezahlen den Tagespflegepersonen laufende Geldleistungen für sogenannte Freihalteplätze. Dies sind Gelder, die für Plätze gezahlt werden, die im Bedarfsfall wie Krankheit, Urlaub oder Fortbildung von Tageskindern einer anderen Tagespflegeperson kurzfristig belegt werden können. Seit dem Jahr 2016 kann eine Betriebsausgabenpauschale für diese freigehaltenen Plätze abgezogen werden. Diese Freihaltepauschale ist

357. BMF-Schreiben vom 11.11.2016.

eine Betriebsausgabenpauschale in Höhe von 40 € pro freigehaltenem Platz und Monat.

Diese Freihaltepauschale muss jedoch zeitanteilig gekürzt werden, wenn der freigehaltene Platz durch ein Tageskind belegt wird. Für die Zeiten der Belegung des freigehaltenen Platzes tritt an die Stelle der Freihaltepauschale die reguläre Betriebsausgabenpauschale. Die zeitanteilige Kürzung der Freihaltepauschale wird im Verhältnis der Belegung des Freihalteplatzes im Monat zu pauschal 20 Arbeitstagen im Monat vorgenommen.

Beispiel

Ein Freihalteplatz wird in einem Monat an lediglich 12 Tagen belegt.

Die Freihaltepauschale beträgt damit 16 € für diesen Monat und berechnet sich wie folgt:

Freigehaltene Tage: 8 Tage (20 pauschal angenommene Arbeitstage abzüglich 12 Tage Belegung)

Berechnung der anteiligen Pauschale: 40 €/20 pauschal angenommene Arbeitstage × 8 freigehaltene Tage

Für die Zeit, in der der Freihalteplatz belegt ist, wird die (zeitanteilige) Betriebsausgabenpauschale abgezogen.

Beispiel

Der Freihalteplatz ist im oben angeführten Monat an den 12 Tagen durch ein Kind belegt, das an diesen Tagen jeweils 8 Stunden von der Tagespflegeperson betreut wird.

Die volle monatliche Betriebsausgabenpauschale würde für dieses Kind 300 € betragen. Da das Kind aber nicht den vollen Monat betreut wird, sondern lediglich an 12 Tagen, beträgt die zeitanteilig gekürzte Betriebsausgabenpauschale 180 € und berechnet sich wie folgt:

300 €/20 pauschal angenommene Arbeitstage x 12 belegte Tage.

Wenn im oben genannten Beispiel das betreute Tageskind zwar an 12 Tagen im Monat jedoch lediglich an 6 Stunden pro Tag von der Tagespflegeperson betreut wird, ist die Betriebsausgabenpauschale um eine weitere zeitliche Komponente zu kürzen:

Beispiel

Monatliche Betriebsausgabenpauschale: 300 €/8 Stunden × 6 Stunden (betreute tägliche Zeit) ergibt eine monatliche Betriebsausgabenpauschale von 225 €.

Diese muss zeitanteilig gekürzt werden, da das Kind lediglich an 12 Tagen im Monat betreut wurde: 225 €/20 Tage × 12 Tage ergibt 135 €.

Ein umfangreiches Berechnungsbeispiel (dem die oben genannten Beispiele entnommen wurden), findet sich den dem Schreiben des Bundesfinanzministeriums vom 1. November 2016.[358]

Ansatz der tatsächlichen Aufwendungen

Abgezogen werden können nur diejenigen tatsächlichen Aufwendungen, die der Kindertagespflege direkt zuzuordnen sind. In der Kindertagespflege, vor allem im häuslichen Bereich, fallen vielfach »gemischte Aufwendungen« an. Hierunter sind Aufwendungen zu verstehen, die sowohl den privaten Bereich als auch den betrieblichen Bereich der Tagespflegeperson betreffen. Zu denken ist hierbei beispielsweise an Aufwendungen für Strom, Gas, Wasser, Nahrungsmittel, Reinigungskosten etc. Es gilt für gemischte Aufwendungen in weiten Teilen ein Aufteilungsverbot. D.h. gemischte Aufwendungen können nicht abgezogen werden.

Wenn die tatsächlich angefallenen Betriebsausgaben abgezogen werden sollen, müssen diese zum einen belegt und zum anderen glaubhaft gemacht werden. Belegen heißt, dass der Nachweis des Kaufes vorhanden sein muss (»Kassenzettel«). Glaubhaft machen bedeutet, dass die Verwendung im betrieblichen Bereich dargelegt werden muss.

Das Bundesministerium der Finanzen führt beispielhaft einige Aufwendungen an.[359] Hierbei handelt es sich um:

- Nahrungsmittel
- Ausstattungsgegenstände (z.B. Mobiliar)
- Beschäftigungsmaterialien (z.B. Kosten für Spielzeug)
- Fachliteratur (z.B. pädagogische Literatur)
- Hygieneartikel (z.B. Kauf von Windeln)
- Miete und Betriebskosten der zur Kinderbetreuung genutzten Räume
- Kommunikationskosten (z.B. Telefonkosten)

358. Das BMF-Schreiben finden Sie im Anhang.
359. BMF-Schreiben vom 11.11.2016.

- Weiterbildungskosten
- Beiträge für Versicherungen, soweit unmittelbar mit der Tätigkeit im Zusammenhang stehend (z.B. Berufshaftpflichtversicherung für die Kindertagespflege; Nicht Renten-, Kranken- und Pflegeversicherung!)
- Fahrtkosten
- Freizeitgestaltung
- Mitgliedsbeiträge an Berufsverbände; Weiterhin ist beispielsweise zu denken an:
- Aufwendungen für Büromaterial
- Rechtsberatungskosten/Steuerberatungskosten
- Kontoführungsgebühren
- Kosten der Renovierung der für die Kindertagespflege genutzten Räume

Diese Aufzählung stellt keine abschließende Aufzählung dar, sondern soll lediglich eine Anregung geben, welche Betriebsausgaben anfallen können.

Miete und Betriebskosten der für die Kindertagespflege genutzten Räume

Bei angemieteten Räumen, die komplett für die Kindertagespflege genutzt werden, können neben der monatlichen Miete und den Nebenkosten sowie den Kosten für die Reinigung auch die Kosten für die Einrichtung und die Ausstattung angesetzt werden.

Werden einzelne Räume im eigenen Haus ausschließlich für die Kindertagespflege genutzt, können die laufenden Kosten wie Miete und Nebenkosten, die auf diese Räume entfallen, abgezogen werden. Der Anteil der Kosten an den Gesamtkosten wird nach dem Verhältnis der Wohnflächen berechnet.

Beispiel

Eine Tagespflegeperson wohnt in einem Haus mit einer Wohnfläche von 110 qm. Einen Raum nutzt sie als Schlafraum für die Tageskinder. Die Fläche des Raumes beträgt 11 qm. Demnach kann sie 10 % ihrer Miete und Nebenkosten als Betriebsausgaben im Rahmen der Kindertagespflege abziehen.

Neben den Aufwendungen für Miete und Mietnebenkosten können ebenfalls die Kosten für die Ausstattung des Raumes als Betriebsausgaben abgezogen werden.

Bei Wohneigentum tritt an die Stelle der Miete die Abschreibung der Wohnung bzw. des Hauses. Bei der Nutzung von Wohneigentum für die Kindertagespflege ist Vorsicht geboten. Wenn die ausschließlich für die Kindertagespflege genutzten Räume in das Betriebsvermögen aufzunehmen sind, kann bei der (Rück-) Übernahme der Räume in das Privatvermögen bzw. bei Aufgabe der Kindertagespflege die Wertsteigerung, die diese Räume während der Zugehörigkeit zum Betriebsvermögen erfahren haben, als Gewinn zu versteuern sein. In solchen Fällen sollten Sie auf jeden Fall den Rat eines Steuerberaters einholen.

Weiterbildungskosten

Zu den Weiterbildungskosten zählen neben den Seminargebühren auch die Fahrtkosten sowie Verpflegungsmehraufwand und angefallene Übernachtungskosten. Die Fahrtkosten betragen 0,30 € pro gefahrenem Kilometer. Die Verpflegungsmehraufwendungen können pauschal, abhängig von der Abwesenheitszeit angesetzt werden.

Im Inland können Verpflegungsmehraufwendungen im Jahr 2018 zu folgenden Beträgen pro Kalendertag angesetzt werden:[360]

- 24 € bei einer Abwesenheit von 24 Stunden,
- 12 € bei einer Abwesenheit von weniger als 24 Stunden, aber mindestens 8 Stunden

Fahrtkosten

Kosten, die für Fahrten für die Kindertagespflege anfallen, können mit € 0,30 pro gefahrenen Kilometer angesetzt werden. Zu denken ist hierbei an Fahrten mit den Kindern (z.B. zu Freizeitaktivitäten, um diese zu Hause abzuholen) aber auch an Fahrten für Einkäufe für die Kindertagespflege.

Wichtig: Diese Ausgaben können nur dann abgezogen werden, wenn nicht die Betriebsausgabenpauschale abgezogen wird.

Beispiel für eine Gewinnermittlung

Nachfolgend finden Sie ein Beispiel für eine monatliche Gewinnermittlung, bei der die Betriebsausgabenpauschale zum Ansatz kommt.

360. § 4 Abs. 5 S. 1 Nr. 5 EStG.

Betreuungs- und Einnahmensituation (monatlich)				
	Kind 1	**Kind 2**	**Kind 3**	**Gesamt**
Stundenzahl pro Woche	20	30	40	
Laufende Geldleistung Jugendamt	430 €	645 €	860 €	1.935 €
Einnahmen-Überschussrechnung				
Betriebseinnahmen				
Steuerpflichtige Einnahmen	430 €	645 €	860 €	1.935 €
Betriebsausgaben				
Betriebsausgabenpauschale	150 €	225 €	300 €	675 €
Gewinn				1.260 €

Der einkommenssteuerliche Jahresgewinn ergibt sich durch die Addition aller monatlichen Gewinne.

2.2.2 Einkommensteuerrechtliche Behandlung angestellter Tagespflegepersonen

Die einkommenssteuerliche Behandlung von angestellten Tagespflegepersonen unterscheidet sich danach, ob ein sozialversicherungspflichtiges Arbeitsverhältnis oder ein Minijob vorliegt.

Sozialversicherungspflichtiges Angestelltenverhältnis

Tagespflegepersonen, die sozialversicherungspflichtig angestellt sind, erzielen aus dieser Tätigkeit »Einkünfte aus nichtselbständiger Arbeit«.[361]

Überschussermittlung

Die Einkünfte werden »Überschuss« genannt und werden durch die Gegenüberstellung von Einnahmen und Werbungskosten berechnet.

361. § 19 EStG.

Hinweis

Einnahmen minus Werbungskosten = Überschuss

Einnahmen

Einnahmen aus nichtselbständiger Arbeit sind alle Zahlungen, die die Tagespflegeperson im Rahmen des Angestelltenverhältnisses erhält. Zum Arbeitslohn rechnen auch Geldleistungen, die der Arbeitnehmer nicht direkt vom Arbeitgeber, sondern von einem Dritten erhält. In diesem Fall liegt ein Entgelt von Dritter Seite vor. Der Arbeitslohn wird durch den Arbeitgeber auf der Lohnsteuerbescheinigung bescheinigt. Dies gilt auch für Zahlungen, die eine angestellte Tagespflegeperson vom Jugendhilfeträger erhält.

Werbungskosten

Arbeitnehmerpauschbetrag

Sofern keine höheren Werbungskosten vorliegen und nachgewiesen werden, können Arbeitnehmer einen Werbungskostenpauschbetrag zum Abzug bringen. Dieser so genannte Arbeitnehmerpauschbetrag beträgt derzeit 1.000 € pro Arbeitnehmer.[362]

Höhere nachgewiesene Werbungskosten

Sind die tatsächlich angefallenen Werbungskosten höher als der Arbeitnehmerpauschbetrag, kann der Steuerpflichtige die tatsächlich angefallenen höheren Werbungskosten zum Abzug bringen. Bei angestellten Kinderfrauen kann hier insbesondere an folgende Werbungskosten gedacht werden:

- Fahrtkosten für anfallende Kosten zwischen Wohnung und Arbeitsstätte. Diese können mit 0,30 € pro Entfernungskilometer angesetzt werden.
- Fahrtkosten für sonstige Fahrten für die Kindertagespflege. Diese können mit € 0,30 pro gefahrenen Kilometer angesetzt werden.
- Kosten für Fortbildungen. Hierbei kann an die Seminargebühr gedacht werden, aber auch an Verpflegungsmehraufwendungen sowie an Fahrtkosten.
- Telefonkosten
- Aufwendungen für Fachliteratur

362. § 9a EStG.

- Aufwendungen für Geschenke für die betreuten Kinder
- Mitgliedsbeiträge an Berufsverbände

Diese Aufzählung stellt keine abschließende Aufzählung dar, sondern soll lediglich eine Anregung geben, welche Werbungskosten anfallen können.

Minijob

Erläuterungen, wann ein Minijob vorliegt, finden Sie an anderer Stelle in diesem Buch.

Die Einnahmen aus einem Minijob müssen durch den Arbeitnehmer nicht versteuert werden, wenn der Arbeitgeber die pauschale Steuer an die Minijobzentrale abführt. Diese Einnahmen müssen dann auch nicht in der Einkommensteuererklärung angegeben werden. In diesem Fall können auch keine Werbungskosten abgezogen werden.

Alternativ kann der Arbeitnehmer dem Arbeitgeber auch die elektronischen Merkmale zur Lohnsteuer (ehemals Lohnsteuerkarte vorlegen). Der Arbeitgeber wird dann anhand der in der Lohnsteuerkarte gemachten Angaben die Lohnsteuer berechnen, vom Bruttolohn abziehen und an das Finanzamt abführen. Der Arbeitnehmer muss die Einnahmen dann in seiner Einkommensteuererklärung angeben und der Einkommensteuer unterwerfen.

2.3 Umsatzsteuer in der Kindertagespflege

2.3.1 Umsatzsteuerfreiheit der Umsätze in der Kindertagespflege

Die Umsatzsteuerfreiheit in der Kindertagespflege ist im § 4 Nr. 25 UStG geregelt.

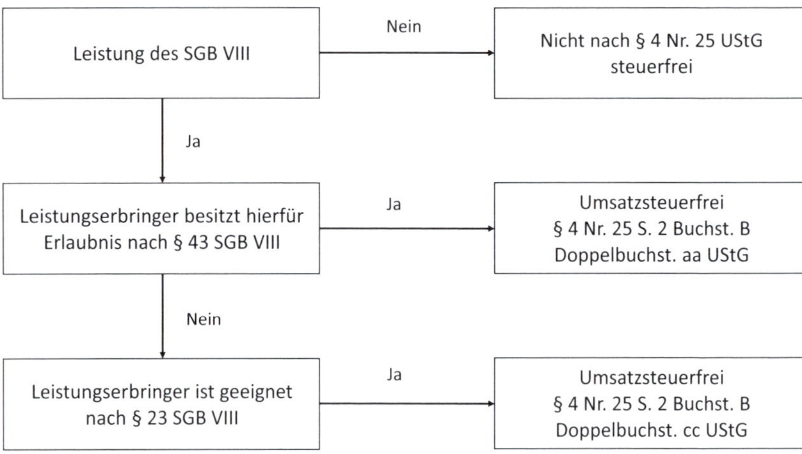

Abb. 5: Umsatzsteuerfreiheit in der Kindertagespflege

Bei allen Tagespflegepersonen, die eine Pflegeerlaubnis vom Jugendamt (§ 43 SGB VIII) besitzen, stellen die Umsätze in der Kindertagespflege umsatzsteuerfreie Umsätze dar.

Bei denjenigen Tagespflegepersonen, die zwar keine Pflegeerlaubnis besitzen, bei denen jedoch bereits die Eignung festgestellt wurde, stellen die Umsätze in der Kindertagespflege ebenfalls umsatzsteuerfreie Umsätze dar. Im Jahr 2014 wurde hierfür eine redaktionelle Anpassung des § 4 Nr. 25 UStG und des Schreibens des Bundesfinanzministeriums an die Änderungen im SGB VIII vorgenommen.

Hinweis

Tagespflegepersonen, die eine Pflegeerlaubnis besitzen, oder bei denen vom Jugendamt die Eignung festgestellt wurde, erbringen umsatzsteuerfreie Umsätze.

2.3.2 Folgen der Umsatzsteuerfreiheit

Umsatzsteuerfreiheit heißt, dass auf die Einnahmen in der Kindertagespflege keinerlei Umsatzsteuer einzubehalten und an das Finanzamt abzuführen ist. Dies bedeutet, dass in Rechnungen, die Tagespflegepersonen schreiben, Umsatzsteuer nicht ausgewiesen werden darf. Im Gegenzug darf bei Einkäufen und Anschaffungen in Rechnung gestellte Umsatzsteuer (so genannte Vorsteuer) auch nicht abgezogen werden.

Eine Umsatzsteuererklärung muss nicht abgegeben werden.

Bei der Berechnung, ob ein Kleinunternehmer vorliegt, werden umsatzsteuerfreie Umsätze nicht berücksichtigt. Die Umsatzgrenze in Höhe von 17.500 €, ab der die Kleinunternehmereigenschaft nicht mehr vorliegt, wird daher ohne die umsatzsteuerfreien Umsätze in der Kindertagespflege berechnet. Tagespflegepersonen sind daher keine Kleinunternehmer. Essensgelder, die die Tagespflegepersonen vereinnahmen, zählen ebenfalls zu den umsatzsteuerfreien Leistungen gem. § 4 Nr. 25 UStG.

Teil 3: Sozialversicherung in der Kindertagespflege

Welche Regelungen der Sozialversicherung für den Bereich der Kindertagespflege gelten, hängt von der Einstufung der Tätigkeit ab.

Kindertagespflege kann als selbstständige Tätigkeit oder im Rahmen eines Arbeitsverhältnisses ausgeübt werden.

Der Gesetzgeber hatte bei der Ausgestaltung der Regelungen im SGB VIII zwar die selbstständige Tätigkeit der Tagespflegepersonen im Blick. Dies bedeutet jedoch nicht, dass die Tätigkeit im Einzelfall nicht auch im Rahmen eines Arbeitsverhältnisses erbracht werden kann.[363]

Letzteres kommt vor allem dann in Betracht, wenn die Kindertagespflege im Haushalt der Erziehungsberechtigten geleistet wird. Teilweise bestehen jedoch auch Arbeitsverhältnisse im Rahmen von Großtagespflegestellen.

---

363. VGH Baden-Württemberg, 12.07.2017 – 12 S 102/15.

3.1 Abgrenzung Arbeitsverhältnis/ selbstständige Tätigkeit

Ob ein Arbeits- bzw. Beschäftigungsverhältnis vorliegt oder von einer selbstständigen Tätigkeit auszugehen ist, kann nur im jeweiligen Einzelfall ermittelt werden. Zur Orientierung dürften im Wesentlichen zwei Normen dienen, zum einen die Definition des Arbeitsvertrags gemäß § 611a BGB und zum anderen die Regelung des § 7 Abs. 1 SGB IV zur sozialversicherungsrechtlichen Einordnung. Zudem gibt es zahlreiche Entscheidungen der Arbeits- und Sozialgerichte, die zur Orientierung herangezogen werden können.

§ 7 Abs. 1 SGB IV bestimmt, dass Beschäftigung »die nichtselbständige Arbeit, insbesondere in einem Arbeitsverhältnis« ist und führt in Satz 2 dazu aus: »Anhaltspunkte für eine Beschäftigung sind eine Tätigkeit nach Weisungen und eine Eingliederung in die Arbeitsorganisation des Weisungsgebers.«

Die genannten Merkmale Weisungsgebundenheit und Eingliederung in die Arbeitsorganisation eines anderen sind die wesentlichen Merkmale eines Arbeitsverhältnisses. Daran knüpft im Grunde auch § 611a BGB an. Danach wird der Arbeitnehmer durch Arbeitsvertrag »im Dienste eines anderen zur Leistung weisungsgebundener, fremdbestimmter Arbeit in persönlicher Abhängigkeit verpflichtet. Das Weisungsrecht kann Inhalt, Durchführung, Zeit und Ort der Tätigkeit betreffen. Weisungsgebunden ist, wer nicht im Wesentlichen frei seine Tätigkeit gestalten und seine Arbeitszeit bestimmen kann.«

Tagespflegepersonen, die im Haushalt der Erziehungsberechtigten tätig sind, sind sehr häufig in die Organisation des Familienhaushalts eingebunden und dort an Weisungen der Erziehungsberechtigten gebunden. Deshalb dürfte diese Tätigkeit i.d.R. in einem Arbeitsverhältnis ausgeübt werden.

Pauschal lässt sich dies aber nicht für alle Fälle sagen. Es kommt vielmehr darauf an, wie das Betreuungsverhältnis im Einzelfall ausgestaltet ist.

In der Begründung eines Urteils des Bundessozialgerichts (BSG)[364] wird die Vorgehensweise bei einer Prüfung anschaulich beschrieben:

---

364. BSG, 18.11.2015 – B 12 KR 16/13 R.

- Zur Abgrenzung von abhängiger Beschäftigung und selbstständiger Tätigkeit ist regelmäßig vom Inhalt der zwischen den Beteiligten getroffenen Vereinbarungen auszugehen.
- Liegen schriftliche Vereinbarungen vor, ist – neben deren Vereinbarkeit mit zwingendem Recht – auch zu prüfen, ob mündliche oder konkludente Änderungen erfolgt sind. Diese sind ebenfalls nur maßgebend, soweit sie rechtlich zulässig sind.
- Schließlich ist auch die Ernsthaftigkeit der dokumentierten Vereinbarungen zu prüfen und auszuschließen, dass es sich hierbei um einen bloßen »Etikettenschwindel« handelt.
- Erst auf Grundlage der so getroffenen Feststellungen über den (wahren) Inhalt der Vereinbarungen ist eine wertende Zuordnung des Rechtsverhältnisses zum Typus der Beschäftigung oder selbstständigen Tätigkeit vorzunehmen und in einem weiteren Schritt zu prüfen, ob besondere Umstände vorliegen, die eine hiervon abweichende Beurteilung notwendig machen.

Auch § 611a BGB bestimmt, dass für die Feststellung, ob ein Arbeitsvertrag vorliegt, eine Gesamtbetrachtung aller Umstände vorzunehmen ist. Zeigt die tatsächliche Durchführung des Vertragsverhältnisses, dass es sich um ein Arbeitsverhältnis handelt, kommt es auf die Bezeichnung im Vertrag nicht an.

3.1.1 Kriterien für ein Arbeitsverhältnis

Grundlegendes Merkmal zur Abgrenzung von Arbeitsverhältnis und selbstständiger Tätigkeit ist die »persönliche Abhängigkeit« des Arbeitnehmers vom Arbeitgeber.

Der Unterschied zum selbstständigen Dienstverhältnis besteht darin, dass Arbeitnehmer Umfang, Inhalt und organisatorische Einbindung ihrer Arbeitsleistung nicht selbst bestimmen. Sie sind vielmehr in wesentlichen Bereichen ihrer Tätigkeit fremdbestimmt.

Folgende Merkmale deuten auf das Bestehen eines Arbeitsverhältnisses hin:

a) Weisungsgebundenheit

Werden Arbeitszeit, Arbeitsart und Arbeitsort vorgegeben, spricht dies i.d.R. für eine Weisungsgebundenheit.

Abstrakte Maßstäbe, die für alle Arbeitsverhältnisse gelten, bestehen allerdings nicht. Ein Merkmal kann u.U. auch aufgrund der Eigenart der zu leistenden Tätigkeit erfüllt sein, ohne dass insgesamt von einer Weisungsgebundenheit auszugehen ist.

Dies gilt in der Kindertagespflege insbesondere hinsichtlich der Betreuungszeiten.

Soweit eine Bindung an die üblichen Zeiten der Erwerbstätigkeit der Erziehungs- bzw. Personensorgeberechtigten der zu betreuenden Kinder besteht, liegt dies laut LAG[365] Niedersachsen in der Natur der Sache.

Auch die Abstimmung zwischen Erziehungsberechtigten und Tagespflegeperson ist für den Kindertagespflegebereich typisch.

Es ist jedoch zu unterscheiden, inwieweit Vorgaben der Erziehungsberechtigen in der Absicht erfolgen, die Handlungen der Tagespflegeperson konkret nach eigenen Wünschen und Vorstellungen zu bestimmen oder inwieweit sie lediglich auf die Besonderheiten der Entwicklungen oder des Tagesablaufs des zu betreuenden Kindes hinweisen.

Vorgaben, die den Entscheidungsspielraum der Tagespflegeperson stark einschränken, weisen auf eine abhängige Beschäftigung hin.

Das SG Aachen[366] hatte dementsprechend in einem Fall, in dem die Tagespflegeperson in vielen Bereichen (Ernährung, Süßigkeiten, Fernsehen, Computer, Video, Spielplatzbesuche) nur »in Absprache« mit den Eltern handeln durfte, das Vorliegen einer abhängigen Beschäftigung angenommen.

Das Bundesarbeitsgericht[367] hatte dagegen eine Weisungsgebundenheit einer Tagespflegeperson gegenüber dem Jugendhilfeträger abgelehnt, da die Tagespflegeperson bei der Gestaltung ihrer Tätigkeit lediglich die gesetzlichen Bestimmungen (u.a. des § 22 Abs. 2 u. 3 SGB VIII) und das Kindeswohl zu berücksichtigen hatte. Sie konnte selbst entscheiden, wie und zu welchen Zeiten sie arbeitet und welche Kinder sie aufnimmt und hatte sich die Räumlichkeiten für ihre Tätigkeit selbst ausgesucht. Laut BAG ergibt sich auch aus dem Erlaubnisvorbehalt des § 43 SGB VIII und der Möglichkeit, im Einzelfall Auflagen zu erteilen, keine Weisungsabhängigkeit im Sinne einer Arbeitnehmereigenschaft.

365. LAG Niedersachsen, 29.03.2017 – 13 Sa 399/16.
366. SG Aachen, 26.03.2014 – S 8 R 207/13.
367. BAG, 23.05.2018 – 5 AZR 263/17.

Hinweis

Entscheidend ist, wie viel Gestaltungsspielraum der Tagespflegeperson bei der Ausübung ihrer Tätigkeit bleibt. Kann sie die Tätigkeit in wesentlichen Punkten mitbestimmen oder muss sie sich vor allem nach Vorgaben anderer, z.B. der Eltern, richten?

b) Eingliederung in eine fremde Betriebsorganisation

Für dieses Kriterium ist entscheidend, wo sich der Arbeitsplatz der Tagespflegeperson befindet.

Arbeitet sie im Haushalt der Erziehungsberechtigten, wird sie häufig in den familiären »Betriebsablauf« eingliedert. Viele Eltern haben bei diesen Betreuungskonstellationen den Anspruch, dass das Familienleben auch während ihrer Abwesenheit weiterläuft wie bisher und sich die Tagespflegeperson an entsprechenden Vorgaben orientiert. In diesen Fällen dürfte davon auszugehen sein, dass die Tagespflegeperson in die Familienorganisation (bildlich gesprochen als Rädchen im Getriebe) eingegliedert ist.

Andererseits kann es auch Fälle geben, in denen die Tagespflegeperson keine besonderen Weisungen erhält, sondern ihr in Anerkennung als Fachkraft im Wesentlichen Entscheidungen über den Tagesablauf überlassen werden. Dies ließe auch Abweichungen vom sonstigen familiären Betriebsablauf zu.

Hinweis

Wie gestaltet sich das Betreuungsverhältnis? Muss die Tagespflegeperson sich am allgemeinen familiären Ablauf orientieren und diesen einhalten oder kann sie diesen selbst gestalten nach dem Motto: »Sie sind die Fachkraft, wir mischen uns nicht ein«?

c) Zurverfügungstellung der gesamten Arbeitskraft

Die persönliche Abhängigkeit wird umso deutlicher, je weniger Zeit für andere Tätigkeiten oder andere Auftraggeber bleibt. Ist eine Tagespflegeperson derart eingespannt, dass sie neben der Tätigkeit keine anderen Tätigkeiten ausüben bzw. keine weiteren Kinder betreuen kann, könnte dies auf ein Arbeitsverhältnis hindeuten.

Dieses Merkmal ist jedoch nicht allein maßgeblich; ist nicht zumindest auch von einer Weisungsgebundenheit und/oder der Eingliederung in eine fremde Arbeitsorganisation auszugehen, dürfte der Umstand, dass die

Arbeitskraft überwiegend einem Haushalt zur Verfügung gestellt wird, für sich allein genommen nicht für die Annahme eines Arbeitsverhältnisses ausreichen.

Andererseits spricht eine weitere Tätigkeit für einen anderen Haushalt für sich allein genommen nicht automatisch für eine selbstständige Tätigkeit. Grundsätzlich ist es auch möglich, zeitlich versetzt in zwei oder mehr Arbeitsverhältnissen tätig zu sein.

d) Ausführung sonstiger Arbeiten

Die Verpflichtung zur Ausführung sonstiger Arbeiten gehört im Grunde zur Weisungsgebundenheit.

In der Kindertagespflege spielt die Verpflichtung zur Ausführung sonstiger Arbeiten dann eine Rolle, wenn die Tagespflegeperson im Haushalt der Erziehungsberechtigten tätig ist.

Als Leistung schuldet eine Tagespflegeperson im Rahmen der Kindertagespflege grundsätzlich »nur« die Betreuung, Bildung und Erziehung der Kinder.

Zur Betreuung gehören u.U. – je nach Betreuungsumfang und Betreuungszeit – zwar auch bestimmte »Versorgerleistungen« wie die Essenszubereitung für die Kinder.

Nicht umfasst werden jedoch allgemeine Haushaltstätigkeiten (Putzen, Waschen, Bügeln, Kochen etc. für die ganze Familie), deren Übernahme allerdings von manchen Eltern als Arbeitsweisung vorgegeben wird. Die Grenzen zur – i.d.R. angestellten – Haushaltskraft werden fließend; in aller Regel wird in diesen Fällen von einem Arbeitsverhältnis auszugehen sein.

3.1.2 Kriterien für eine selbstständige Tätigkeit

Typisch für die selbstständige Tätigkeit ist die Möglichkeit, die Arbeitstätigkeit in Zeit, Umfang, Art und Ausübung im Wesentlichen selbst zu bestimmen.

Weisungsfreiheit

Weisungsfreiheit ist ein wichtiges Merkmal, wobei aber u.U. aufgrund der Eigenart der Tätigkeit Einschränkungen denkbar sind. Entscheidend ist, wie sich die Vertragspartner gegenüberstehen.

Hinweis

Bei einer selbstständigen Tätigkeit stehen sich die Vertragspartner auf gleichberechtigter Ebene gegenüber, während in einem Arbeitsverhältnis typischerweise eine Ober-/Unterordnungsfunktion erkennbar ist.

Eigene Betriebsstätte

Eine eigene Betriebsstätte lässt viele Möglichkeiten eigener Gestaltung.

Tagespflegepersonen, die die Tätigkeit in ihren Räumen ausüben, können sie nach ihren Vorstellungen einrichten und gestalten. Sie entscheiden über die Materialen (Einrichtungsgegenstände, Spielzeug, etc.), mit denen sie arbeiten und müssen nicht mit dem Vorlieb nehmen, was sie (z.B. im Haushalt der Erziehungsberechtigten) vorfinden. Dementsprechend groß ist der Gestaltungsspielraum, ein wichtiges Merkmal der selbstständigen Tätigkeit.

Dass die Tagespflegeperson nicht über eine eigene Betriebsstätte verfügte, war in der Entscheidung des SG Aachen[368] neben der Weisungsgebundenheit ein wesentliches Merkmal bei der Einstufung des Betreuungsverhältnisses als abhängige Beschäftigung.

Dagegen sprach die Tatsache, dass eine Vertretungstagespflegeperson, die als sogenannte Springerin tätig war, über eine Erlaubnis für ihre eigenen Räumlichkeiten verfügte und die Vertretung somit auch in der eigenen Betriebsstätte leisten konnte, laut SG Kiel[369] u.a. für die Einstufung als selbstständige Tätigkeit.

Hinweis

Arbeitet die Tagespflegeperson in ihrem Privathaushalt oder hat sie Räume angemietet, die sie selbst ausstattet und gestaltet, verfügt die Tagespflegeperson im o.g. Sinn über eine eigene Betriebsstätte.

Gestaltung des Arbeitsablaufs, Verfügung der Arbeitszeit

Diese beiden Merkmale gehören im Grunde zum Merkmal der Weisungsfreiheit.

368. SG Aachen, 26.03.2014 – S 8 R 207/13.
369. SG Kiel, 19.11.2018 – S 44 KR 123/17.

Selbstständig Tätigen ist es im Wesentlichen selbst überlassen, wie sie ihre Tätigkeiten ausüben und zu welchen Zeiten sie tätig sind.

In der Kindertagespflege wird dies insbesondere deutlich, wenn mehrere Kinder betreut werden und der Arbeitsablauf durch die Tagespflegeperson derart gestaltet werden muss, dass den Bedürfnissen aller Kinder gleichermaßen entsprochen werden kann.

In diesen Fällen muss die Tagespflegeperson selbst entscheiden können, wie sie ihren Arbeitsablauf gestaltet. Weisungen einzelner Eltern könnten ansonsten dazu führen, dass die Bedürfnisse der anderen Kinder nicht mehr in ausreichendem Maße berücksichtigt werden können.

Die freie Verfügung der Arbeitszeit bezieht sich zwar auch in der Kindertagespflege im Wesentlichen darauf, dass die Tagespflegeperson selbst entscheiden kann, zu welchen Zeiten sie tätig werden will. Meist sind die Zeiten jedoch von anderen Faktoren (insbesondere den Arbeits- und Wegezeiten der Erziehungsberechtigten) abhängig, sodass das Merkmal hauptsächlich bei der Entscheidung zum Tragen kommt, ob die Tagespflegeperson mit den Erziehungsberechtigten, die bestimmte Betreuungszeiten benötigen, eine Vereinbarung treffen will.

Kann sie diese Entscheidung selbst treffen, deutet dies auf eine selbstständige Tätigkeit hin.

Ist sie dagegen aufgrund von Vorgaben z.B. des Jugendhilfeträgers auf bestimmte Zeiten beschränkt, würde dies eher für die Annahme eines Arbeitsverhältnisses sprechen.

In der weiteren Gestaltung des Betreuungsverhältnisses kann die Selbstbestimmung der Arbeitszeit u.U. aufgrund besonderer Gegebenheiten (z.B. den Abholzeiten vom Kindergarten) zurücktreten. Auch hier ist von Bedeutung, dass die Tagespflegeperson zumindest noch mitentscheiden kann, ob sie zusätzliche oder abweichende Betreuungszeiten übernimmt.

Werden dagegen Überstunden – ähnlich wie in Arbeitsverhältnissen – quasi angeordnet, werden bzgl. der Annahme einer selbstständigen Tätigkeit entsprechende Zweifel aufkommen.

Mehrere Auftraggeber

Die Möglichkeit, uneingeschränkt für mehrere Auftraggeber tätig zu sein, ist ein wesentliches Merkmal der Selbstbestimmtheit.

Selbstständig Tätige können grundsätzlich selbst entscheiden, für wen sie tätig werden wollen. Wird diese Möglichkeit durch einen Vertragspartner eingeschränkt, kann dadurch eine größere persönliche Abhängigkeit entstehen, die wiederrum für die Annahme eines Arbeitsverhältnisses spricht.

Geschäftskosten und Unternehmerrisiko

Typisch für die selbstständige Tätigkeit ist unternehmerisches Handeln.

Einrichtung und Arbeitsmaterialien werden nicht von einem Arbeitgeber zur Verfügung gestellt, sondern müssen selbst organisiert werden. Die entstehenden Geschäftskosten sind entsprechend zu kalkulieren und aufzubringen und auch bei der Kalkulation der Honorare zu berücksichtigen.

Während Arbeitnehmer in Fällen von Urlaub und Krankheit durch Weiterzahlung ihres Arbeitsentgelts zumindest über bestimmte Zeiträume abgesichert sind, müssen selbstständig Tätige diese Ausfallzeiten mit einkalkulieren und für entsprechende Rücklagen sorgen oder – insbesondere für den Krankheitsfall – zusätzliche Versicherungen abschließen.

Da sie i.d.R. erforderliche Sozialversicherungsbeiträge allein tragen, sind sie auch in dieser Hinsicht finanziell im Vergleich zu den Arbeitnehmern stärker belastet.

In der Kindertagespflege ist das Unternehmerrisiko bei Zusammenarbeit mit einem Träger der öffentlichen Jugendhilfe – insbesondere im Hinblick auf die hälftige Erstattung der Sozialversicherungsbeiträge gemäß § 23 Abs. 2 SGB VIII – in aller Regel geringer.

Jugendhilfeträger, die die Geldleistung auch für betreuungsfreie Zeiten über einen bestimmten Zeitraum weitergewähren, mildern das unternehmerische Risiko zusätzlich ab. Es ist jedoch fraglich, welches Gewicht dem beizumessen ist.

Die Weitergewährung der Geldleistung für bestimmte betreuungsfreie Zeiten ist häufig dadurch bedingt, dass die Geldleistung zu niedrig ist, um davon Rücklagen für betreuungsfreie Zeiten bilden zu können. Die Weiterzahlung hat daher eine Anreizfunktion. Die Schaffung guter Rahmenbedingungen vor Ort liegt im Interesse des Jugendhilfeträgers und im Gestaltungsspielraum des § 23 Abs. 2a SGB VIII. Sie steigern die Attraktivität der Tätigkeit, da die Tagespflegepersonen eher zu einer Zusammenarbeit mit dem Jugendhilfeträger bereit sind und die Tätigkeit häufig auch über einen längeren Zeitraum ausüben. Die Weiterzahlung der Geldleistung für bestimmte betreuungsfreie Zeiten dürfte für sich betrachtet den Status einer selbstständig tätigen Tagespflegeperson nicht ohne Weiteres infrage stellen. Laut SG Kiel[370] entsprach die pauschale Vergütung und die Weiterzahlung der laufenden Geldleistung für bestimmte betreuungsfreie Zeiten dem Vergütungssystem des Jugendhilfeträgers vor Ort und führte daher auch bei der Vertretungstagespflegeperson, die als Springerin arbeitete, nicht zur Annahme einer abhängigen Beschäftigung.

Da Angebot und Nachfrage nach Betreuungsplätzen in Kindertagespflege regional sehr unterschiedlich und schwankend sein können und Eltern die Betreuungsformen z.T. kurzfristig wechseln, bleibt regelmäßig ein – wenn auch ggf. abgeschwächtes – Unternehmerrisiko auch für Tagespflegepersonen, die mit dem Jugendhilfeträger zusammenarbeiten.

Berechtigung zu eigener Werbung

Für das eigene Angebot werben zu können, ist häufig notwendiger Bestandteil unternehmerischer Tätigkeit.

Werbung erfolgt in der Kindertagespflege z.B. durch Anzeigen in Tageszeitungen, Aushänge in Kindergärten oder bei Kinderärzten, eine eigene Internetseite oder über die Aufnahme in Vermittlungsdatenbanken.

Diese Möglichkeit wird Tagespflegepersonen nur selten genommen. Verpflichtet ein Jugendhilfeträger die Tagespflegeperson jedoch, nur von ihm vermittelte Kinder in Kindertagespflege aufzunehmen, ist nicht nur die Berechtigung zu eigener Werbung, sondern die Tätigkeit an sich eingeschränkt. In diesem Fall dürfte die Annahme eines Arbeitsverhältnisses naheliegen.

3.1.3 Berufsgruppenkatalog der Spitzenverbände

Die Spitzenverbände der Sozialversicherungsträger veröffentlichen in regelmäßigen Abständen Besprechungsergebnisse und Verlautbarungen zu relevanten Themen der Sozialversicherung. Zur Abgrenzung zwischen abhängiger Beschäftigung und selbstständiger Tätigkeit gibt es z.B. einen Katalog bestimmter Berufsgruppen, der speziell eine Aussage zu Tagesmüttern enthält:

»Tagesmütter, die sich der häuslichen Beaufsichtigung und Betreuung von Kindern widmen, gehören grundsätzlich nicht zu den abhängig Beschäftigten. Die Übernahme der Betreuung der Kinder für Fremde ist regelmäßig nicht durch eine Weisungsabhängigkeit geprägt. Insbesondere die

370. SG Kiel, 19.11.2018 – S 44 KR 123/17.

Beaufsichtigung und Betreuung von Kindern im Haushalt der Eltern kann jedoch bei entsprechender Weisungsgebundenheit im Rahmen eines abhängigen Beschäftigungsverhältnisses erfolgen«.[371]

Der Berufsgruppenkatalog ist für die Gerichte nicht bindend. Entscheidend ist immer die Gesamtschau der Umstände des jeweiligen Einzelfalls.

Laut BSG[372] kann die Einstufung nicht allein anhand von Berufs- bzw. Tätigkeitskatalogen erfolgen, zumal bestimmte berufliche Tätigkeiten – wie z.B. auch die Kindertagespflegetätigkeit – sowohl in abhängiger Beschäftigung als auch im Rahmen einer selbstständigen Tätigkeit ausgeübt werden können und es daher für die Zuordnung insoweit auf die Gesamtschau der jeweiligen Umstände des Einzelfalls ankomme.

3.1.4 Einstufung im Einzelfall

Die Frage, ob von einem Arbeitsverhältnis auszugehen oder eine selbstständige Tätigkeit anzunehmen ist, stellt sich im Bereich der Kindertagespflege im Verhältnis Tagespflegeperson – Erziehungsberechtigte und im Verhältnis Tagespflegeperson – Jugendhilfeträger.

Verhältnis Tagespflegeperson – Erziehungsberechtigte

In rein privatrechtlichen Betreuungsverhältnissen, in denen die Tagespflegeperson ihr Entgelt direkt von den Erziehungsberechtigten der betreuten Kinder erhält, bestehen im Grunde keine Besonderheiten.

Anhand der Kriterien zur Abgrenzung ist in jedem Einzelfall zu klären, ob die Tagespflegeperson ihre Tätigkeit als selbstständige Tätigkeit ausübt oder ob sie bei den Erziehungsberechtigten der Kinder angestellt ist.

Zwar dürfte bei Tagespflegepersonen, die im Haushalt der Erziehungsberechtigten tätig sind, häufig von einem Arbeitsverhältnis auszugehen sein, während Tagespflegepersonen, die im eigenen Haushalt oder in angemieteten Räumen tätig sind, meist einer selbstständigen Tätigkeit nachgehen.

Es gilt aber in jedem Fall der Grundsatz: keine Regel ohne Ausnahme, d.h. es ist auch denkbar, dass die Tätigkeit im Haushalt der Erziehungsberechtigten z.B. wegen fehlender Weisungsgebundenheit als selbstständige Tätigkeit eingestuft wird und bei Tätigkeit im eigenen Haushalt wegen

---

371. Zuletzt im Katalog bestimmter Berufsgruppen zur Abgrenzung zwischen abhängiger Beschäftigung und selbständiger Tätigkeit vom 21.03.2019.

372. BSG, 18.11.2015 – B 12 KR 16/13 R.

umfangreicher Weisungsgebundenheit von einem Arbeitsverhältnis auszugehen ist.

Tätigkeit im eigenen Haushalt

Das Bundessozialgericht[373] hatte in einem Fall, in dem die Tagespflegeperson im eigenen Haushalt tätig war, das Bestehen eines Arbeitsverhältnisses angenommen.

Die Besonderheiten dieses Falles lagen darin, dass die Tagespflegeperson ausschließlich die beiden Kinder des Haushalts betreute und zwischen Kindesmutter und Tagespflegeperson keine besonderen Absprachen getroffen waren. Die Tagespflegeperson richtete ihre Betreuungstätigkeit vollkommen auf die Arbeitszeiten der Kindesmutter ein; wenn sie gebraucht wurde, stand sie zur Verfügung.

Dies war Anlass für das Gericht, aufgrund des umfangreichen Weisungsrechts der Kindesmutter auf eine persönliche Abhängigkeit der Tagespflegeperson zu schließen und das Bestehen eines Arbeitsverhältnisses anzunehmen.

Wegen der Besonderheiten des Falles ist diese Entscheidung aber nur bedingt auf andere Fälle übertragbar.

Die Folgerung, bei Tätigkeit für (nur) eine Familie grundsätzlich von einem Arbeitsverhältnis auszugehen, ist nicht zwingend. Es müssen vielmehr weitere Kriterien hinzukommen, um von einem Arbeitsverhältnis auszugehen.

In einer Vielzahl von Fällen, in denen Tagespflegepersonen Kinder im eigenen Haushalt betreuen, wird eher von einer selbstständigen Tätigkeit auszugehen sein, auch wenn dort ggf. nur Kinder aus einer Familie betreut werden.

Tätigkeit im Haushalt der Erziehungsberechtigten

Entscheidend für die Einstufung ist auch bei Tätigkeit im Haushalt der Erziehungsberechtigten letztlich die Gestaltung im Einzelfall.

Im Hinblick auf das Gesamtbild der Arbeitsleistung hatte das SG Aachen[374] bei der Tätigkeit im Haushalt der Erziehungsberechtigten ein Arbeitsverhältnis angenommen.

373. BSG, 17.02.1998 – Az.: B 2 U 3/97 R.
374. SG Aachen, 26.03.2014 – S 8 R 207/13.

Begründet wurde dies damit, dass die Tagespflegeperson zeitlich und organisatorisch in den Haushalt eingegliedert war und die Weisungen der Eltern zu befolgen hatte. Im entschiedenen Fall wurden der jeweilige Tagesablauf und die Tätigkeitsinhalte der Tagespflegeperson mit den Eltern abgesprochen. Die Eltern hatten zudem vertraglich zahlreiche Vorgaben zu bestimmten Bereichen gemacht, insbesondere zu Ernährung, Süßigkeiten, Fernsehen, Video, Computer, Spielplatzbesuch und dem Besuch von Freunden.

Der Tagespflegeperson blieb nur wenig eigener Entscheidungsspielraum. Über eine eigene Betriebsstätte verfügte sie nicht.

Unbeachtlich war laut SG Aachen, dass die Vermittlung des Betreuungsverhältnisses über den Jugendhilfeträger erfolgte und dieser die Vergütung auf der Grundlage von § 23 SGB VIII zahlte.

Auch das Fehlen eines vertraglichen Vergütungsanspruchs im Urlaubs- oder Krankheitsfall stellte laut SG Aachen kein Indiz für eine selbstständige Tätigkeit dar. Diese könne nicht durch einen freiwilligen Verzicht auf Leistungen begründet werden.

Der Umstand, dass die Tagespflegeperson bei ihrer Krankenkasse als Selbstständige versichert war, hatte nach Ansicht des Gerichts keine Bindungswirkung für den zu beurteilenden versicherungsrechtlichen Status.

Bei Würdigung des Gesamtbildes der Arbeitsleistung überwogen nach Auffassung des Gerichts die Merkmale einer abhängigen Beschäftigung.

Der vom SG Aachen entschiedene Fall wird wohl nicht als besonders gelagerter Einzelfall anzusehen sein, sondern dürfte eher den Regelfall einer Tätigkeit im Haushalt der Erziehungsberechtigten beschreiben.

Häufig werden in diesen Konstellationen die Merkmale einer abhängigen Beschäftigung überwiegen und daher vom Bestehen eines Arbeitsverhältnisses auszugehen sein.

Verhältnis Tagespflegeperson – Jugendhilfeträger

Auch im Verhältnis Tagespflegeperson – Jugendhilfeträger ist das Bestehen eines Arbeitsverhältnisses grundsätzlich denkbar.

Die Rechtsbeziehungen zwischen Tagespflegeperson und Jugendhilfeträger sind jedoch im Wesentlichen öffentlich-rechtlicher Natur; die Tätigkeit der Tagespflegeperson erfolgt nicht auf der Grundlage einer privatrechtlichen Vereinbarung mit dem Jugendhilfeträger.

Eine Weisungsabhängigkeit besteht im Regelfall nicht.

Je mehr Vorgaben und Einschränkungen der Jugendhilfeträger macht (insbesondere außerhalb der im SGB VIII geregelten konkreten Aufgaben), umso eher wird allerdings von einem Arbeitsverhältnis auszugehen sein.

Dies wäre z.B. der Fall, wenn der Jugendhilfeträger vorgibt, dass eine Tagespflegeperson bestimmte Zeiten zur Verfügung stehen soll (beispielsweise werktags in der Zeit von 8:00 Uhr bis 16:00 Uhr) und/oder bestimmt, dass nur Kinder aufgenommen werden, die über den Jugendhilfeträger selbst vermittelt werden. Diese Vorgaben schränken die unternehmerische Freiheit einer Tagespflegeperson ein. Kommen weitere arbeitnehmertypische Merkmale hinzu (z.B. Abstimmung der Urlaubszeit mit dem Jugendhilfeträger, Einreichung von Krankmeldungen, umfangreiche Berichtspflichten etc.), könnte ein Arbeitsverhältnis bestehen.

Bleibt der Tagespflegeperson dagegen ausreichend Gestaltungsspielraum, insbesondere den Ort der Tätigkeit, deren Dauer, Umfang und nähere Ausgestaltung sowie die Vertragspartner bzw. Kinder selbst zu bestimmen bzw. auszuwählen, überwiegen die Merkmale einer selbstständigen Tätigkeit.

Entscheidend ist immer die Gestaltung des Einzelfalles, wobei die Regel eher gegen die Annahme eines Arbeitsverhältnisses sprechen dürfte.

Dementsprechend hatte das LAG[375] Niedersachsen die Klage einer Tagespflegeperson gegen den Jugendhilfeträger auf Zahlung von Mutterschaftsleistungen abgewiesen. Das Gericht kam zu dem Ergebnis, dass Frauen, die als Tagespflegepersonen in der Kindestagespflege aufgrund einer entsprechenden Erlaubnis des Jugendhilfeträgers (§ 43 SGB VIII) bis zu 5 Kinder gleichzeitig in ihnen gehörenden oder von ihnen angemieteten Räumen betreuen, im Sinne des MuSchG regelmäßig weder in einem Arbeitsverhältnis noch in einem Beschäftigungsverhältnis als Heimarbeiterin zu dem jeweiligen Träger der Jugendhilfe stehen.

Das LAG hat eine umfangreiche Prüfung vorgenommen, das Bestehen eines Arbeitsverhältnisses abgelehnt und in der Urteilsbegründung folgende Argumente angeführt:

- Der Tagespflegeperson war vom Jugendhilfeträger inhaltlich kein Erziehungs- oder Betreuungskonzept vorgegeben. Sie »hatte bei Gestaltung der Betreuungsarbeit nur die gesetzlichen Bestimmungen (insbesondere § 22 Abs. 2 und 3 SGB VIII) und das Kindeswohl zu berücksichtigen«.

375. LAG Niedersachsen, 29.03.2017 – 13 Sa 399/16; bestätigt durch BAG, 23.05.2018 – 5 AZR 263/17.

- § 23 Abs. 2 und Abs. 2a SGB VIII und die Gesetzbegründung lassen erkennen, dass der Gesetzgeber grundsätzlich von einer selbstständigen Tätigkeit der Tagespflegeperson ausgeht. Dies ergibt sich zum einen aus § 23 Abs. 2 Satz 1 Nr. 1 und 2 SGB VIII, wonach die laufende Geldleistung einen Aufwendungsersatz für Betriebsausgaben und einen Anerkennungsbetrag für Erziehungsleistungen enthält. Zum anderen geht aus der Gesetzesbegründung zum Entwurf des KiföG hervor, dass die Absicherung für Krankheit und Pflegebedürftigkeit der Tagespflegeperson erforderlich sei, da Tagespflegepersonen aus ihrer Tätigkeit heraus nicht der Krankenversicherungspflicht unterliegen.
- Ein Weisungsrecht des Jugendhilfeträgers hinsichtlich des Arbeitsinhalts ergibt sich nicht aus § 23 Abs. 4 SGB VIII. Der Beratungsanspruch der Tagespflegeperson umfasst zwar neben der bloßen Information auch die fachliche Begleitung und Unterstützung durch das Jugendamt. Eine weisungsgebundene Einflussnahme des Jugendhilfeträgers auf die Durchführung der Kindertagespflege hatte die Tagespflegeperson jedoch nicht aufgezeigt.
- Soweit eine Bindung an die üblichen Zeiten der Erwerbstätigkeit der Erziehungs- bzw. Personensorgeberechtigten der zu betreuenden Kinder bestand, lag dies in der Natur der Sache. Die Tagespflegeperson hatte zudem die Möglichkeit, die Tagespflegekinder selbst auszuwählen und Einzelheiten z.B. zu den Betreuungszeiten im Betreuungsvertrag mit dem Erziehungsberechtigten zu regeln.
- Die Tagespflegeperson hatte die Räumlichkeiten, in denen sie tätig war, selbst ausgesucht. Diesbezügliche Anordnungen oder Weisungen beruhten auf öffentlich-rechtlichen Vorschriften und dienten der Abwehr von Gefahren für das Wohl der Kinder. Eine Weisungsbefugnis bzgl. des Orts der Tätigkeit bestand nicht.
- Die Tagespflegeperson war nicht in die Arbeitsorganisation des Jugendhilfeträgers eingebunden. Urlaubszeiten der Tagespflegeperson wurden nicht mit dem Jugendhilfeträger, sondern in Abstimmung mit den Erziehungsberechtigten der Kinder festgelegt. Eine Befugnis des Jugendhilfeträgers, der Tagespflegeperson Urlaub zu versagen, war nicht ersichtlich. Der Jugendhilfeträger erfasste weder die Arbeitszeiten der Tagespflegeperson noch fungierte ein Mitarbeiter des Jugendhilfeträgers als Vorgesetzter der Tagespflegeperson. Die Tagespflegeperson nutzte zudem auch keine Arbeitsmittel des Jugendhilfeträgers zur Ausübung ihrer Tätigkeit.

Die Entscheidung des LAG Niedersachsen wurde zwischenzeitlich durch das Bundesarbeitsgericht[376] bestätigt und die dagegen eingelegte Revision zurückgewiesen.

Dreiecksverhältnis Tagespflegeperson – Erziehungsberechtigte – Jugendhilfeträger

Bei Förderung von Kindern in Kindertagespflege gemäß §§ 23 f. SGB VIII besteht eine gewisse Schwierigkeit, den öffentlich-rechtlichen Bereich der Kinder- und Jugendhilfe mit dem privatrechtlichen Bereich der Vereinbarung zwischen Tagespflegeperson und Erziehungsberechtigten zu verbinden.

Grundsätzlich bestehen beide Bereiche nebeneinander, d.h. der Träger der öffentlichen Jugendhilfe handelt auf Grund der öffentlich-rechtlichen Bestimmungen des SGB VIII, während i.d.R. gleichzeitig eine privatrechtliche Vereinbarung zwischen Tagespflegepersonen und Erziehungsberechtigten getroffen wird.

Einstufungsprobleme können sich insbesondere dann ergeben, wenn zwischen Tagespflegeperson und Erziehungsberechtigten ein Arbeitsverhältnis besteht, tatsächlich aber von den Erziehungsberechtigten kein Arbeitsentgelt gezahlt wird, da der Jugendhilfeträger im Rahmen der Förderung eine Geldleistung an die Tagespflegeperson zahlt.

Es gab in der Vergangenheit unterschiedliche Ansichten darüber, wie diese Geldleistung im Rahmen eines bestehenden Arbeitsverhältnisses zwischen Tagespflegeperson und Erziehungsberechtigten einzustufen ist. Während die Geldleistung teilweise als Arbeitsentgelt eines Dritten i.S.d. § 14 SGB IV angesehen wurde, hegten andere an dieser Einstufung Zweifel, da die Geldleistung in § 23 SGB VIII eine gesetzliche Grundlage hat.

Auch die Spitzenverbände der Sozialversicherung (GKV-Spitzenverband, Deutsche Rentenversicherung Bund und Bundesagentur für Arbeit) hatten die Einstufung der Geldleistung als Arbeitsentgelt zunächst in Frage gestellt.

Diese Einschätzung wurde jedoch später korrigiert. Die Spitzenverbände sind stattdessen der Argumentation des Bundesministeriums für Familie, Senioren, Frauen und Jugend gefolgt und übereingekommen, die Geldleistung des Jugendhilfeträgers nach § 23 Abs. 2 Nr. 1 und 2 SGB VIII (Sachkostenaufwand und Anerkennungsbetrag) als Arbeitsentgelt gemäß

376. BAG, 23.05.2018 – 5 AZR 263/17.

§ 14 SGB IV zu werten, wenn auf der privatrechtlichen Ebene zwischen Eltern und Tagespflegeperson ein Arbeitsverhältnis besteht.[377]

Laut SG Aachen[378] war es für die Einstufung der Tätigkeit als Arbeitsverhältnis unbeachtlich, dass die Vergütung auf der Grundlage von § 23 SGB VIII erfolgte.

3.1.5 Statusfeststellungsverfahren

Bestehen Zweifel, ob es sich um eine Beschäftigung oder um eine selbstständige Tätigkeit handelt, empfiehlt es sich, bei der Clearingstelle der Deutschen Rentenversicherung Bund[379] ein Statusfeststellungsverfahren gemäß § 7a SGB IV zu beantragen.

Den Antrag können sowohl Arbeitgeber als auch Selbstständige bzw. Arbeitnehmer/innen stellen.

Kommt die Clearingstelle zu dem Ergebnis, dass ein versicherungspflichtiges Beschäftigungsverhältnis vorliegt, tritt die Versicherungspflicht rückwirkend oder unter bestimmten Voraussetzungen auch erst mit der Bekanntgabe der Entscheidung ein.

Der im Verfahren ermittelte Sozialversicherungsstatus ist verbindlich für alle Zweige der Sozialversicherung.

Auf diese Weise ist es möglich, Sozialversicherungsabgaben korrekt abzuführen und spätere Nachforderungen zu vermeiden.

377. Besprechungsergebnis der Spitzenverbände vom 13.03.2013: »Beitragsrechtliche Beurteilung der Geldleistung zur Förderung in Kindertagespflege nach § 23 SGB VIII an Tagespflegepersonen (›Tagesmütter‹)«.
378. SG Aachen, 26.03.2014 – S 8 R 207/13.
379. https://www.clearingstelle.de/statusfeststellungsverfahren.html (Stand: 10.01.2020).

3.2 Sozialversicherung im Arbeitsverhältnis

In Arbeitsverhältnissen besteht i.d.R. Sozialversicherungspflicht, d.h. es sind Beiträge zur Arbeitslosen-, Renten-, Kranken-, Pflege- und Unfallversicherung zu zahlen.

3.2.1 Sozialversicherungspflichtiges Arbeitsverhältnis

Steht die Tagespflegeperson in einem Arbeitsverhältnis, besteht Sozialversicherungspflicht, wenn die Tätigkeit mehr als geringfügig ausgeübt wird bzw. die Voraussetzungen einer versicherungsfreien geringfügigen Beschäftigung nicht vorliegen.

Beitragspflichtig sind in der Regel Arbeitgeber und Arbeitnehmer; die Abführung der Sozialversicherungsbeiträge erfolgt regelmäßig durch die Arbeitgeber. Diese behalten die Beiträge vom vereinbarten Arbeitslohn ein und führen sie an die sogenannte Einzugsstelle (Krankenkasse) ab. Von dort werden die einzelnen Beiträge an die anderen Sozialversicherungsträger (Rentenversicherung, Arbeitslosenversicherung) weitergeleitet.

Folgende Regelungen sind dabei zu beachten:

Arbeitslosenversicherung (SGB III)

Die Versicherungspflicht im Arbeitsverhältnis ergibt sich aus § 25 Abs. 1 SGB III.

Die Beiträge liegen im Jahr 2020 bei 2,4 % der beitragspflichtigen Einnahmen (i.d.R. des Arbeitsentgelts); sie sind je zur Hälfte von Tagespflegeperson und Arbeitgeber zu tragen.

Einzugsstelle der Arbeitslosenversicherungsbeiträge ist die Krankenkasse der Tagespflegeperson.

Krankenversicherung (SGB V)

Die Versicherungspflicht im Arbeitsverhältnis ergibt sich aus § 5 Abs. 1 SGB V.

Die Beiträge liegen im Jahr 2020 bei 14,6 % der beitragspflichtigen Einnahmen (i.d.R. des Arbeitsentgelts). Sie werden je zur Hälfte von Tagespflegeperson und Arbeitgeber getragen.

Darüber hinaus können die Krankenkassen einen einkommensabhängigen Zusatzbeitrag erheben, der ebenfalls hälftig von Arbeitgeber und Tagespflegeperson zu tragen ist. Die Höhe des Zusatzbeitrags ist – je nach Krankenkasse – unterschiedlich.

Einzugsstelle der Krankenkassenbeiträge ist die Krankenkasse der Tagespflegeperson.

Pflegeversicherung (SGB XI)

In der Pflegeversicherung ergeben sich Versicherungspflicht und Versicherungsfreiheit aus § 20 SGB XI, der eine direkte Bezugnahme zur Krankenversicherung herstellt.

Die Beiträge liegen im Jahr 2020 bei 3,05 % der beitragspflichtigen Einnahmen und werden zur Hälfte von Tagespflegeperson und Arbeitgeber getragen; für Personen, die keine Kinder haben, wird ab Vollendung des 23. Lebensjahres ein Beitragszuschlag in Höhe von 0,25 % erhoben; dieser Zuschlag ist allein von der Tagespflegeperson zu tragen.

Einzugsstelle für die Pflegeversicherungsbeiträge ist die Krankenkasse der Tagespflegeperson.

Rentenversicherung (SGB VI)

Die Versicherungspflicht im Arbeitsverhältnis ergibt sich aus § 1 Abs. 1 SGB VI.

Die Beiträge liegen im Jahr 2020 bei 18,6 % der beitragspflichtigen Einnahmen (i.d.R. des Arbeitsentgelts).

Die Beiträge werden je zur Hälfte von Tagespflegeperson und Arbeitgeber getragen.

Unfallversicherung (SGB VII)

Die Versicherungspflicht im Arbeitsverhältnis besteht allgemein gemäß § 2 Abs. 1 Nr. 1 SGB VII. In dieser Versicherung besteht keine Beitragsfreiheit bei geringfügiger Beschäftigung.

Die Beiträge sind in der Höhe, die per Satzung des Unfallversicherungsträgers bestimmt wird, vom Arbeitgeber allein zu zahlen.

Zuständige Unfallversicherungsträger für Beschäftigungsverhältnisse im Privathaushalt sind die Unfallkassen.

3.2.2 Gleitzonenregelung/Übergangsbereich (Midijob)

Für Tagespflegepersonen, deren monatliches Arbeitsentgelt regelmäßig oberhalb der Geringfügigkeitsgrenze von 450 €, aber nicht oberhalb von 1.300 € liegt, ermäßigen sich die Sozialversicherungsbeiträge; die Beiträge staffeln sich in Abhängigkeit von der Höhe des Arbeitsentgelts.

Dabei werden Verdienste aus mehreren versicherungspflichtigen Beschäftigungen zusammengerechnet; übersteigt der Gesamtverdienst 1.300 €, sind Beiträge in regulärer Höhe zu zahlen.

Mit dem »RV-Leistungsverbesserungs- und -Stabilisierungsgesetz« wurde die bisherige »Gleitzone« zu einem sozialversicherungsrechtlichen »Übergangsbereich« weiterentwickelt. In diesem Rahmen wurde zum einen die Obergrenze von ursprünglich 850 € auf 1.300 € monatlich angehoben. Zum anderen wurde sichergestellt, dass die reduzierten Rentenversicherungsbeiträge nicht mehr zu geringeren Rentenleistungen führen. Die Entgeltpunkte für Beitragszeiten aus einer Beschäftigung im sogenannten Übergangsbereich werden deshalb nicht mehr (wie bisher in der »Gleitzone«) aus einem fiktiven Arbeitsentgelt, sondern aus dem tatsächlichen Arbeitsentgelt ermittelt.

Auf die Beitragshöhe der Arbeitgeber hat die Regelung keine Auswirkung; Arbeitgeber zahlen in diesem Übergangsbereich die Hälfte der »normalen« Sozialversicherungsbeiträge.

Hinweis

Die gesetzliche Rentenversicherung und einige gesetzliche Krankenkassen stellen auf ihren Internetseiten Übergangsbereichsrechner zur konkreten Berechnung der Beiträge zur Verfügung.

3.2.3 Geringfügige Beschäftigung (Minijob)

Arbeitsverhältnisse sind sozialversicherungsfrei, wenn es sich um geringfügige Beschäftigungsverhältnisse i.S.d. §§ 8, 8a SGB IV handelt.

In der Rentenversicherung besteht im Bereich dieser sogenannten Minijobs seit 2013 jedoch in aller Regel Versicherungspflicht. Minijobber können sich aber von der Rentenversicherungspflicht befreien lassen.

Hinweis zur Krankenversicherung

Zwar werden für Mitglieder der gesetzlichen Krankenversicherung (z.B. für Familienversicherte) seitens der Arbeitgeber Pauschalbeiträge abgeführt. Daraus ergibt sich jedoch weder ein Versicherungspflichtverhältnis noch eine Leistungsverpflichtung der Krankenkasse.

Geringfügig entlohnte Beschäftigung

Ein geringfügig entlohntes Beschäftigungsverhältnis liegt vor, »wenn das Arbeitsentgelt aus dieser Beschäftigung regelmäßig im Monat 450 € nicht übersteigt« (§ 8 Abs. 1 Nr. 1 SGB IV).

Als Arbeitsentgelt gelten grundsätzlich alle laufenden oder einmaligen Einnahmen aus der Beschäftigung.

Die Zuzahlung extra ausgewiesener pauschalierter Essensgelder oder eines pauschalierten Aufwendungsersatzes seitens der Arbeitgeber ist daher i.d.R. als Arbeitsentgelt zu werten und bei der Berechnung der 450-€-Grenze zu berücksichtigen.

Von einem sozialversicherungsfreien Auslagenersatz kann nur ausgegangen werden, wenn die Ausgaben für Rechnung der Arbeitgeber gemacht und die Ausgaben im Einzelnen abrechnet werden.

Beispiel

Eine Tagespflegeperson geht im Auftrag der Eltern mit den Kindern einkaufen und erhält den verauslagten Betrag, der sich aus dem Kaufhausbeleg ergibt, erstattet. In diesem Fall handelt es sich um reinen Auslagenersatz, der nicht als Arbeitsentgelt anzusehen ist.

Einmalige Einnahmen, die mit hinreichender Sicherheit einmal jährlich zu erwarten sind, sind dem regelmäßigen Arbeitsentgelt anteilig hinzuzurechnen. Dies betrifft beispielsweise vereinbartes Urlaubs- oder Weihnachtsgeld.

Geringfügigkeitsgrenze

Bei der Prüfung, ob die 450-€-Grenze überschritten wird, ist zunächst vom regelmäßigen Arbeitsentgelt auszugehen.

Die Ermittlung des regelmäßigen Arbeitsentgelts erfolgt abhängig von der Anzahl der Monate im Jahr, für die die Beschäftigung besteht.

Besteht das Beschäftigungsverhältnis beispielsweise an durchgehend 12 Monaten des Jahres, darf die Höhe des Arbeitsentgelts 5.400 € im Jahr (12 × 450 €) nicht überschreiten.

Steht bereits zu Beginn der Beschäftigung fest, dass diese nicht durchgehend für mindestens 12 Monate besteht, ist die zulässige Arbeitsentgeltgrenze für den Gesamtzeitraum entsprechend zu reduzieren.

Beispiel

Die Beschäftigung besteht von März bis Dezember; die Arbeitsentgeltgrenze liegt für diesen Zeitraum bei 4.500 € (= 10 × 450 €)

Überschreitet das monatliche Arbeitsentgelt die 450-€-Grenze, ist zu klären, ob die Geringfügigkeitsgrenze regelmäßig im Monat oder nur gelegentlich überschritten wird. Die Beurteilung erfolgt im Wege einer vorausschauenden Betrachtung, zunächst bei Beginn der Beschäftigung und bei jeder Veränderung der Verhältnisse (Erhöhung oder Reduzierung des Arbeitsentgelts), die bei der bisherigen Prognose nicht berücksichtigt wurde und nur gelegentlich und nicht vorhersehbar ist.[380]

Bei unvorhersehbar schwankender Höhe des Arbeitsentgelts und in den Fällen, in denen im Rahmen einer Dauerbeschäftigung saisonbedingt vorhersehbar unterschiedliche Arbeitsentgelte erzielt werden, ist der regelmäßige Betrag durch Schätzung bzw. durch eine Durchschnittsberechnung zu ermitteln.[381]

Werden aufgrund eines unvorhersehbaren Jahresverlaufs in einzelnen Monaten Arbeitsentgelte von mehr als 450 € erzielt, ist trotzdem von einer geringfügigen Beschäftigung auszugehen, wenn die jährliche Arbeitsentgeltgrenze von 5.400 € nicht überschritten wird.

Letzteres gilt allerdings nicht, wenn nicht mehr von einer einheitlichen geringfügigen Beschäftigung ausgegangen werden kann. Starke Schwankungen in der Arbeitszeit können den Charakter der Beschäftigung verändern. Dies ist beispielsweise der Fall, wenn eine in wenigen Monaten eines Jahres ausgeübte Vollzeitbeschäftigung nur deshalb als geringfügig entlohnt angesehen würde, weil Arbeitszeit und Arbeitsentgelt in den übrigen Monaten des Jahres soweit reduziert werden, dass das Jahresarbeitsentgelt in Höhe von 5.400 € nicht überschritten wird. In diesen Fällen liegt in den

380. Geringfügigkeits-Richtlinien der Spitzenverbände vom 28.11.2018, S. 33.
381. Geringfügigkeits-Richtlinien der Spitzenverbände vom 28.11.2018, S. 35.

Monaten des Überschreitens der Arbeitsentgeltgrenze keine geringfügig entlohnte Beschäftigung vor.[382]

Kurzfristige Beschäftigung

Bei der sogenannten kurzfristigen Beschäftigung, die längstens drei Monate im Jahr oder an höchstens 70 Arbeitstagen im Jahr ausgeübt wird, handelt es sich um eine Variante der geringfügigen Beschäftigung (§ 8 Abs. 1 Nr. 2 SGB IV).

Voraussetzung für die Annahme einer kurzfristigen Beschäftigung ist, dass die Beschäftigung entweder vertraglich oder nach der Art des Beschäftigungsverhältnisses begrenzt angelegt ist und nicht berufsmäßig ausgeübt wird.

In der Kindertagespflege wäre zwar u.U. an eine kurzfristige Beschäftigung im o.g. Sinn zu denken, wenn eine Vertretungskraft in diesem sehr geringfügigen Umfang eingesetzt wird.

In der Regel wird jedoch aufgrund der ständigen Wiederholungen von einer Berufsmäßigkeit auszugehen sein, sodass diese Regelung im Bereich der Kindertagespflege nicht greifen dürfte.

Minijob und Hauptbeschäftigung

Übt die Tagespflegeperson zusätzlich zur ihrer geringfügigen Beschäftigung als Tagespflegeperson eine versicherungspflichtige Hauptbeschäftigung (z.B. im Büro, in einer Tageseinrichtung) aus, bleibt eine geringfügige Beschäftigung versicherungsfrei; die geringfügige Beschäftigung wird also nicht mit der versicherungspflichtigen Beschäftigung zusammengerechnet.

Dies gilt jedoch nur für die (zeitlich) erste geringfügige Beschäftigung.

Werden daneben weitere Minijobs ausgeübt, werden diese mit der Hauptbeschäftigung zusammengerechnet. Für diese weiteren Minijobs müssen Sozialversicherungsbeiträge abgeführt werden.

Beispiel

Eine Tagespflegeperson arbeitet als angestellte Erzieherin vormittags in einer Kindertageseinrichtung. Ab Januar betreut sie im Rahmen eines Minijobs ein Kind an zwei Nachmittagen in der Woche und erhält dafür von den Erziehungsberechtigten ein Arbeitsentgelt in Höhe von 330 €.

---

382. Geringfügigkeits-Richtlinien der Spitzenverbände vom 28.11.2018, S. 35.

Ab März wird ihr in einem kommerziellen Fitnesscenter eine weitere geringfügige Beschäftigung angeboten, für die sie 120 € monatlich erhalten soll. In diesem Fall ist nur der zeitlich erste Minijob sozialversicherungsfrei; für den zweiten Minijob im Fitnesscenter wären dagegen Sozialversicherungsbeiträge abzuführen.

Mehrere geringfügige Beschäftigungen ohne Hauptbeschäftigung

Die Arbeitsentgelte aus mehreren geringfügig entlohnten Beschäftigungen werden zusammengerechnet.

Wird daneben keine Hauptbeschäftigung ausgeübt, sind alle Minijobs – von der Rentenversicherung abgesehen – sozialversicherungsfrei, wenn die Arbeitsentgelte aus allen Minijobs die Geringfügigkeitsgrenze in Höhe von 450 € nicht übersteigen. Wird die Geringfügigkeitsgrenze bei Zusammenrechnung der Entgelte überschritten, werden alle Beschäftigungen sozialversicherungspflichtig.

Beispiel

Eine Tagespflegeperson arbeitet in zwei verschiedenen Familien im Rahmen von Minijobs. Von Familie A erhält sie 300 €, von Familie B 150 €. Beide Minijobs sind – wenn daneben keine sozialversicherungspflichtige Beschäftigung ausgeübt und die Befreiung von der Rentenversicherungspflicht beantragt wurde – sozialversicherungsfrei. Würde eine der Familien das Arbeitsentgelt erhöhen oder die Tagespflegeperson einen weiteren Minijob aufnehmen, würde die Geringfügigkeitsgrenze überschritten mit der Folge, dass in allen Beschäftigungsverhältnissen Versicherungspflicht eintritt.

Die Versicherungspflicht tritt im Regelfall erst mit Bekanntgabe der Feststellung durch die Einzugsstelle (Minijobzentrale) oder einen Träger der Rentenversicherung ein.

Dies gilt allerdings nicht, wenn der Arbeitgeber vorsätzlich oder grob fahrlässig versäumt hat, den Sachverhalt für die versicherungsrechtliche Beurteilung der Beschäftigung aufzuklären.

Sozialversicherungsbeiträge der Arbeitgeber im Minijob

Minijobs sind zwar unter den genannten Voraussetzungen sozialversicherungsfrei; sie sind jedoch nicht beitragsfrei. Vielmehr müssen die Arbeitgeber bestimmte Pauschalbeiträge abführen.

Minijobs sind bei der Minijobzentrale (Knappschaft Bahn See) anzumelden; die Meldung ist grundsätzlich Aufgabe der Arbeitgeber.

a) Gewerbliche Minijobs

Für Arbeitnehmer/innen in geringfügigen Beschäftigungsverhältnissen i.S.d. § 8 SGB IV, die versicherungsfrei bzw. nicht versicherungspflichtig sind, tragen die Arbeitgeber einen Beitragsanteil in Höhe von 15 % des Arbeitsentgelts zur gesetzlichen Rentenversicherung und in Höhe von 13 % des Arbeitsentgelts zur gesetzlichen Krankenversicherung. Der Pauschalbeitrag zur Krankenversicherung ist nur zu zahlen, wenn die Beschäftigten Mitglied der gesetzlichen Krankenversicherung sind.

Abzuführen sind außerdem die Umlage U 1[383] in Höhe von 0,9 % des Arbeitsentgelts, die Umlage U 2[384] in Höhe von 0,19 % des Arbeitsentgelts sowie die Insolvenzgeldumlage in Höhe von 0,06 % des Arbeitsentgelts.

Diese Beiträge werden von der Minijobzentrale eingezogen.

Zudem hat der Arbeitgeber einen Beitrag an den zuständigen Unfallversicherungsträger zu zahlen.

Die Arbeitnehmer/innen tragen – falls keine Befreiung von der Versicherungspflicht beantragt wurde – einen Beitrag zur Rentenversicherung in Höhe von 3,6%,[385] der vom Arbeitsentgelt einbehalten und zusammen mit den o.g. Pauschalbeiträgen vom Arbeitgeber an die Minijobzentrale abgeführt wird.

Diese Regelungen gelten z.B. in den Fällen, in denen die Tagespflegeperson im Rahmen eines Minijobs als Vertretungskraft einer Großtagespflegestelle angestellt ist oder die Tagespflegeperson selbst Personen im Rahmen eines Minijobs für unterstützende Tätigkeiten der Kindertagespflege (z.B. als Reinigungskraft, Küchenkraft, Bürokraft o.ä.) beschäftigt.

---

383. Zum Ausgleich der Aufwendungen des Arbeitgebers bei Krankheit des Minijobbers; nur zu zahlen, wenn die Beschäftigung länger als vier Wochen dauert.
384. Zum Ausgleich der Aufwendungen des Arbeitgebers bei Schwangerschaft/Mutterschaft, auch zu zahlen für männliche Minijobber.
385. Als Differenz zum vollen Pflichtbeitrag von 18,6 % (ausgehend von mindestens 175 €), abzuführen vom Arbeitgeber.

Wird die Kindertagespflegetätigkeit dagegen in einem Privathaushalt ausgeübt, gelten abweichende Beitragssätze. Ein Minijob im Privathaushalt liegt vor, wenn die Tagepflegeperson im Haushalt der Erziehungsberechtigten arbeitet und dort auf Minijobbasis angestellt ist.

Hinweis

Beschäftigt eine Tagespflegeperson einen Minijobber sowohl für ihren Privathaushalt als auch im Rahmen ihrer freiberuflichen Tätigkeit in der Kindertagespflege, ist im Regelfall von einem einheitlichen Beschäftigungsverhältnis auszugehen.
Da das Beschäftigungsverhältnis in diesem Fall nicht ausschließlich durch den Privathaushalt begründet wird, liegt kein Minijob im Privathaushalt vor!

b) Minijobs im Privathaushalt

Für geringfügig Beschäftigte in Privathaushalten i.S.d. § 8a SGB IV sind die Pauschalbeiträge zur Renten- und Krankenversicherung ermäßigt. Sie betragen lediglich jeweils 5 % des Arbeitsentgelts.

Der Beitrag zur gesetzlichen Unfallversicherung in Höhe von 1,6 % wird bei Minijobs im Privathaushalt von der Minijobzentrale eingezogen und an den zuständigen Träger weitergeleitet. Die Insolvenzgeldumlage fällt in Privathaushalten nicht an (§ 358 Abs. 1 SGB III).

Die Arbeitnehmer/innen tragen – falls keine Befreiung von der Versicherungspflicht beantragt wurde – einen Beitrag zur Rentenversicherung in Höhe von 13,6 %,[386] der vom Arbeitsentgelt einbehalten und zusammen mit den o.g. Pauschalbeiträgen vom Arbeitgeber an die Minijobzentrale abgeführt wird.

386. Als Differenz zum vollen Pflichtbeitrag von 18,6 % (ausgehend von mindestens 175 €), abzuführen vom Arbeitgeber.

Beispiel: Versicherungsbeiträge im Minijob (Privathaushalt) bei einem Arbeitsentgelt in Höhe von 450 € monatlich

Pauschalbeitrag zu gesetzlichen Rentenversicherung (5 %)	22,50 €
Arbeitnehmerbeitrag zur gesetzlichen Rentenversicherung (13,6 %)	61,20 €
Pauschalbeitrag zur gesetzlichen Krankenversicherung (5 %)	22,50 €
Beitrag zur gesetzlichen Unfallversicherung (1,6 %)	7,20 €
Umlage U 1 (0,9 %)	4,05 €
Umlage U 2 (0,19 %)	0,86 €
Beiträge, abzuführen insgesamt[387]	118,31 €

Bei Minijobs im Privathaushalt erfolgen die Meldungen durch den Arbeitgeber im Rahmen des sogenannten Haushaltsscheckverfahrens.

Für Privathaushalte vergibt die Minijobzentrale eine Betriebsnummer – sofern noch nicht vorhanden – automatisch bei Anmeldung durch den Haushaltsscheck.

Die Minijobzentrale berechnet den Gesamtsozialversicherungsbeitrag und zieht diesen im Wege des Lastschriftverfahrens vom Arbeitgeber ein.

Die Sozialversicherungsbeiträge sind im Rahmen des Haushaltsscheckverfahrens nur zwei Mal im Jahr fällig.

Die Beiträge für das Arbeitsentgelt, das in den Monaten Januar bis Juni erzielt wurde, werden am 31. Juli des laufenden Jahres fällig.

Die Beiträge für das in den Monaten Juli bis Dezember erzielte Arbeitsentgelt sind am 31. Januar des folgenden Jahres fällig.

Befreiung von der Versicherungspflicht

Ist die Versicherungspflicht in der gesetzlichen Rentenversicherung nicht gewünscht, können die Arbeitnehmer/innen die Befreiung von der Versicherungspflicht beantragen. Hierzu reicht eine schriftliche Mitteilung gegenüber dem Arbeitgeber.

Arbeitgeber gewerblicher Minijobs sind verpflichtet, der Minijob-Zentrale die Befreiung innerhalb von sechs Wochen zu melden.

387. Ggf. zzgl. der Pauschsteuer in Höhe von 2 %.

Arbeitgeber von Minijobs in Privathaushalten erklären die Befreiung von der Rentenversicherungspflicht auf dem Haushaltsscheck.

Die Befreiung von der Versicherungspflicht entbindet nur die Arbeitnehmer/innen von der Beitragspflicht.

Arbeitgeber zahlen weiterhin den Pauschalbeitrag (bei Minijobs im Privathaushalt 5 %, ansonsten 15 % des Arbeitsentgelts).

Werden mehrere geringfügig entlohnte Beschäftigungen nebeneinander ausgeübt, werden alle einheitlich von der Rentenversicherungspflicht befreit.

Die Befreiung gilt für die Dauer aller zum Zeitpunkt der Befreiung bestehenden und danach aufgenommenen Beschäftigungsverhältnisse. Sie endet erst, wenn kein Minijob mehr besteht.

Ob die Befreiung von der Versicherungspflicht im Einzelfall sinnvoll ist, lässt sich nicht pauschal beurteilen. Dies hängt u.a. von dem bisherigen Versicherungsverlauf in der gesetzlichen Rentenversicherung ab.

Hinweis

Vor Beantragung der Rentenversicherungsfreiheit empfiehlt sich eine Beratung durch den zuständigen Rentenversicherungsträger.

Arbeitsrecht

Geringfügige Beschäftigungen sind Arbeitsverhältnisse, daher gelten für sie die allgemeinen arbeitsrechtlichen Bestimmungen.

Tagespflegepersonen im Minijob haben daher Anspruch auf bezahlten Urlaub und Anspruch auf Entgeltfortzahlung im Krankheitsfall; im Falle einer Schwangerschaft gelten die Regelungen des Mutterschutzgesetzes.

Auch im Minijob gilt das Mindestlohngesetz (MiLoG), d.h. es gilt ein Mindestlohn in Höhe von 9,35 €[388] pro Zeitstunde, und zwar auch für Privathaushalte.

Während gewerbliche Arbeitgeber gemäß § 17 MiLoG Aufzeichnungen führen müssen, besteht für Minijobs in Privathaushalten keine Aufzeichnungspflicht nach dem Mindestlohngesetz.

388. Stand: 2020.

Hinweis

Die Minijobzentrale stellt auf ihrer Internetseite www.minijob-zentrale.de umfangreiche Informationen, Broschüren sowie die erforderlichen Formulare bereit.

3.2.4 Feststellung der Arbeitnehmereigenschaft

Sind die Vertragsparteien zunächst von einer selbstständigen Tätigkeit ausgegangen und stellt sich später heraus, dass ein Arbeitsverhältnis vorliegt, müssen die Sozialversicherungsbeiträge i.d.R. rückwirkend ab Beginn des Beschäftigungsverhältnisses nachentrichtet werden.

Rückwirkende Beiträge zur Sozialversicherung

Die Arbeitgeber sind gemäß § 28 e Abs. 1 SGB IV Schuldner der Sozialversicherungsbeiträge einschließlich des Arbeitnehmeranteils.

Die Nachentrichtungsansprüche verjähren gemäß § 25 Abs. 1 S. 1 SGB IV erst in vier Jahren nach Ablauf des Kalenderjahres, in dem sie fällig geworden sind.

Werden die Beiträge vorsätzlich vorenthaltenen, beträgt die Verjährungsfrist 30 Jahre.

Zwar können die Arbeitgeber von den nachentrichteten Beträgen den auf die angestellte Tagespflegeperson entfallenden Anteil des Gesamtsozialversicherungsbeitrages von dieser zurückverlangen, sofern nicht eine Netto-Lohnabrede besteht.

Dieser Anspruch kann aber nur durch Abzug vom Arbeitsentgelt der Tagespflegeperson geltend gemacht werden.

Der Abzug darf nur bei den nächsten drei Entgeltzahlungen nachgeholt werden, danach nur dann, wenn der Abzug ohne Verschulden des Arbeitgebers unterblieben ist

Darüber hinaus haben Arbeitgeber nur eine Rückgriffmöglichkeit, wenn die angestellte Tagespflegeperson ihrer Pflicht, die zur Durchführung des Meldeverfahrens und der Beitragszahlung erforderlichen Angaben zu machen und entsprechende Unterlagen vorzulegen, vorsätzlich oder grob fahrlässig nicht nachgekommen ist.

Hinweis

Die inkorrekte Handhabung bzw. fehlende Anmeldung der Arbeitsverhältnisse geht zwar vor allem zu Lasten der Arbeitgeber. Eine korrekte Handhabung dürfte jedoch auch im Interesse der Tagespflegeperson liegen.

Sonderregelung für Minijobs

Im Rahmen von geringfügigen Beschäftigungsverhältnissen (Minijobs) gelten abweichende Bestimmungen:

Stellt die Minijobzentrale (Knappschaft Bahn See) im Nachhinein fest (z.B. durch Zusammenrechnung von mehreren Beschäftigungen), dass Versicherungspflicht besteht, tritt die Versicherungspflicht erst mit Bekanntgabe dieser Feststellung durch die Minijobzentrale oder durch einen Rentenversicherungsträger ein.

Hat der Arbeitgeber allerdings vorsätzlich oder grob fahrlässig versäumt, den Sachverhalt für die versicherungsrechtliche Beurteilung der Beschäftigung aufzuklären, kann der Eintritt der Versicherungspflicht auch rückwirkend festgestellt werden.

Regelung bei Statusfeststellungsverfahren

Wurde ein Statusfeststellungsverfahren i.S.d. § 7a SGB IV beantragt und kommt die Clearingstelle der Deutschen Rentenversicherung zu dem Ergebnis, dass ein versicherungspflichtiges Beschäftigungsverhältnis vorliegt, tritt die Versicherungspflicht unter bestimmten Voraussetzungen erst mit Bekanntgabe der Entscheidung ein.

Die Voraussetzungen dafür sind:

- der Antrag wurde innerhalb eines Monats nach Aufnahme der Tätigkeit gestellt,
- der/die Beschäftigte stimmt dem späteren Beginn der Sozialversicherungspflicht zu,
- der/die Beschäftigte hat für den Zeitraum zwischen Beschäftigungsbeginn und der Bekanntgabe der Entscheidung eine Absicherung gegen das finanzielle Risiko von Krankheit und zur Altersvorsorge vorgenommen, die der Art nach den Leistungen der gesetzlichen Kranken- und Rentenversicherung entspricht.

3.3 Sozialversicherung der selbstständig Tätigen

Selbstständig Tätige unterliegen in der Regel nicht der Sozialversicherungspflicht. Sie dürfen meist selbst entscheiden, ob und ggf. bei welchem Versicherungsträger sie eine Versicherung abschließen.

In der Krankenversicherung besteht zwar grundsätzlich Versicherungspflicht; selbstständig Tätige können aber i.d.R. wählen, ob sie sich privat oder gesetzlich versichern möchten.

Für selbstständig tätige Tagespflegepersonen bestehen darüber hinaus im Regelfall Pflichtversicherungen im Bereich der gesetzlichen Rentenversicherung und der gesetzlichen Unfallversicherung.

3.3.1 Rentenversicherung

Selbstständig tätige Tagespflegepersonen sind unter bestimmten Voraussetzungen gemäß § 2 Nr. 1 SGB VI rentenversicherungspflichtig, d.h. sie müssen Beiträge zur gesetzlichen Rentenversicherung zahlen.

Versicherungspflicht als Erzieher/in

Selbstständig tätige Erzieher/innen unterliegen gemäß § 2 S. 1 Nr. 1 SGB VI unter bestimmten Voraussetzungen der Versicherungspflicht in der gesetzlichen Rentenversicherung.

Erzieher/innen i.d.S. sind nicht nur Personen, die eine Erzieherausbildung absolviert haben, sondern alle Personen, die erzieherisch tätig sind. Dazu gehören auch Tagespflegepersonen.

Das Bundessozialgericht[389] hat die Einstufung der Tagepflegepersonen als Erzieher/innen bereits mehrfach bestätigt.

Die Versicherungspflicht tritt jedoch nur ein, wenn die Tagespflegetätigkeit in mehr als nur geringfügigem Umfang ausgeübt wird und die Tagespflegeperson im Zusammenhang mit ihrer Tätigkeit keine sozialversicherungspflichtigen Arbeitnehmer beschäftigt.

389. BSG, 22.06.2005 – B 12 RA 12/04 R, 25.05.2011 – B 12 R 13/09 R.

a) Mehr als geringfügig selbstständig tätig

Eine mehr als geringfügig selbstständige Tätigkeit liegt vor, wenn das Arbeitseinkommen der Tagespflegeperson regelmäßig mehr als 450 € monatlich beträgt.

Arbeitseinkommen ist gemäß § 15 SGB IV der steuerrechtliche Gewinn.

Zur Ermittlung des Arbeitseinkommens darf die Tagespflegeperson demnach von ihren Einnahmen die Betriebsausgaben bzw. die Betriebsausgabenpauschale abziehen.

Nach Abzug der Betriebsausgaben bzw. der Betriebsausgabenpauschale verbleibt das für die Rentenversicherung maßgebliche Arbeitseinkommen.

Ist dieser Betrag regelmäßig höher als 450 € monatlich, ist die Geringfügigkeitsgrenze überschritten.

Entscheidend sind im Rahmen der gesetzlichen Rentenversicherung nur Einkünfte, die mit der Kindertagespflegetätigkeit erzielt werden. Einkünfte aus weiteren Tätigkeiten bleiben i.d.R. außer Ansatz.

Schwankt das Arbeitseinkommen von Monat zu Monat (was für eine selbstständige Tätigkeit typisch ist), ist der durchschnittliche Wert zu ermitteln.

In diesem Fall werden die monatlich erzielten Arbeitseinkommen aus der Kindertagespflege zusammengerechnet und die Summe durch die Anzahl der Monate, in denen die Tätigkeit ausgeübt wurde, geteilt.

Beispiel

Eine Tagespflegeperson erzielt mit der Kindertagespflege in den Monaten Juli bis Dezember folgende Einkünfte:

- 300 € im Juli
- 500 € im August
- 450 € im September
- 410 € im Oktober
- 500 € im November
- 450 € im Dezember
- 2.610 € gesamt: 6 Monate = 435 € durchschnittliches Monatseinkommen

Zwar wurde zwei Mal die Geringfügigkeitsgrenze überschritten. Das durchschnittliche monatliche Arbeitseinkommen in Höhe von 435 € übersteigt jedoch nicht die Geringfügigkeitsgrenze, sodass in diesem Fall keine Versicherungspflicht in der gesetzlichen Rentenversicherung besteht.

Die Ermittlung des Arbeitseinkommens erfolgt vorausschauend, und zwar zunächst zu Beginn der Tätigkeit und im Laufe der Zeit bei eintretenden Veränderungen. Die Tagespflegeperson sollte daher ihre Einkünfte immer im Blick behalten, um auf etwaige versicherungsrelevante Veränderungen reagieren zu können.

Beispiel

Anders als im o.g. Fall kann Versicherungspflicht eintreten, wenn das Arbeitseinkommen zwar bis Juli die Geringfügigkeitsgrenze nicht überschritten hat, durch Aufnahme eines zusätzlichen Kindes ab Juli aber regelmäßig mehr als 450 € erzielt werden. In diesem Fall kann die Versicherungspflicht bereits ab Juli eintreten, da ab diesem Zeitraum die monatliche Geringfügigkeitsgrenze regelmäßig überschritten wird.

b) Keine Beschäftigung versicherungspflichtiger Arbeitnehmer

Weitere Voraussetzung für die Versicherungspflicht ist, dass die Tagespflegeperson im Zusammenhang mit ihrer Tätigkeit keine versicherungspflichtigen Arbeitnehmer beschäftigt.

Dies dürfte in der Kindertagespflege die Regel sein.

Zwar gibt es Tagespflegepersonen, die im Zusammenhang mit ihrer Tätigkeit eine Person als Reinigungs-, Küchen- oder Vertretungskraft beschäftigen.

Diese Personen sind jedoch häufig lediglich geringfügig beschäftigt. Die Anstellung geringfügig beschäftigter Personen reicht nicht aus, um die Rentenversicherungspflicht der anstellenden Person auszuschließen.

Etwas anderes gilt allerdings dann, wenn die Tagespflegeperson im Zusammenhang mit ihrer Tätigkeit mehrere Personen beschäftigt (z.B. eine Köchin und eine Vertretung) und die Arbeitsentgelte aus allen Beschäftigungen die Geringfügigkeitsgrenze übersteigt.

In diesem Fall wäre die Tagespflegeperson, die die Arbeitnehmer/innen beschäftigt, nicht rentenversicherungspflichtig.

Beschäftigen Tagespflegepersonen, die gemeinsam in einer Großtagespflege (z.B. im Rahmen einer Gesellschaft bürgerlichen Rechts) tätig sind, im Zusammenhang mit dieser Tätigkeit eine oder mehrere Personen, erfolgt in aller Regel eine Aufteilung der Arbeitsentgelte.

Die Tagespflegepersonen sind nur dann von der Rentenversicherungspflicht ausgenommen, wenn sich bei einer Aufteilung des Arbeitsentgelts der Beschäftigten ergibt, dass die jeweilige Tagespflegeperson den/die Arbeitnehmer/in in einem Umfang »beschäftigt«, der die Grenze der Geringfügigkeit übersteigt.[390]

Beispiel

Zwei Tagespflegepersonen arbeiten in einer Großtagespflege und haben zur Unterstützung eine Reinigungs- und Küchenkraft angestellt, für die sie Ausgaben von monatlich 900 € aufwenden. Zwar ist die Reinigungs- und Küchenkraft sozialversicherungspflichtig beschäftigt. Bei Aufteilung auf beide Tagespflegepersonen (2 × 450 €) ist die angestellte Kraft jedoch in Bezug auf die einzelne Tagespflegeperson lediglich geringfügig »beschäftigt«; die Personen unterliegen daher weiterhin der Rentenversicherungspflicht.

Mehrfachversicherung

Unbeachtlich ist grundsätzlich, ob aus einer weiteren Tätigkeit der Tagespflegeperson oder aufgrund weiterer Gegebenheiten (z.B. während der Elternzeit) bereits eine Rentenversicherung besteht. Mehrfachversicherungen sind in diesem Sinne möglich.

Das Bestehen einer privaten Rentenversicherung entbindet ebenfalls grundsätzlich nicht von der Versicherungspflicht in der gesetzlichen Rentenversicherung.

Beispiel

Ist eine Tagespflegeperson z.B. vormittags als Bürokraft in einem Unternehmen versicherungspflichtig angestellt, werden von dem Arbeitgeber für diese Beschäftigung Rentenversicherungsbeiträge abgeführt. Dennoch muss die Tagespflegeperson zusätzliche Beiträge aus dem Arbeitseinkommen der Kindertagespflegetätigkeit zahlen, wenn dieses Arbeitseinkommen die Geringfügigkeitsgrenze von monatlich 450 € übersteigt und deshalb Versicherungspflicht eintritt.

390. BSG vom 29.08.2012 – B 12 R 7/10 R zur Versicherungspflicht eines Lehrers (Gesellschafter einer GbR).

Anmeldung zur gesetzlichen Rentenversicherung

Ist die Tagespflegeperson versicherungspflichtig, muss sie sich beim zuständigen Rentenversicherungsträger (i.d.R. bei der Deutschen Rentenversicherung Bund) anmelden.

Die Anmeldepflicht besteht gemäß § 190a SGB VI; sie muss innerhalb von drei Monaten nach Aufnahme der versicherungspflichtigen Tätigkeit erfolgen.

Da die Anmeldepflicht nur bei versicherungspflichtiger Tätigkeit besteht, muss eine Tagespflegeperson, die lediglich geringfügig selbstständig tätig und deshalb versicherungsfrei ist, keine Anmeldung vornehmen.

Wird die Geringfügigkeitsgrenze überschritten, tritt jedoch Versicherungspflicht ein; die Anmeldung sollte dann innerhalb von drei Monaten erfolgen.

Hinweis

Tagespflegepersonen sollten ihre Einkünfte immer im Blick behalten, um bei regelmäßigem Überschreiten der Geringfügigkeitsgrenze rechtzeitig reagieren zu können.

Die Rentenversicherungsträger haben für die Anmeldung versicherungspflichtiger Selbstständiger einen Vordruck V0020 entwickelt, der bei Anmeldung zu verwenden ist.

Die Vordrucke mit entsprechenden Erläuterungen können aus dem Internet[391] heruntergeladen werden.

Auf telefonische Anforderung werden sie von dem Rentenversicherungsträger auch auf dem Postweg zugesandt.

Hinweis

Die Deutsche Rentenversicherung hat für Fragen rund um die Rentenversicherung ein kostenfreies Servicetelefon eingerichtet:
0800 1000 4800

391. www.deutsche-rentenversicherung-bund.de (Stand: 10.01.2020).

Beiträge zur Rentenversicherung

Selbstständig Tätige tragen ihre Beiträge grundsätzlich selbst.

Tagespflegepersonen, die eine Geldleistung vom Jugendhilfeträger erhalten, haben zwar Anspruch auf die hälftige Erstattung der nachgewiesenen Beiträge, soweit diese angemessen sind (§ 23 Abs. 2 Nr. 3 SGB VIII).

Das ändert jedoch nichts daran, dass sie selbst Beitragsschuldner sind.

Der Beitragssatz in der Deutschen Rentenversicherung liegt im Jahr 2020 bei 18,6 %.

Grundlage für die Berechnung des Versicherungsbeitrags sind die sogenannten beitragspflichtigen Einnahmen.

Beitragspflichtige Einnahme selbstständig Tätiger ist grundsätzlich das Arbeitseinkommen (= Gewinn), das mit der selbstständigen Tätigkeit erzielt wird.

Der Beitrag wird – sofern kein abweichender Antrag gestellt ist – in Höhe der Bezugsgröße ermittelt. Die Bezugsgröße wird i.d.R. jährlich angepasst und im Rahmen der sogenannten »Sozialversicherungs-Rechengrößenverordnung« jeweils zum Jahresende für das folgende Jahr bekannt gemacht.

Regelbeitrag

Der auf der Grundlage der Bezugsgröße ermittelte Regelbeitrag zur gesetzlichen Rentenversicherung ist relativ hoch.

Er beträgt im Jahr 2020 in den alten Bundesländern 592,41 € monatlich und in den neuen Bundesländern 559,86 € monatlich.

Ein Nachweis des tatsächlichen Arbeitseinkommens ist in diesem Fall nicht erforderlich.

Halber Regelbeitrag

In den ersten drei Jahren nach dem Jahr der Aufnahme der selbstständigen Tätigkeit wird lediglich der halbe Regelbeitrag erhoben.

Im Jahr 2020 beträgt dieser in den alten Bundesländern 296,21 € monatlich und in den neuen Bundesländern 279,93 € monatlich.

Auch in diesem Fall ist kein Nachweis des Arbeitseinkommens erforderlich.

Beispiel

Wenn eine Tagespflegeperson mit ihrer Kindertagespflegetätigkeit z.B. im Jahr 2019 begonnen hat, besteht bis einschließlich 2022 die Möglichkeit, den halben Regelbeitrag zu zahlen.

Einkommensgerechter Beitrag

Statt der Zahlung des Regelbeitrags bzw. des halben Regelbeitrags ist auf Antrag auch einkommensgerechte Beitragszahlung möglich.

Wird die einkommensgerechte Beitragszahlung beantragt, erfolgt die Berechnung des Rentenversicherungsbeitrags auf der Grundlage des mit der Tätigkeit erzielten Arbeitseinkommens. Die Höhe des Arbeitseinkommens muss in diesem Fall nachgewiesen werden.

Arbeitseinkommen ist der nach allgemeinen Gewinnermittlungsvorschriften des Einkommensteuerrechts ermittelte Gewinn, also der Betrag, der nach Abzug der Betriebsausgaben bzw. der Betriebsausgabenpauschalen verbleibt.

Bei einkommensgerechter Beitragszahlung liegt der Rentenversicherungsbeitrag im Jahr 2020 bei 18,6 % des nachgewiesenen Arbeitseinkommens.

Beispiel

Eine Tagespflegeperson erzielt mit der Ganztagsbetreuung von drei Kindern in Kindertagespflege monatlich Einnahmen in Höhe von 2.838 €. Nach Abzug der Betriebsausgabenpauschalen in Höhe von 900 € verbleibt ein Arbeitseinkommen in Höhe von 1.938 €. Bei einkommensgerechter Beitragszahlung müsste sie derzeit mit einem Rentenversicherungsbeitrag in Höhe von 360,47 (18,6 % von 1938 €) monatlich rechnen.

In diesem Fall wäre der halbe Regelbeitrag (296,20 € bzw. 279,93 €) günstiger. Die Zahlung des halben Regelbeitrags kommt allerdings nur in den ersten drei Jahren nach dem Jahr der Aufnahme der Tätigkeit in Betracht.

Der Nachweis des Arbeitseinkommens erfolgt regelmäßig durch Vorlage des letzten (aktuellen) Einkommensteuerbescheids. Das darüber nachgewiesene Arbeitseinkommen bleibt grundsätzlich so lange maßgebend, bis ein neuer Einkommensteuerbescheid vorgelegt wird.

Da mit dem Nachweis regelmäßig eine zeitliche Verzögerung verbunden ist, wird eine Dynamisierung vorgenommen, um sicherzustellen, dass sich aus der Berechnung auf Grundlage des Einkommensteuerbescheids keine ungerechtfertigten Begünstigungen bei der Beitragshöhe ergeben. Auf diese Weise werden zudem Korrekturen für vergangene Zeiträume vermieden.

Wird ein neuer Einkommensteuerbescheid vorgelegt, erfolgt i.d.R. eine Beitragsanpassung ab dem folgenden Monat.

Dies gilt jedoch nur, wenn der Einkommensteuerbescheid dem Rentenversicherungsträger innerhalb von zwei Monaten nach seiner Ausfertigung vorgelegt wird.

Erfolgt die Vorlage später, wird der Beitrag in aller Regel rückwirkend (ab dem Monat nach Ausfertigung des Steuerbescheids) angepasst.

Beispiel

Der Einkommensteuerbescheid weist ein höheres Arbeitseinkommen aus als bisher. Die Tagespflegeperson rechnet daher künftig mit entsprechend höheren Rentenversicherungsbeiträgen. Um die Erhöhung der Beiträge zeitlich hinauszuschieben, wartet sie mit der Vorlage des Steuerbescheids, der im April ergangen ist, bis Dezember. Die Rentenversicherung würde in diesem Fall die Beiträge aber rückwirkend ab Mai (dem Monat, der der Ausfertigung des Steuerbescheids folgt) neu berechnen. Die verzögerte Vorlage des Einkommensteuerbescheids bringt demnach nicht die erhofften Vorteile.

Der Einkommensteuerbescheid enthält eine Vielzahl persönlicher Daten, die für den Nachweis des Arbeitseinkommens nicht erforderlich sind. Daten, die die Rentenversicherung nicht benötigt, können geschwärzt werden.

Liegt in Bezug auf die Kindertagespflegetätigkeit noch kein aussagekräftiger Einkommensteuerbescheid vor (z.B. weil erst mit der Tätigkeit begonnen wurde), wird das Arbeitseinkommen zugrunde gelegt, das sich aus »vom Versicherten vorzulegenden Unterlagen« ergibt (§ 165 Abs. 1 S. 9 SGB VI).

Dazu gehören z.B. Bescheinigungen der Steuerberater/in sowie Buchführungsunterlagen. Grundsätzlich dürfte in diesem Fall aber auch eine »gewissenhafte Selbsteinschätzung« ausreichen.

Eine gewissenhafte Selbsteinschätzung ist einfacher als von den Tagespflegepersonen anfangs befürchtet wird.

Die Meldung bei der Rentenversicherung wird erst erforderlich, wenn die Geringfügigkeitsgrenze überschritten wurde. In diesem Fall hat die Tagespflegeperson aber bezüglich der Höhe ihrer Einkünfte bereits eine bestimmte Summe ermittelt, die als Grundlage der Selbsteinschätzung dienen kann.

Wichtig ist, die Einkünfte immer im Blick zu behalten. Dies ist jedoch – zumindest bei Anwendung der Betriebsausgabenpauschale – normalerweise nicht mit besonderen Schwierigkeiten verbunden.

Beispiel

Die Tagespflegeperson hat zunächst ein Kind halbtags betreut; nach Abzug der Betriebsausgabenpauschale verblieb ein Arbeitseinkommen in Höhe von 330 €. Da die Geringfügigkeitsgrenze nicht überschritten wurde, bestand bisher keine Versicherungspflicht. Im kommenden Monat wird sie jedoch zwei weitere Kinder in Halbtagsbetreuung aufnehmen. Nach dem Abzug der Betriebsausgabenpauschalen wird ihr Arbeitseinkommen dann insgesamt 990 € betragen. Eine Veranlagung zur Einkommensteuer ist für die Kindertagespflegetätigkeit noch nicht erfolgt. Bei der Anmeldung zur Rentenversicherung, die innerhalb der nächsten drei Monate erfolgen sollte, kann die Tagespflegeperson aber das errechnete Arbeitseinkommen als Berechnungsgrundlage für die einkommensgerechte Beitragszahlung angeben. Der Nachweis des erzielten Arbeitseinkommens erfolgt dann später durch Vorlage des Einkommensteuerbescheids. Wird der Steuerbescheid dem Rentenversicherungsträger zeitnah vorgelegt, erfolgt eine Beitragsanpassung für die Zukunft (i.d.R. für den Folgemonat).

Herabsetzung der Beiträge auf Antrag

Probleme mit der Beitragszahlung können sich dann ergeben, wenn das laufende Arbeitseinkommen erheblich niedriger ist als das (frühere) Arbeitseinkommen, das durch den letzten Einkommensteuerbescheid nachgewiesen wurde.

Gelegentliche Einkommensschwankungen lassen sich bei selbstständig Tätigen im Allgemeinen nicht vermeiden. Wenn sich aber abzeichnet, dass über einen längeren Zeitraum mit deutlich geringeren Einkünften zu rechnen ist, besteht Handlungsbedarf.

Der Gesetzgeber hat für diese Fälle eine Sozialklausel eingeführt, die unter bestimmten Voraussetzungen eine Beitragsanpassung ermöglicht (§ 165 Abs. 1a SGB VI).

Möchte eine Tagespflegeperson die Herabsetzung ihres Rentenversicherungsbeitrags erreichen, muss sie gegenüber dem Rentenversicherungsträger nachweisen, dass ihr laufendes Arbeitseinkommen im Durchschnitt mindestens 30 % niedriger sein wird als das Arbeitseinkommen, das sich laut Einkommensteuerbescheid ergab.

Der Nachweis erfolgt auch hier durch die Vorlage entsprechender Unterlagen bzw. eine gewissenhafte Selbsteinschätzung.

Beispiel

Weist der letzte Einkommensteuerbescheid z.B. ein jährliches Arbeitseinkommen in Höhe von 28.800 € (monatlich 2.400 €) aus, würde auf dieser Grundlage ein Rentenversicherungsbeitrag in Höhe von ca. 446 € monatlich erhoben. Verringert sich das laufende Arbeitseinkommen jedoch beispielsweise aufgrund einer dauerhaften Reduzierung der Kinderzahl um 1.000 € monatlich bzw. 12.000 € jährlich, kann die Herabsetzung des Rentenversicherungsbeitrags beantragt werden, da das laufende Arbeitseinkommen um mindestens 30 % geringer ist.

Wird die Geringfügigkeitsgrenze dauerhaft (wieder) unterschritten, entfällt die Versicherungspflicht.

3.3.2 Krankenversicherung

Alle Personen mit Wohnsitz in Deutschland sind seit Januar 2009 verpflichtet, eine Krankenversicherung abzuschließen.

Welche Krankenversicherung infrage kommt, orientiert sich u.a. an der Art der Tätigkeit und der Höhe des erzielten Einkommens.

Selbstständig tätige Tagespflegepersonen unterliegen nicht der Versicherungspflicht in der gesetzlichen Krankenversicherung; sie haben aber oftmals die Möglichkeit, die freiwillige Mitgliedschaft in der gesetzlichen Krankenversicherung zu wählen.

Die Versicherung in einer privaten Krankenversicherung ist ebenfalls möglich.

Private Krankenversicherung

Die private Krankenversicherung steht Personen offen, die keiner Versicherungspflicht in der gesetzlichen Krankenversicherung unterliegen. Dazu gehören z.B. Arbeitnehmer/innen, die eine bestimmte Arbeitsentgeltgrenze überschreiten, sowie selbstständig Tätige.

Die Beiträge und Leistungen der privaten Krankenversicherungen können recht unterschiedlich sein.

Die Beiträge orientieren sich in aller Regel nicht am Einkommen der Versicherten, sondern an Alter, Gesundheitszustand und den vereinbarten Leistungen.

Letztere werden sehr vielfältig angeboten, sie reichen von einer – mit der gesetzlichen Krankenversicherung vergleichbaren – Grundversicherung bis zu einem breiten Leistungsangebot mit Ein- oder Zweibettzimmerberechtigung, Chefarztbehandlung, Einbeziehung alternativer Heilmethoden, umfangreichem Zahnersatz etc.

Sind bereits Vorerkrankungen vorhanden, sind Leistungsausschlüsse oder Risikozuschläge möglich.

Mitgliedern einer privaten Krankenversicherung ist der Weg zurück in die gesetzliche Krankenversicherung meist versperrt.

Hinweis

Wer vor der Entscheidung steht, ob die Versicherung über die private oder über die gesetzliche Krankenversicherung sinnvoller ist, sollte die verschiedenen Angebote gut prüfen. Zu achten ist bei der privaten Krankenversicherung auch auf die Beitragsentwicklung. Für junge, gesunde Menschen sind die Beiträge meist relativ niedrig. Die Beiträge können im Alter aber erheblich ansteigen. Da die Höhe des Einkommens – im Gegensatz zur gesetzlichen Krankenversicherung – i.d.R. nicht für die Beitragshöhe maßgebend ist, kann die finanzielle Belastung später bei (niedrigem) Rentenbezug im Alter deutlich ansteigen.

Gesetzliche Krankenversicherung

In der gesetzlichen Krankenversicherung sind die Voraussetzungen der Mitgliedschaft, die Beitragssätze und die Beitragsbemessungsgrundlagen gesetzlich geregelt. Die wichtigsten Regelungen enthält das SGB V.

Für Arbeitnehmer/innen, die eine mehr als nur geringfügige Beschäftigung ausüben, besteht bis zu einer bestimmten Höhe des Arbeitsentgelts grundsätzlich Versicherungspflicht.

Die gesetzliche Krankenversicherung steht u.U. aber auch Personen offen, die nicht in einem versicherungspflichtigen Arbeitsverhältnis stehen. Meist handelt es sich hier um Möglichkeiten der Weiterversicherung, z.B. nach

Ausscheiden aus der Versicherungspflicht oder einer beitragsfreien Familienversicherung.

Familienversicherung

Über die beitragsfreie Familienversicherung können bestimmte Familienangehörige (Ehegatte, Lebenspartner, Kinder) der gesetzlich Versicherten unter bestimmten Voraussetzungen beitragsfrei mitversichert sein.

Diese Möglichkeit steht grundsätzlich auch Tagespflegepersonen offen, deren Ehepartner gesetzlich versichert sind.

Voraussetzung ist allerdings, dass sie selbst über ein nur geringes Einkommen verfügen und nicht hauptberuflich selbstständig tätig sind.

a) Gesamteinkommensgrenze

Voraussetzung der beitragsfreien Familienversicherung ist zunächst, dass die Einkünfte der Tagespflegeperson die Gesamteinkommensgrenze nicht übersteigen.

Die Gesamteinkommensgrenze wird jährlich neu festgelegt. Sie liegt im Jahr 2020 bei 455 € monatlich bzw. für geringfügig Beschäftigte bei 450 € monatlich.

Gesamteinkommen ist gemäß § 16 SGB IV die Summe der Einkünfte nach dem Einkommensteuergesetz, d.h. es kommt – anders als in der Rentenversicherung – nicht nur auf die Einkünfte, die im Rahmen der Kindertagespflege erzielt werden, an. Vielmehr sind auch weitere Einkünfte zu berücksichtigen, soweit sie eine einkommensteuerrechtliche Relevanz haben. Zu nennen wären in diesem Zusammenhang z.B. Arbeitsentgelt, Einkünfte aus Vermietung oder Verpachtung, Einkünfte aus Kapitalvermögen u.ä.

Für die in selbstständiger Tätigkeit ausgeübte Kindertagespflege ist zunächst das Arbeitseinkommen (= Gewinn) relevant, d.h. bei der Ermittlung sind die Betriebsausgaben bzw. die Betriebsausgabenpauschalen von den Einnahmen abzuziehen. Andere Einkünfte sind ggf. hinzuzurechnen.

Ist die Tagespflegeperson im Rahmen eines Minijobs angestellt, beträgt die Gesamteinkommensgrenze 450 € monatlich.

Bei der Berechnung des Gesamteinkommens werden allerdings das Arbeitseinkommen aus der selbstständigen Tätigkeit und das Arbeitsentgelt aus dem Minijob zusammengerechnet. Die Gesamteinkommensgrenze wird dadurch relativ schnell überschritten.

Beispiel

Die Tagespflegeperson übernimmt gelegentliche Hausmeistertätigkeiten und erhält dafür im Rahmen eines Minijobs ein Arbeitsentgelt in Höhe von 250 € monatlich. Zusätzlich betreut sie halbtags ein Kind in Kindertagespflege und erzielt mit dieser Tätigkeit ein monatliches Arbeitseinkommen in Höhe von 350 €. Bei der Berechnung des Gesamteinkommens werden beide Einkünfte zusammengerechnet, d.h. das Gesamteinkommen liegt bei 600 €. Eine Familienversicherung ist wegen Überschreitens der Gesamteinkommensgrenze nicht mehr möglich.

Bei der Feststellung des Bestehens einer Familienversicherung handelt es sich um eine Statusentscheidung im Sozialversicherungsrecht, bei der grundsätzlich eine vorausschauende Betrachtungsweise erfolgt. Erforderlich ist eine Prognose unter Einbeziehung der mit hinreichender Sicherheit zu erwartenden Veränderungen.[392]

Dabei sind die regelmäßig monatlich zufließenden Einkünfte sowie weitere regelmäßige Einnahmen zu berücksichtigen, die zwar nicht monatlich zufließen, aber auf den Monat bezogen sind. Auch einmalige Einnahmen sind zu berücksichtigen, wenn sie mindestens einmal jährlich mit hinreichender Sicherheit zu erwarten sind.[393]

Die Änderung der Verhältnisse kann Anlass für eine neue Prüfung und eine – wiederum vorausschauende – Beurteilung sein. Auf die Verpflichtung, Änderungen in der Höhe des Einkommens mitzuteilen, wird in aller Regel bereits im Antrag der Familienversicherung hingewiesen U.U. kann eine Familienversicherung auch rückwirkend beendet werden.

Bei schwankenden Einkünften ist bei der Beurteilung, ob das Gesamteinkommen »regelmäßig im Monat« überschritten wird, laut Bundessozialgericht[394] vom gezwölftelten Jahreseinkommen auszugehen, d.h. die Einnahmen sind zusammenzurechnen und durch zwölf (Monate) zu teilen.

392. LSG Rheinland-Pfalz, 15.09.2016 – L 5 KR 52/16 mit weiteren Nachweisen.
393. Zur Berechnung des Gesamteinkommens: Verlautbarung der Spitzenverbände zum Gesamteinkommen vom 12.06.2019.
394. BSG, 07.12.2000 – B 12 KR 3/99 R.

b) Nicht hauptberuflich selbstständige Tätigkeit

Voraussetzung für die beitragsfreie Familienversicherung ist neben der Einhaltung der Gesamteinkommensgrenze, dass es sich bei der ausgeübten Tätigkeit nicht um eine »hauptberuflich« selbstständige Tätigkeit handelt.

Der Begriff der hauptberuflich selbstständigen Erwerbstätigkeit ist gesetzlich nicht definiert.

Ob eine hauptberuflich selbstständige Tätigkeit vorliegt, beurteilt sich im Allgemeinen nach der wirtschaftlichen Bedeutung der Tätigkeit und deren zeitlichen Umfang.

Die für den Bereich der Kindertagespflege bestehende Sonderregelung, wonach von einer nicht hauptberuflichen Tätigkeit auszugehen war, wenn eine Tagespflegeperson »bis zu fünf gleichzeitig anwesende, fremde Kinder in Tagespflege betreut«, war bis zum 31.12.2018 befristet und gilt daher seit 01.01.2019 nicht mehr.

Seitdem ist wieder im Einzelfall zu prüfen, ob die Tätigkeit hauptberuflich oder nicht hauptberuflich ausgeübt wird.

I.d.R. wird von der Hauptberuflichkeit ausgegangen, wenn die Tätigkeit mehr als nur halbtags ausgeübt wird. Die Klärung erfolgt im Einzelfall bei der zuständigen Krankenversicherung.

Freiwillige Krankenversicherung

Personen, die nicht der Pflichtversicherung in der gesetzlichen Krankenversicherung unterliegen, können unter bestimmten Voraussetzungen eine freiwillige Versicherung in einer gesetzlichen Krankenkasse aufnehmen. Ob dies möglich ist, ist im Einzelfall zu klären.

Selbstständig Tätigen, die bereits privat versichert sind, steht die freiwillige gesetzliche Krankenversicherung i.d.R. nicht mehr offen.

Personen, die bisher gesetzlich versichert waren, können dagegen die Versicherung in Form der freiwilligen Versicherung weiterführen.

Für selbstständig tätige Tagespflegepersonen kommt die freiwillige Versicherung z.B. in Betracht, wenn sie aus einem Arbeitsverhältnis ausscheiden, in dem sie bisher gesetzlich versichert waren.

Häufig wählen Tagespflegepersonen die Weiterversicherung in der gesetzlichen Krankenkasse auch, wenn für sie eine beitragsfreie Familienversicherung wegen Überschreitung der Gesamteinkommensgrenze nicht mehr zur Verfügung steht.

Berechnungsgrundlage der Krankenversicherungsbeiträge sind die beitragspflichtigen Einnahmen. Dabei ist gemäß § 240 SGB V sicherzustellen, dass die Beitragsbelastung die gesamte wirtschaftliche Leistungsfähigkeit des freiwilligen Mitglieds berücksichtigt.

Bei einer freiwilligen Mitgliedschaft ist deshalb nicht nur die Höhe des Arbeitseinkommens maßgebend, sondern es werden auch andere Einkünfte berücksichtigt.

Dabei kommt es – anders als bei der Berechnung der Gesamteinkommensgrenze – nicht auf die steuerrechtliche Behandlung der Einkünfte an.

Wegen der Vielzahl unterschiedlicher Einnahmearten ist eine abschließende konkrete Aufzählung aller beitragspflichtigen Einnahmen nicht möglich. Die »Beitragsverfahrensgrundsätze Selbstzahler«[395] des GKV-Spitzenverbandes enthalten u.a. eine allgemeine Regelung dazu, welche Einnahmearten beitragsrechtlich zu erfassen sind.

Zu den beitragspflichtigen Einnahmen freiwilliger Mitglieder gehören das Arbeitsentgelt aus einer abhängigen Beschäftigung, das Arbeitseinkommen aus einer selbstständigen Tätigkeit, die Renten aus der gesetzlichen Rentenversicherung sowie Versorgungsbezüge.

Hinzuzurechnen sind darüber hinaus auch alle wiederkehrenden Bezüge, geldwerten Zuwendungen und sonstigen Einnahmen, die für den Lebensunterhalt verbraucht werden oder verbraucht werden können.

Einnahmen, die nicht in Geld bestehen, sind entsprechend den für die Sachbezüge geltenden Regelungen der Sozialversicherungsentgeltverordnung zu bewerten.

Die »Beitragsverfahrensgrundsätze Selbstzahler« werden ergänzt durch einen vom GKV aufgestellten Katalog von Einnahmen,[396] der die in der Praxis häufig vorkommenden Einnahmen und deren beitragsrechtliche Bewertung alphabetisch auflistet.

Das Arbeitsentgelt aus einer geringfügig entlohnten Beschäftigung wird im Rahmen der freiwilligen Krankenversicherung beispielsweise nicht als beitragspflichtige Einnahme angesehen, weil dafür seitens des Arbeitgebers bereits Pauschalbeiträge abgeführt werden.

---

395. GKV: »Beitragsverfahrensgrundsätze Selbstzahler«, 28.11.2018.
396. GKV: »Katalog von Einnahmen und deren beitragsrechtliche Bewertung nach § 240 SGB V«, 20.11.2018.

Beispiel
Die Tagespflegeperson übernimmt gelegentliche Hausmeistertätigkeiten und erhält dafür im Rahmen eines Minijobs ein Arbeitsentgelt in Höhe von 250 € monatlich. Das Arbeitsentgelt aus dem Minijob bleibt bei der Beitragsberechnung in der freiwilligen Krankenversicherung unberücksichtigt, da hierfür bereits seitens des Arbeitgebers Pauschalbeiträge abgeführt werden. In der Pflegeversicherung ist das Arbeitsentgelt allerdings beitragspflichtig, da im Minijob keine Beiträge zur Pflegeversicherung gezahlt werden.

Berechnungsgrundlagen/Mindestbemessungsgrundlagen

Wie bzw. in welcher Höhe die beitragspflichtigen Einnahmen freiwilliger Mitglieder in der gesetzlichen Krankenversicherung zu berücksichtigen sind, regelt § 240 Abs. 4 SGB V.

Daraus können sich mitunter relativ hohe Krankenversicherungsbeiträge ergeben, die jedoch u.U. vermieden werden können, wenn niedrigere Einnahmen nachgewiesen werden.

Erfolgt der Nachweis niedrigerer Einnahmen, bilden diese die Berechnungsgrundlage, wobei allerdings bestimmte Mindestbemessungsgrundlagen zu beachten sind.

Dadurch soll gewährleistet werden, dass der Krankenversicherung auch bei fehlenden oder lediglich geringen Einkünften Beiträge in einer bestimmten Mindesthöhe zufließen.

Seit dem 01.01.2019 wird bei der Höhe der Mindestbemessungsgrundlage nicht mehr zwischen hauptberuflicher und nicht hauptberuflicher Tätigkeit unterschieden. Seitdem gilt vielmehr eine einheitliche Mindestbemessungsgrundlage, unabhängig davon, ob die Tätigkeit hauptberuflich oder nicht hauptberuflich ausgeübt oder ob ein Gründungszuschuss bezogen wird.

Im Jahr 2020 liegt die Mindestbemessungsgrundlage bei monatlich 1.061,67 €.

Allerdings ist die Mindestbemessungsgrundlage nur so lange Grundlage der Beitragsberechnung, wie das tatsächliche Einkommen niedriger ist.

Übersteigt das tatsächliche Einkommen die Mindestbemessungsgrundlage, wird die Höhe des tatsächlichen Einkommens (und ggf. noch weitere Einnahmen) zur Grundlage der Berechnung.

Beispiel

Tagespflegeperson A und Tagespflegeperson B haben neben dem Arbeitseinkommen aus der Kindertagespflege keine weiteren Einnahmen. Tagespflegeperson A liegt mit ihrem nachgewiesenen Einkommen in Höhe von 650 € unterhalb der Mindestbemessungsgrundlage von derzeit 1.061,67 €. Die Mindestbemessungsgrundlage ist daher Grundlage der Beitragsberechnung für die Krankenversicherung. Tagespflegeperson B weist dagegen ein Einkommen in Höhe von 1.300 € nach. In diesem Fall wird die Krankenkasse den Beitrag nicht aufgrund der Mindestbemessungsgrundlage, sondern auf der Grundlage des nachgewiesenen Einkommens in Höhe von 1.300 € berechnen.

Privat versicherter Ehegatte

Für freiwillig Versicherte, deren Ehepartner nicht einer gesetzlichen Krankenversicherung angehört, sondern privat versichert ist, gelten Sonderregelungen.

Unter bestimmten Voraussetzungen wird in diesen Fällen das Einkommen des Ehegatten zur Hälfte zu dem eigenen Einkommen hinzugerechnet.

Durch diese Verfahrensweise wird i.d.R. die Mindestbemessungsgrundlage überschritten, sodass diese Personen generell mit höheren Krankenkassenbeiträgen rechnen müssen.

Der GKV-Spitzenverband hat dazu entsprechende Regelungen aufgestellt.[397]

Einkommensnachweis/vorläufige Beitragsfestsetzung

Als Nachweis des Arbeitseinkommens dient der Einkommensteuerbescheid.

Wurde die Kindertagespflegetätigkeit erst aufgenommen und liegt daher noch kein aussagekräftiger Einkommensteuerbescheid vor, ist das voraussichtliche Einkommen zu schätzen.

Die Beitragsfestsetzung erfolgt anhand der Einschätzung vorläufig und wird erst nach Vorlage des Einkommensteuerbescheids endgültig festgesetzt. In diesem Rahmen kann es zu Beitragsnachforderungen oder -erstattungen bzw. -verrechnungen kommen.

397. GKV – Spitzenverband, »Beitragsverfahrensgrundsätze Selbstständiger«, Stand: 28.11.2018.

Bis Ende 2017 war die Beitragsfestsetzung überwiegend nur im ersten Jahr einer selbstständigen Tätigkeit vorläufig, d.h. so lange, bis ein aussagekräftiger Einkommensteuerbescheid vorgelegt wurde. Weitere Änderungen in der Beitragsfestsetzung sollten nach den Grundsätzen des GKV regelmäßig nur zukunftsbezogen und erst nach Vorlage eines aktuelleren Einkommensteuerbescheids vorgenommen werden.

Seit 01.01.2018 erfolgt die Beitragsfestsetzung in aller Regel nur noch vorläufig.

Zwar ist auch weiterhin der aktuellste Einkommensteuerbescheid die Grundlage der Beitragsberechnung. Die Beitragsfestsetzung erfolgt jedoch nur noch vorläufig. Wird später der Einkommensteuerbescheid für das Kalenderjahr vorgelegt, werden die Beiträge rückwirkend neu berechnet und die per Einkommensteuerbescheid nachgewiesenen, tatsächlich erzielten Einkünfte zugrunde gelegt. Auf diese Weise wird sichergestellt, dass in jedem Kalenderjahr die Höhe der steuerrechtlich relevanten Einkünfte mit den Einnahmen, die der Beitragsfestsetzung zugrunde zu legen sind, identisch ist. Die Neuberechnung und -festsetzung der vorläufigen Beiträge erfolgt jeweils ab Beginn des Folgemonats, in dem der Einkommensteuerbescheid ausgefertigt wurde.

Beispiel

Die Beiträge einer selbstständig tätigen Tagespflegeperson werden für die Zeit ab 01.05.2019 zunächst vorläufig auf der Grundlage des Einkommensteuerbescheids aus dem Jahr 2018 festgesetzt. Daraus ergab sich ein monatliches Arbeitseinkommen in Höhe von 2.000 €.

Den im September 2020 ausgefertigten Einkommensteuerbescheid für das Kalenderjahr 2019 legt sie im Dezember 2020 der Krankenversicherung in Kopie vor. Für 2019 ergab sich danach ein höheres monatliches Arbeitseinkommen von 2.300 €.

Die Krankenversicherung berechnet die Beiträge für 2019 nun anhand des Einkommensteuerbescheids für das Kalenderjahr 2019 rückwirkend neu und legt diese endgültig fest. Da das für 2019 nachgewiesene Einkommen höher war, muss die Tagespflegeperson Beiträge nachzahlen.

Die Beiträge für das Kalenderjahr 2020 werden auf der Grundlage des nun aktuelleren Einkommensteuerbescheids (Kalenderjahr 2019) rückwirkend zum Oktober 2020 (Folgemonat der Ausfertigung des Steuerbescheids) neu – ebenfalls wieder vorläufig – festgesetzt, d.h. sie zahlt rückwirkend ab Oktober 2020 höhere Beiträge. An der vorläufigen Festsetzung für den Zeitraum Januar bis September 2020 ändert sich zunächst nichts. Eine endgültige Festsetzung der Beiträge für 2020 erfolgt erst, wenn der Einkommensteuerbescheid für das Kalenderjahr 2020 – also voraussichtlich im Jahr 2021 – vorgelegt wird.

Beitragssätze

Die Beitragshöhe richtet sich neben dem Einkommen auch nach dem Beitragssatz.

Für Mitglieder, die keinen Krankengeldanspruch haben, gilt ein ermäßigter Beitragssatz (im Jahr 2020 in Höhe von 14 % der beitragspflichtigen Einnahmen).

Der allgemeine Beitragssatz liegt im Jahr 2020 bei 14,6 % der beitragspflichtigen Einnahmen; er gilt für Arbeitnehmer/innen sowie für hauptberuflich selbstständig Tätige, die mit der Krankenkasse einen Anspruch auf Krankengeld vereinbart haben.

Darüber hinaus können die Krankenkassen einkommensabhängige Zusatzbeiträge erheben; diese sind von Krankenkasse zu Krankenkasse unterschiedlich.

»Mindestbeitrag« zur gesetzlichen Krankenversicherung

Bei Zugrundelegung der Mindestbemessungsgrundlage ergibt sich eine Art »Mindestbeitrag« zur gesetzlichen Krankenkasse.

Der Krankenkassenbeitrag ist in dieser Höhe zu zahlen, wenn das Einkommen der Tagespflegeperson darunterliegt und keine Besonderheiten (z.B. ein privat versicherter Ehegatte) bestehen.

Berechnung des „Mindestbeitrags“	
Mindestbemessungsgrundlage:	1.061,67 €
„Mindestbeitrag“ zur gesetzlichen Krankenversicherung (bei einem Beitragssatz von 14 %):	148,63 €
zzgl. einkommensabhängigem Zusatzbeitrag	

Krankenversicherung mit Krankengeldanspruch

Selbstständig tätige Tagespflegepersonen haben u.U. die Möglichkeit, im Rahmen der gesetzlichen Krankenversicherung einen Krankengeldanspruch zu vereinbaren.

Zwar haben selbstständig Tätige im Regelfall keinen Anspruch auf Krankengeld; sie können sich jedoch für eine Krankenversicherung mit Krankengeldanspruch entscheiden, wenn sie einer hauptberuflich selbstständigen Tätigkeit nachgehen.

Da die Kindertagespflegetätigkeit lange Zeit aufgrund der Sonderregelung der §§ 10, 240 SGB V in aller Regel als nicht hauptberuflich eingestuft wurde, hatten Tagespflegepersonen bisher nur dann die Möglichkeit, Krankengeld zu vereinbaren, wenn ihre Krankenkasse sie auf eigenen Wunsch und entgegen der Sonderregelung als hauptberuflich eingestuft hatte.

Dazu waren nicht alle Krankenkassen bereit, auch dann nicht, wenn die Tätigkeit tatsächlich eine hauptberufliche war. Dies führte bei Tagespflegepersonen, die faktisch einer hauptberuflichen Tätigkeit nachgingen, mitunter zu Problemen in der Absicherung. Zwar ist eine gewisse Absicherung auch im Rahmen einer (zusätzlichen) privaten Krankenversicherung möglich; diese steht jedoch nicht allen Personen offen – insbesondere Personen mit Vorerkrankungen oder chronischen Leiden ist der Zugang zur privaten Zusatzversicherung häufig erschwert oder sogar unmöglich.

Seit dem Wegfall der Sonderregelung zur nicht hauptberuflichen Einstufung von Tagespflegepersonen Ende des Jahres 2018 haben Tagespflegepersonen jedoch ebenso wie andere selbstständig Tätige die Möglichkeit, sich im Rahmen der gesetzlichen Krankenversicherung mit Krankengeld abzusichern, wenn sie einer hauptberuflichen selbstständigen Tätigkeit nachgehen.

Nach welchen Maßstäben das Vorliegen einer hauptberuflichen Tätigkeit festzustellen ist, ist weder gesetzlich näher geregelt noch von der Rechtsprechung für alle Fallgruppen abschließend beantwortet worden. Im Einzelfall bereitet die Einstufung daher immer wieder Probleme.

Dies hat den GKV-Spitzenverband dazu veranlasst, mit den »Grundsätzlichen Hinweisen zum Begriff der hauptberuflich selbstständigen Erwerbstätigkeit«[398] den Krankenkassen eine Entscheidungshilfe mit empfehlendem Charakter zur Verfügung zu stellen. Darin wird der Begriff der hauptberuf-

398. GKV: »Grundsätzliche Hinweise zum Begriff der hauptberuflich selbstständigen Erwerbstätigkeit«, 20.03.2019.

lich selbstständigen Tätigkeit näher definiert und von der selbstständigen Tätigkeit, die nicht hauptberuflich ausgeübt wird, abgrenzt.

Die Hinweise sollen sicherstellen, dass bei gleich gelagerten Sachverhalten unabhängig von der Krankenkassenzugehörigkeit gleiche Beurteilungen getroffen werden, »ohne dass den Krankenkassen für besonders gelagerte Einzelfälle jeglicher Handlungs- und Bewertungsspielraum, der sachlich vertreten werden kann, genommen wird«.[399]

Hauptberuflichkeit wird gemäß § 5 Abs. 5 S. 2 SGB V vermutet, wenn eine selbstständig tätige Tagespflegeperson eine Arbeitgeberstellung innehat, d.h., wenn sie im Zusammenhang mit ihrer Kindertagespflegetätigkeit regelmäßig mindestens eine/n Arbeitnehmer/in mehr als geringfügig beschäftigt. Dies gilt laut GKV-Spitzenverband auch dann, wenn regelmäßig mehrere Arbeitnehmer/innen geringfügig beschäftigt werden und deren Arbeitsentgelte zusammengerechnet die Geringfügigkeitsgrenze überschreiten, d.h. mehr als 450 € monatlich betragen. Als regelmäßig werden Beschäftigungen angesehen, die grundsätzlich auf Dauer angelegt sind, also nicht nur gelegentlich ausgeübt werden oder nur von kurzer Zeitdauer sind.

Beschäftigt die Tagespflegeperson gemeinsam mit einer andern Tagespflegeperson (z.B. als Gesellschaft bürgerlichen Rechts im Rahmen einer Großtagespflege) Arbeitnehmer/innen im Zusammenhang mit der Kindertagepflegetätigkeit, können die Arbeitnehmer/innen der einzelnen Tagespflegeperson jedoch nur dann im o.g. Sinne zugerechnet werden, wenn sich bei einer Aufteilung des Arbeitsentgelts der Arbeitnehmer/innen auf die einzelne Tagespflegeperson ergibt, dass die selbstständig tätige Tagespflegeperson die Arbeitnehmer/innen in einem Umfang »beschäftigt«, der die Geringfügigkeitsgrenze in Höhe von 450 € monatlich überschreitet.

Liegt keine Arbeitgebereigenschaft vor, ist das Merkmal der Hauptberuflichkeit anhand der wirtschaftlichen Bedeutung und des zeitlichen Aufwands der selbstständigen Tätigkeit zu beurteilen.

Hinsichtlich des zeitlichen Aufwands kommt es nicht allein auf den Umfang der Betreuungstätigkeit an.

Laut GKV-Spitzenverband ist vielmehr »neben dem reinen Zeitaufwand für die eigentliche Ausübung der selbstständigen Tätigkeit auch der zeitliche Umfang für eventuell erforderliche Vor- und Nacharbeiten zu berück-

399. GKV: »Grundsätzliche Hinweise zum Begriff der hauptberuflich selbstständigen Erwerbstätigkeit«, 20.03.2019.

sichtigen. Zu berücksichtigen ist ferner die für die kaufmännische und organisatorische Führung des Betriebes erforderliche Zeit, insbesondere zur Erledigung der laufenden Verwaltung und Buchhaltung, Behördengänge, Geschäftsbesorgungen und ähnlicher Aufgaben.«[400]

Die wirtschaftliche Bedeutung der selbstständigen Tätigkeit ist durch Heranziehung des Arbeitseinkommens (Gewinns) zu bestimmen.

Weiterhin ist zu unterscheiden, ob die selbstständige Tätigkeit neben einer anderen Erwerbstätigkeit ausgeübt wird oder nicht.

Übt eine Tagespflegeperson neben der selbstständigen Tätigkeit keine andere Erwerbstätigkeit aus, wird die Hauptberuflichkeit davon abhängig gemacht, ob die selbstständige Erwerbstätigkeit der Lebensführung der Tagespflegeperson von ihrer wirtschaftlichen Bedeutung und ihrem zeitlichen Aufwand her das Gepräge gibt.

Laut GVK-Spitzenverband ist dabei von folgenden Grundannahmen auszugehen:

- Wird die Tätigkeit an mehr als 30 Wochenstunden ausgeübt, ist i.d.R. eine Hauptberuflichkeit anzunehmen. Dies gilt dann, wenn das Arbeitseinkommen aus der selbstständigen Tätigkeit die Hauptquelle zur Bestreitung des Lebensunterhalts darstellt. Davon wird i.d.R. ausgegangen, wenn das Arbeitseinkommen aus der selbstständigen Tätigkeit 25 % der monatlichen Bezugsgröße (derzeit 796,25 €) übersteigt.
- Bei einer Tätigkeit, die mehr als 20 Wochenstunden, aber nicht mehr als 30 Wochenstunden ausgeübt wird, ist die Hauptberuflichkeit i.d.R. anzunehmen, wenn das Arbeitseinkommen aus der selbstständigen Tätigkeit die Hauptquelle zur Bestreitung des Lebensunterhalts darstellt. Davon wird i.d.R. ausgegangen, wenn das Arbeitseinkommen aus der Tätigkeit 50 % der monatlichen Bezugsgröße (derzeit 1.592,50 €) übersteigt.
- Nimmt die selbstständige Tätigkeit nicht mehr als 20 Wochenstunden in Anspruch, ist anzunehmen, dass sie nicht hauptberuflich ausgeübt wird. Eine abweichende Einstufung erfolgt i.d.R. nur dann, wenn das Einkommen aus dieser Tätigkeit mehr als 75 % der monatlichen Bezugsgröße (derzeit 2.388,75 €) beträgt.

Es kann jedoch sein, dass die Einstufung der Tätigkeit nach diesen Grundannahmen aus Sicht der Krankenkasse im Einzelfall dennoch unklar ist oder dagegen Einwände bestehen.

400. GKV: »Grundsätzliche Hinweise zum Begriff der hauptberuflich selbstständigen Erwerbstätigkeit«, 20.03.2019.

In diesem Fall erfolgt eine Beurteilung im Rahmen einer Gesamtschau, in der alle weiteren Einnahmen, die zum Lebensunterhalt verbraucht werden können, berücksichtigt werden. Dann können laut GKV-Spitzenverband z.B. auch Unterhaltsansprüche zwischen nicht getrenntlebenden Ehegatten relevant sein, wenn sie einen entscheidenden Faktor für die Bestreitung des Lebensunterhalts der/des Selbstständigen darstellen.

Eine Hauptberuflichkeit wird in diesen Fällen u.U. erst dann angenommen, wenn der Lebensunterhalt »deutlich überwiegend« aus dem Arbeitseinkommen bestritten wird. Von einem deutlichen Überwiegen wird i.d.R. ausgegangen, wenn das Arbeitseinkommen um mindestens 20 % über den weiteren Einnahmen zum Lebensunterhalt liegt. Der Prozentsatz ist allerdings kein starrer Wert, sondern dient lediglich der Orientierung.

Die Entscheidung trifft die Krankenkasse im jeweiligen Einzelfall.

Wird die Tätigkeit als hauptberufliche Tätigkeit eingestuft und erklärt die Tagespflegeperson gegenüber der Krankenkasse, dass die Krankenversicherung auch einen Anspruch auf Krankengeld umfassen soll (sog. Wahlerklärung), ist sie im Regelfall drei Jahre an diese Erklärung gebunden.

Das Krankengeld beträgt gemäß § 47 SGB V i.d.R. 70 % des erzielten regelmäßigen Arbeitseinkommens (Gewinns).

Anspruch auf Krankengeld besteht ab der 7. Woche der krankheitsbedingten Arbeitsunfähigkeit.

Die Krankenkassen bieten i.d.R. auch einen früheren Beginn der Krankengeldzahlung an; dies ist jedoch mit einem höheren Beitrag als dem allgemeinen Beitragssatz in Höhe von 14,6 % verbunden.

Tagespflegepersonen sollten sich ggf. von ihrer Krankenkasse beraten lassen.

Alternativ dazu besteht u.U. auch die Möglichkeit, einen Anspruch auf Krankengeld über eine private Zusatzversicherung abzusichern.

Anspruch auf Mutterschaftsgeld

Der Anspruch auf Krankengeld in der gesetzlichen Krankenversicherung hat den Vorteil, dass mit ihm auch der Anspruch auf Mutterschaftsgeld verbunden ist.

Gemäß § 24i SGB V erhalten weibliche Mitglieder, die Anspruch auf Krankengeld haben, Mutterschaftsgeld. Bei selbstständig Tätigen wird Mutterschaftsgeld in Höhe des Krankengeldes gezahlt, d.h. i.d.R. 70 % des erzielten regelmäßigen Arbeitseinkommens, soweit es der Beitragsberechnung unterliegt.

Das Mutterschaftsgeld wird gemäß § 24i Abs. 3 SGB V für die letzten sechs Wochen vor dem mutmaßlichen Termin der Entbindung, den Entbindungstag und für die ersten acht Wochen (bei Mehrlings- oder Frühgeburten für die ersten zwölf Wochen) nach der Entbindung gezahlt.

Der Anspruch auf Mutterschaftsgeld ruht, soweit und solange das Mitglied Arbeitseinkommen erhält. D.h. arbeitet die Tagespflegeperson in den o.g. Zeiten, erzielt sie Arbeitseinkommen, das den Anspruch auf Mutterschaftsgeld für diesen Zeitraum ausschließt.

Selbstständige Tätigkeit neben Arbeitsverhältnis

Steht die Tagespflegeperson bereits in einem versicherungspflichtigen Arbeitsverhältnis (z.B. als Erzieher/in vormittags in einer Tageseinrichtung), besteht in diesem Rahmen Krankenversicherungsschutz.

Fraglich ist, welche Konsequenzen die Aufnahme einer zusätzlichen selbstständigen Tätigkeit als Tagespflegeperson im Rahmen der Krankenversicherung hat.

Treffen Arbeitsverhältnis und selbstständige Tätigkeit zusammen, ist grundsätzlich zu klären, welche dieser Tätigkeiten die hauptberufliche Tätigkeit darstellt.

Ist die selbstständige Tätigkeit als Hauptberuf anzusehen, besteht keine Versicherungspflicht aus dem Arbeitsverhältnis (§ 5 Abs. 5 SGB V); bei freiwilliger Versicherung in der gesetzlichen Krankenversicherung sind die Beiträge in diesem Fall sowohl aus dem Arbeitsentgelt der Beschäftigung als auch aus dem Arbeitseinkommen der selbstständigen Tätigkeit zu zahlen.

Da die Versicherungsfreiheit nicht (allein) darauf beruht, dass die Jahresarbeitsentgeltgrenze überschritten wurde, erhält die Tagespflegeperson in diesem Fall jedoch keinen Arbeitgeberzuschuss zu den Versicherungsbeiträgen, die auf der Grundlage des Arbeitsentgelts im Arbeitsverhältnis zu zahlen sind. (Umkehrschluss § 257 SGB V). D.h. diese Beiträge muss sie künftig allein tragen.

Ist dagegen das Arbeitsverhältnis als Hauptberuf anzusehen, bleibt es bei der bestehenden Versicherungspflicht aus dem Arbeitsverhältnis; in diesem Fall müssen i.d.R. auch weiterhin nur Beiträge aus dem Arbeitsentgelt gezahlt werden.

Zur Abgrenzung kann wieder auf die Grundsätzlichen Hinweise des GKV-Spitzenverbandes[401] Bezug genommen werden.

Danach ist eine selbstständige Tätigkeit, die neben einer anderen Erwerbstätigkeit ausgeübt wird, als hauptberuflich anzusehen, wenn sie von der wirtschaftlichen Bedeutung und dem zeitlichen Umfang her die übrigen Erwerbstätigkeiten deutlich übersteigt.

Dabei ist laut GKV-Spitzenverband von folgenden Grundannahmen anzugehen:

- Bei Arbeitnehmer/innen, die vollschichtig arbeiten bzw. deren Arbeitszeit der regelmäßigen Wochenarbeitszeit von Vollbeschäftigten entspricht, wird angenommen, dass daneben für eine hauptberuflich selbstständige Tätigkeit kein Raum bleibt. Auf die Höhe des Arbeitsentgelts kommt es in diesem Fall nicht an.
- Bei Arbeitnehmer/innen, die mehr als 20 Stunden wöchentlich arbeiten und deren monatliches Arbeitsentgelt mehr als 50 % der monatlichen Bezugsgröße (derzeit 1.592,50 €) beträgt, wird angenommen, dass daneben für eine hauptberuflich selbstständige Erwerbstätigkeit kein Raum mehr bleibt.
- Bei Arbeitnehmer/innen, die an nicht mehr als 20 Stunden wöchentlich arbeiten und deren Arbeitsentgelt nicht mehr als 50 % der monatlichen Bezugsgröße (derzeit 1.592,50 €) beträgt, ist anzunehmen, dass die selbstständige Erwerbstätigkeit hauptberuflich ausgeübt wird.

Lässt sich das Vorliegen einer hauptberuflich selbstständigen Tätigkeit nach diesen Grundannahmen nicht eindeutig bestimmen oder bestehen dagegen Einwände, werden die wirtschaftliche Bedeutung (Arbeitsentgelt/Arbeitseinkommen) und der zeitliche Aufwand der jeweiligen Tätigkeiten miteinander verglichen und geprüft, ob die selbstständige Tätigkeit deutlich überwiegt.

Werden mehrere selbstständige Tätigkeiten ausgeübt, sind sie hinsichtlich ihrer wirtschaftlichen Bedeutung und des zeitlichen Umfangs zusammenzurechnen.

Von einem deutlichen Überwiegen wird ausgegangen, wenn die selbstständige Tätigkeit sowohl von der wirtschaftlichen Bedeutung als auch vom zeitlichen Aufwand her die übrigen Erwerbstätigkeiten um jeweils mindestens 20 % übersteigt. Der Prozentsatz ist jedoch kein starrer Wert, sondern dient der Orientierung.

---

401. GKV: »Grundsätzliche Hinweise zum Begriff der hauptberuflich selbstständigen Erwerbstätigkeit«, 20.03.2019.

Die Entscheidung erfolgt im jeweiligen Einzelfall durch die zuständige Krankenkasse.

Selbstständige Tätigkeit in der Elternzeit

Gemäß § 15 Abs. 4 S. 2 Bundeselterngeld- und Elternzeitgesetz (BEEG) kann eine i.S.d. § 23 SGB VIII geeignete Tagespflegeperson bis zu fünf Kinder in Kindertagespflege betreuen, auch wenn die wöchentliche Betreuungszeit 30 Stunden übersteigt.

Nach den Richtlinien des Bundesministeriums für Familie, Senioren, Frauen und Jugend[402] gilt folgendes:

»Tagespflegepersonen, die ihre Eignung im Sinne des § 23 SGB VIII nachweisen, verlieren ihren Anspruch auf Elterngeld unter Umständen auch dann nicht, wenn sie länger als 30 Stunden in der Woche arbeiten. Dies setzt voraus, dass sie neben der Betreuung ihres oder ihrer Kinder höchstens fünf weitere Kinder in Kindertagespflege betreuen. Bei der Begrenzung auf eine Betreuung von nicht mehr als fünf Kindern bleiben eigene Kinder also außer Betracht, während jedes Kind in Kindertagespflege unabhängig von den konkreten Betreuungszeiten als ein Kind im Sinne dieser Vorschrift gilt.«

Und weiter: »Ist eine Tagespflegeperson [...] zusätzlich erwerbstätig, sind die Stunden der Erwerbstätigkeit mit den Stunden der Kindertagespflege [...] nicht zusammen zu rechnen. [...] Eine Tätigkeit als Tagespflegeperson [...] ist damit unter Einhaltung der Vorgaben des § 1 Abs. 6 ohne zeitliche Begrenzung neben der Erwerbstätigkeit möglich.«[403]

Wurde die selbstständige Kindertagespflegetätigkeit bereits nebenberuflich neben einem sozialversicherungspflichtigen Arbeitsverhältnis ausgeübt, wird die Tätigkeit laut der Grundsätzlichen Hinweise des GKV-Spitzenverbandes nicht dadurch »hauptberuflich«, dass im Fall der Elternzeit kein Arbeitsentgelt gezahlt wird. Voraussetzung ist allerdings, dass die Kindertagespflegetätigkeit in dieser Zeit nicht ausgeweitet, sondern im bisherigen Umfang fortgesetzt wird.

Wird bei Inanspruchnahme der Elternzeit eine im Sinne des § 15 Abs. 4 BEEG zulässige selbstständige Tätigkeit erst aufgenommen, erfolgt die Einstufung als hauptberufliche oder nichthauptberufliche Tätigkeit nach den

402. Richtlinien des BMFSFJ zum BEEG, BMFSFJ/211, Stand: Juli 2019 (1.6.2.2).
403. Richtlinien des BMFSFJ zum BEEG, BMFSFJ/211, Stand: Juli 2019 (1.6.2.3).

Grundsätzen, die gelten, wenn neben der selbstständigen Tätigkeit keine andere Erwerbstätigkeit ausgeübt wird.[404]

Hinweis

Laut OVG Niedersachsen[405] gilt der Vorbehalt der Zustimmung des Arbeitgebers zu einer anderweitigen Erwerbstätigkeit auch für die Betätigung als Tagespflegeperson. Es ist daher anzuraten, den Arbeitgeber entsprechend zu informieren.

3.3.3 Pflegeversicherung

Die Pflegeversicherung ist eine Pflichtversicherung.

Mit der Pflegeversicherung werden die Risiken der Pflegebedürftigkeit abgesichert; wo die Versicherung im Einzelfall angesiedelt ist, richtet sich nach der Krankenversicherung der Versicherten.

Private Pflegeversicherung

Für privat Versicherte erfolgt die Versicherung über eine private Pflegeversicherung.

Auch für privat versicherte Personen besteht insoweit Versicherungspflicht (§ 23 SGB XI).

Die Beitragsregelungen sind ähnlich komplex wie die Beitragsregelungen der privaten Krankenversicherungsunternehmen.

Gesetzliche Pflegeversicherung

Für gesetzlich Versicherte besteht Versicherungspflicht in der sozialen Pflegeversicherung (§ 20 SGB XI).

Die Bemessung der beitragspflichtigen Einnahmen und die Beitragserhebung erfolgen parallel zur gesetzlichen Krankenversicherung. Auch hier gilt die vorgenannte Mindestbemessungsgrundlage.

Der Beitragssatz in der gesetzlichen Pflegeversicherung liegt im Jahr 2020 bei 3,05 % der beitragspflichtigen Einnahmen.

404. Zur Einstufung siehe Abschnitt »Krankenversicherung mit Krankengeldanspruch«.
405. OVG Niedersachsen, 04.03.2015 – 4 LA 177/14.

Für Versicherte, die das 23. Lebensjahr vollendet und keine Kinder haben, wird zusätzlich ein Beitrag in Höhe von 0,25 % der beitragspflichtigen Einnahmen erhoben (sogenannter Beitragszuschlag für Kinderlose).

Die Beitragsfreiheit für familienversicherte Personen gilt auch in der gesetzlichen Pflegeversicherung (§ 25 SGB X).

Im Übrigen kann hinsichtlich Versicherungspflicht, Versicherungsfreiheit und der Einstufung der Tagespflegepersonen auf die Ausführungen zur gesetzlichen Krankenversicherung verwiesen werden.

3.3.4 Gesetzliche Unfallversicherung

Für Tagespflegepersonen besteht im Rahmen ihrer Tätigkeit im Regelfall eine gesetzliche Unfallversicherung.

Versicherungspflicht in der gesetzlichen Unfallversicherung

Selbstständig tätige Tagespflegepersonen, die mit den Jugendhilfeträgern zusammenarbeiten, sind i.S.d. § 2 Abs. 1 Nr. 9 SGB VII »in der Wohlfahrtspflege« tätig und in diesem Rahmen gesetzlich unfallversichert.

Laut BSG[406] gehört die Kindertagespflege als Maßnahme der Jugendhilfe nach dem SGB VIII zum Bereich der allgemeinen Wohlfahrtspflege. Selbstständig Tätige, die an einer Förderung i.S.d. §§ 23 f. SGB VIII mitwirken, sind für die Dauer ihrer Kinderbetreuungsleistung daher in der Wohlfahrtspflege tätig.

Zuständiger Versicherungsträger ist die Berufsgenossenschaft für Gesundheitsdienst und Wohlfahrtspflege (BGW).

Versicherungsleistungen

Der Unfallversicherungsschutz über die gesetzliche Unfallversicherung ist zwar auf die berufliche Tätigkeit beschränkt, inhaltlich i.d.R. aber weitreichender als der Schutz über eine private Unfallversicherung.

Der Versicherungsschutz umfasst im Wesentlichen Personenschäden, die die Tagespflegeperson während ihrer Tätigkeit (Arbeitsunfall) oder auf dem direkten Weg dorthin bzw. von dort (Wegeunfall) erleidet und beinhaltet medizinische, berufliche und soziale Rehabilitation.

406. BSG, 31.01.2012 -B 2 U 3/11 R.

Die Leistungen der gesetzlichen Unfallversicherungsträger sind umfassender als die Leistungen der Krankenversicherung; sie beinhalten neben den o.g. Leistungen u.a. auch Verletztengeld, Verletztenrente und Hinterbliebenenrente.

Berechnungsgrundlage für Geldleistungen (insbesondere Verletztengeld und -rente) ist die Versicherungssumme.

Die Pflichtversicherungssumme beträgt für Tagespflegepersonen derzeit 23.000 € im Jahr; auf Antrag kann eine Höherversicherung erfolgen.

Da sich Leistungen wie Verletztengeld und Verletztenrente an der Höhe der Versicherungssumme orientieren, empfiehlt sich u.U. eine Höherversicherung, wenn das Jahreseinkommen aus der Kindertagespflege über der Versicherungssumme liegt.

Anmeldung und Beitrag

Die Beitragspflicht entsteht mit Aufnahme der Tätigkeit.

Selbstständig tätige Tagespflegepersonen sind gehalten, sich innerhalb einer Woche nach Aufnahme der Tätigkeit bei der Berufsgenossenschaft zu melden (§ 192 SGB VII).

Die Verletzung der Anzeigepflicht stellt eine Ordnungswidrigkeit dar.

Die jährlich zu zahlenden Beiträge werden jeweils im Folgejahr rückwirkend für das vorangegangene Jahr (meist im April) festgelegt und erhoben.

Der Jahresbeitrag für 2018 lag bei 99,67 €.[407]

Wird die Tätigkeit erst im Laufe eines Jahres aufgenommen, werden die Beiträge anteilig berechnet (1/12 pro Monat der Tätigkeit).

Meldet sich die Tagespflegeperson verspätet an, können Versicherungsbeiträge auch rückwirkend eingefordert werden.

Die Verjährungsfrist bei Fahrlässigkeit beträgt vier Jahre, bei vorsätzlichem Handeln 30 Jahre.

Die BGW hat speziell für die Anmeldung von Tagespflegepersonen ein kundenfreundliches Formular (nur 1 DIN-A-4 Seite) entwickelt, das über die Internetseiten der BGW[408] heruntergeladen werden kann.

---

407. Die Versicherungssumme lag im Jahr 2018 bei 22.000 €.
408. www.bgw-online.de.

3.3.5 Arbeitslosenversicherung

Selbstständig tätige Tagespflegepersonen, die die Kindertagespflege an mindestens 15 Stunden in der Woche ausüben, können sich unter bestimmten Voraussetzungen auf Antrag in der Arbeitslosenversicherung versichern.

Diese Möglichkeit besteht allerdings lediglich im Rahmen einer Weiterversicherung. Wer noch nie in der Arbeitslosenversicherung versichert war, dem steht diese Möglichkeit nicht offen. Wer bereits anderweitig versicherungspflichtig oder versicherungsfrei ist, kann ebenfalls keine freiwillige Versicherung begründen.

Der Antrag auf freiwillige Weiterversicherung in der Arbeitslosenversicherung ist mit einem Formblatt bei der Arbeitsagentur am Wohnort der Selbstständigen zu stellen. Weitere Informationen halten die örtlichen Arbeitsagenturen bereit.

3.4 Unfallversicherung der Tagespflegekinder

Eine gesetzliche Unfallversicherung besteht nicht nur für die Tagespflegepersonen, sondern auch für die in Kindertagespflege betreuten Kinder.

Gemäß § 2 Abs. 1 Nr. 8a SGB VII werden Kinder »während der Betreuung durch geeignete Tagespflegepersonen im Sinne von § 23 des Achten Buches« in den Schutz der gesetzlichen Unfallversicherung mit einbezogen.

Sie unterstehen dann – wie Kindergarten- und Schulkinder – bei Unfällen während der Betreuung sowie bei Wegeunfällen (auf dem direkten Weg zur bzw. von der Tagespflegeperson) dem Schutz der gesetzlichen Unfallversicherung.

Als Voraussetzung der Unfallversicherung der Kinder wurde zunächst als ausreichend angesehen, dass der Jugendhilfeträger die Eignung der Tagespflegeperson festgestellt hatte. I.d.R. genügte, dass die Tagespflegeperson über eine gültige Erlaubnis nach § 43 SGB VIII verfügte.

Nach einer Entscheidung des Bundessozialgerichts[409] haben die Unfallkassen jedoch ihre Verwaltungspraxis geändert.

Kinder zählen laut DGUV[410] während der Betreuung durch geeignete Tagespflegepersonen grundsätzlich nur dann zum versicherten Personenkreis, wenn der Betreuungsvertrag zwischen Erziehungsberechtigten und der Tagespflegeperson unter Beteiligung des Trägers der öffentlichen Jugendhilfe oder einer von ihm beauftragten Stelle zustande gekommen ist, d.h. es wird im Regelfall wohl eine Vermittlung durch den Jugendhilfeträger vorausgesetzt.

Erfolgt eine Betreuung durch eine von den Erziehungsberechtigten selbst gesuchte Betreuungsperson und setzen die Eltern den Träger der öffentlichen Jugendhilfe über die Betreuungsperson und die bereits erfolgende Betreuung in Kenntnis, besteht laut DGUV für die Dauer der Eignungsprüfung durch den Jugendhilfeträger bereits ein (vorläufiger) Versicherungsschutz des Kindes.

---

409. BSG, 19.06.2018 – B 2 U 2/17R.
410. https://www.dguv.de/de/versicherung/versicherte_personen/kinder/kita_kinder/index.jsp, Stand: 08.01.2020.

Bei rein privat zustande gekommenen Betreuungsverhältnissen, die ohne Information des Jugendhilfeträgers oder einer Fachberatungsstelle durchgeführt werden, ist das Kind dagegen nicht gesetzlich unfallversichert.

Passiert einem unfallversicherten Tagespflegekind während der Kindertagespflege oder auf dem Weg zur oder von der Tagespflegeperson ein Unfall, ist dieser bei der Unfallkasse zu melden.

Die Unfallkasse prüft dann, ob die Voraussetzungen des § 2 Nr. 8a SGB VII zum Zeitpunkt des Unfalls vorgelegen haben.

Es ist nicht erforderlich, die Kinder vorab bei dem zuständigen Unfallversicherungsträger anzumelden.

Mit dem Schutz über die gesetzliche Unfallversicherung ist ein sog. Haftungsprivileg verbunden.

Dies bedeutet, die Tagespflegepersonen haften für Personenschäden des Tagespflegekindes nur, wenn sie diese vorsätzlich verursacht haben oder es sich um einen Wegeunfall handelt (§§ 106, 104 SGB VII).

Bei grob-fahrlässiger Verletzung der Aufsichtspflicht kann der Unfallversicherungsträger die Tagespflegeperson u. U. in Regress nehmen (§ 110 SGB VII).

Tagespflegepersonen ist – auch weil Sachschäden oder Schäden Dritter nicht über die gesetzliche Unfallversicherung abgesichert sind – zusätzlich der Abschluss einer Haftpflichtversicherung anzuraten.

Anhang

Gesetzestexte

Achtes Sozialgesetzbuch (SGB VIII) (Stand: 01.01.2020)

§ 2 SGB VIII Aufgaben der Jugendhilfe

(1) Die Jugendhilfe umfasst Leistungen und andere Aufgaben zugunsten junger Menschen und Familien.

(2) Leistungen der Jugendhilfe sind: […]
3. Angebote zur Förderung von Kindern in Tageseinrichtungen und in Tagespflege (§§ 22 bis 25), […]

(3) Andere Aufgaben der Jugendhilfe sind […]
3. die Erteilung, der Widerruf und die Zurücknahme der Pflegeerlaubnis (§§ 43 f.), […]

§ 5 SGB VIII Wunsch- und Wahlrecht

(1) Die Leistungsberechtigten haben das Recht, zwischen Einrichtungen und Diensten verschiedener Träger zu wählen und Wünsche hinsichtlich der Gestaltung der Hilfe zu äußern. Sie sind auf dieses Recht hinzuweisen.

(2) Der Wahl und den Wünschen soll entsprochen werden, sofern dies nicht mit unverhältnismäßigen Mehrkosten verbunden ist. Wünscht der Leistungsberechtigte die Erbringung einer in § 78a genannten Leistung in einer Einrichtung, mit deren Träger keine Vereinbarungen nach § 78b bestehen, so soll der Wahl nur entsprochen werden, wenn die Erbringung der Leistung in dieser Einrichtung im Einzelfall oder nach Maßgabe des Hilfeplans (§ 36) geboten ist.

§ 22 SGB VIII Grundsätze der Förderung

(1) Tageseinrichtungen sind Einrichtungen, in denen sich Kinder für einen Teil des Tages oder ganztägig aufhalten und in Gruppen gefördert werden. Kindertagespflege wird von einer geeigneten Tagespflegeperson in ihrem Haushalt oder im Haushalt des Personensorgeberechtigten geleistet. Das Nähere über die Abgrenzung von Tageseinrichtungen und Kindertagespflege regelt das Landesrecht. Es kann auch regeln, dass Kindertagespflege in anderen geeigneten Räumen geleistet wird.

(2) Tageseinrichtungen für Kinder und Kindertagespflege sollen
1. die Entwicklung des Kindes zu einer eigenverantwortlichen und gemeinschaftsfähigen Persönlichkeit fördern,
2. die Erziehung und Bildung in der Familie unterstützen und ergänzen,
3. den Eltern dabei helfen, Erwerbstätigkeit und Kindererziehung besser miteinander vereinbaren zu können.

(3) Der Förderungsauftrag umfasst Erziehung, Bildung und Betreuung des Kindes und bezieht sich auf die soziale, emotionale, körperliche und geistige Entwicklung des Kindes. Er schließt die Vermittlung orientierender Werte und Regeln ein. Die Förderung soll sich am Alter und Entwicklungsstand, den sprachlichen und sonstigen Fähigkeiten, der Lebenssituation sowie den Interessen und Bedürfnissen des einzelnen Kindes orientieren und seine ethnische Herkunft berücksichtigen.

(4) Für die Erfüllung des Förderungsauftrags nach Absatz 3 sollen geeignete Maßnahmen zur Gewährleistung der Qualität der Förderung von Kindern in Tageseinrichtungen und in der Kindertagespflege weiterentwickelt werden. Das Nähere regelt das Landesrecht.

§ 23 SGB VIII Förderung in Kindertagespflege

(1) Die Förderung in Kindertagespflege nach Maßgabe von § 24 umfasst die Vermittlung des Kindes zu einer geeigneten Tagespflegeperson, soweit diese nicht von der erziehungsberechtigten Person nachgewiesen wird, deren fachliche Beratung, Begleitung und weitere Qualifizierung sowie die Gewährung einer laufenden Geldleistung an die Tagespflegeperson.

(2) Die laufende Geldleistung nach Absatz 1 umfasst
1. die Erstattung angemessener Kosten, die der Tagespflegeperson für den Sachaufwand entstehen,
2. einen Betrag zur Anerkennung ihrer Förderungsleistung nach Maßgabe von Absatz 2a,
3. die Erstattung nachgewiesener Aufwendungen für Beiträge zu einer Unfallversicherung sowie die hälftige Erstattung nachgewiesener Aufwendungen zu einer angemessenen Alterssicherung der Tagespflegeperson und
4. die hälftige Erstattung nachgewiesener Aufwendungen zu einer angemessenen Krankenversicherung und Pflegeversicherung.

(2a) Die Höhe der laufenden Geldleistung wird von den Trägern der öffentlichen Jugendhilfe festgelegt, soweit Landesrecht nicht etwas anderes bestimmt. Der Betrag zur Anerkennung der Förderungsleistung der Tagespflegeperson ist leistungsgerecht auszugestalten. Dabei sind der zeitliche Umfang der Leistung und die Anzahl sowie der Förderbedarf der betreuten Kinder zu berücksichtigen.

(3) Geeignet im Sinne von Absatz 1 sind Personen, die sich durch ihre Persönlichkeit, Sachkompetenz und Kooperationsbereitschaft mit Erziehungsberechtigten und anderen Tagespflegepersonen auszeichnen und über kindgerechte Räumlichkeiten verfügen. Sie sollen über vertiefte Kenntnisse hinsichtlich der Anforderungen der Kindertagespflege verfügen, die sie in qualifizierten Lehrgängen erworben oder in anderer Weise nachgewiesen haben.

(4) Erziehungsberechtigte und Tagespflegepersonen haben Anspruch auf Beratung in allen Fragen der Kindertagespflege. Für Ausfallzeiten einer Tagespflegeperson ist rechtzeitig eine andere Betreuungsmöglichkeit für das Kind sicherzustellen. Zusammenschlüsse von Tagespflegepersonen sollen beraten, unterstützt und gefördert werden.

§ 24 SGB VIII Anspruch auf Förderung in Tageseinrichtungen und in Kindertagespflege

(1) Ein Kind, das das erste Lebensjahr noch nicht vollendet hat, ist in einer Einrichtung oder in Kindertagespflege zu fördern, wenn

1. diese Leistung für seine Entwicklung zu einer eigenverantwortlichen und gemeinschaftsfähigen Persönlichkeit geboten ist oder
2. die Erziehungsberechtigten
   a) einer Erwerbstätigkeit nachgehen, eine Erwerbstätigkeit aufnehmen oder Arbeit suchend sind,
   b) sich in einer beruflichen Bildungsmaßnahme, in der Schulausbildung oder Hochschulausbildung befinden oder
   c) Leistungen zur Eingliederung in Arbeit im Sinne des Zweiten Buches erhalten.

Lebt das Kind nur mit einem Erziehungsberechtigten zusammen, so tritt diese Person an die Stelle der Erziehungsberechtigten. Der Umfang der täglichen Förderung richtet sich nach dem individuellen Bedarf.

(2) Ein Kind, das das erste Lebensjahr vollendet hat, hat bis zur Vollendung des dritten Lebensjahres Anspruch auf frühkindliche Förderung in einer Tageseinrichtung oder in Kindertagespflege. Absatz 1 Satz 3 gilt entsprechend.

(3) Ein Kind, das das dritte Lebensjahr vollendet hat, hat bis zum Schuleintritt Anspruch auf Förderung in einer Tageseinrichtung. Die Träger der öffentlichen Jugendhilfe haben darauf hinzuwirken, dass für diese Altersgruppe ein bedarfsgerechtes Angebot an Ganztagsplätzen zur Verfügung

steht. Das Kind kann bei besonderem Bedarf oder ergänzend auch in Kindertagespflege gefördert werden.

(4) Für Kinder im schulpflichtigen Alter ist ein bedarfsgerechtes Angebot in Tageseinrichtungen vorzuhalten. Absatz 1 Satz 3 und Absatz 3 Satz 3 gelten entsprechend.

(5) Die Träger der öffentlichen Jugendhilfe oder die von ihnen beauftragten Stellen sind verpflichtet, Eltern oder Elternteile, die Leistungen nach den Absätzen 1 bis 4 in Anspruch nehmen wollen, über das Platzangebot im örtlichen Einzugsbereich und die pädagogische Konzeption der Einrichtungen zu informieren und sie bei der Auswahl zu beraten. Landesrecht kann bestimmen, dass die erziehungsberechtigten Personen den zuständigen Träger der öffentlichen Jugendhilfe oder die beauftragte Stelle innerhalb einer bestimmten Frist vor der beabsichtigten Inanspruchnahme der Leistung in Kenntnis setzen.

(6) Weitergehendes Landesrecht bleibt unberührt.

§ 26 SGB VIII Landesrechtsvorbehalt

Das Nähere über Inhalt und Umfang der in diesem Abschnitt geregelten Aufgaben und Leistungen regelt das Landesrecht. […]

§ 43 SGB VIII Erlaubnis zur Kindertagespflege

(1) Eine Person, die ein Kind oder mehrere Kinder außerhalb des Haushalts des Erziehungsberechtigten während eines Teils des Tages und mehr als 15 Stunden wöchentlich gegen Entgelt länger als drei Monate betreuen will, bedarf der Erlaubnis.

(2) Die Erlaubnis ist zu erteilen, wenn die Person für die Kindertagespflege geeignet ist. Geeignet im Sinne des Satzes 1 sind Personen, die

1. sich durch ihre Persönlichkeit, Sachkompetenz und Kooperationsbereitschaft mit Erziehungsberechtigten und anderen Tagespflegepersonen auszeichnen und
2. über kindgerechte Räumlichkeiten verfügen.

Sie sollen über vertiefte Kenntnisse hinsichtlich der Anforderungen der Kindertagespflege verfügen, die sie in qualifizierten Lehrgängen erworben oder in anderer Weise nachgewiesen haben. § 72a Absatz 1 und 5 gilt entsprechend.

(3) Die Erlaubnis befugt zur Betreuung von bis zu fünf gleichzeitig anwesenden, fremden Kindern. Im Einzelfall kann die Erlaubnis für eine gerin-

gere Zahl von Kindern erteilt werden. Landesrecht kann bestimmen, dass die Erlaubnis zur Betreuung von mehr als fünf gleichzeitig anwesenden, fremden Kindern erteilt werden kann, wenn die Person über eine pädagogische Ausbildung verfügt; in der Pflegestelle dürfen nicht mehr Kinder betreut werden als in einer vergleichbaren Gruppe einer Tageseinrichtung. Die Erlaubnis ist auf fünf Jahre befristet. Sie kann mit einer Nebenbestimmung versehen werden. Die Tagespflegeperson hat den Träger der öffentlichen Jugendhilfe über wichtige Ereignisse zu unterrichten, die für die Betreuung des oder der Kinder bedeutsam sind.

(4) Erziehungsberechtigte und Tagespflegepersonen haben Anspruch auf Beratung in allen Fragen der Kindertagespflege.

(5) Das Nähere regelt das Landesrecht.

§ 72a SGB VIII Tätigkeitsausschluss einschlägig vorbestrafter Personen

(1) Die Träger der öffentlichen Jugendhilfe dürfen für die Wahrnehmung der Aufgaben in der Kinder- und Jugendhilfe keine Person beschäftigen oder vermitteln, die rechtskräftig wegen einer Straftat nach den §§ 171, 174 bis 174c, 176 bis 180a, 181a, 182 bis 184g, 184i, 201a Absatz 3, den §§ 225, 232 bis 233a, 234, 235 oder 236 des Strafgesetzbuchs verurteilt worden ist. Zu diesem Zweck sollen sie sich bei der Einstellung oder Vermittlung und in regelmäßigen Abständen von den betroffenen Personen ein Führungszeugnis nach § 30 Absatz 5 und § 30a Absatz 1 des Bundeszentralregistergesetzes vorlegen lassen. [...]

(5) Träger der öffentlichen und freien Jugendhilfe dürfen von den nach den Absätzen 3 und 4 eingesehenen Daten nur den Umstand, dass Einsicht in ein Führungszeugnis genommen wurde, das Datum des Führungszeugnisses und die Information erheben, ob die das Führungszeugnis betreffende Person wegen einer Straftat nach Absatz 1 Satz 1 rechtskräftig verurteilt worden ist. Die Träger der öffentlichen und freien Jugendhilfe dürfen diese erhobenen Daten nur speichern, verändern und nutzen, soweit dies zum Ausschluss der Personen von der Tätigkeit, die Anlass zu der Einsichtnahme in das Führungszeugnis gewesen ist, erforderlich ist. Die Daten sind vor dem Zugriff Unbefugter zu schützen. Sie sind unverzüglich zu löschen, wenn im Anschluss an die Einsichtnahme keine Tätigkeit nach Absatz 3 Satz 2 oder Absatz 4 Satz 2 wahrgenommen wird. Andernfalls sind die Daten spätestens drei Monate nach der Beendigung einer solchen Tätigkeit zu löschen.

§ 86 SGB VIII Örtliche Zuständigkeit für Leistungen an Kinder, Jugendliche und ihre Eltern

(1) Für die Gewährung von Leistungen nach diesem Buch ist der örtliche Träger zuständig, in dessen Bereich die Eltern ihren gewöhnlichen Aufenthalt haben. An die Stelle der Eltern tritt die Mutter, wenn und solange die Vaterschaft nicht anerkannt oder gerichtlich festgestellt ist. Lebt nur ein Elternteil, so ist dessen gewöhnlicher Aufenthalt maßgebend.

(2) Haben die Elternteile verschiedene gewöhnliche Aufenthalte, so ist der örtliche Träger zuständig, in dessen Bereich der personensorgeberechtigte Elternteil seinen gewöhnlichen Aufenthalt hat; dies gilt auch dann, wenn ihm einzelne Angelegenheiten der Personensorge entzogen sind. Steht die Personensorge im Fall des Satzes 1 den Eltern gemeinsam zu, so richtet sich die Zuständigkeit nach dem gewöhnlichen Aufenthalt des Elternteils, bei dem das Kind oder der Jugendliche vor Beginn der Leistung zuletzt seinen gewöhnlichen Aufenthalt hatte. Hatte das Kind oder der Jugendliche im Fall des Satzes 2 zuletzt bei beiden Elternteilen seinen gewöhnlichen Aufenthalt, so richtet sich die Zuständigkeit nach dem gewöhnlichen Aufenthalt des Elternteils, bei dem das Kind oder der Jugendliche vor Beginn der Leistung zuletzt seinen tatsächlichen Aufenthalt hatte. Hatte das Kind oder der Jugendliche im Fall des Satzes 2 während der letzten sechs Monate vor Beginn der Leistung bei keinem Elternteil einen gewöhnlichen Aufenthalt, so ist der örtliche Träger zuständig, in dessen Bereich das Kind oder der Jugendliche vor Beginn der Leistung zuletzt seinen gewöhnlichen Aufenthalt hatte; hatte das Kind oder der Jugendliche während der letzten sechs Monate keinen gewöhnlichen Aufenthalt, so richtet sich die Zuständigkeit nach dem tatsächlichen Aufenthalt des Kindes oder des Jugendlichen vor Beginn der Leistung.

(3) Haben die Elternteile verschiedene gewöhnliche Aufenthalte und steht die Personensorge keinem Elternteil zu, so gilt Absatz 2 Satz 2 und 4 entsprechend.

(4) Haben die Eltern oder der nach den Absätzen 1 bis 3 maßgebliche Elternteil im Inland keinen gewöhnlichen Aufenthalt, oder ist ein gewöhnlicher Aufenthalt nicht feststellbar, oder sind sie verstorben, so richtet sich die Zuständigkeit nach dem gewöhnlichen Aufenthalt des Kindes oder des Jugendlichen vor Beginn der Leistung. Hatte das Kind oder der Jugendliche während der letzten sechs Monate vor Beginn der Leistung keinen gewöhnlichen Aufenthalt, so ist der örtliche Träger zuständig, in dessen Bereich sich das Kind oder der Jugendliche vor Beginn der Leistung tatsächlich aufhält.

(5) Begründen die Elternteile nach Beginn der Leistung verschiedene gewöhnliche Aufenthalte, so wird der örtliche Träger zuständig, in dessen

Bereich der personensorgeberechtigte Elternteil seinen gewöhnlichen Aufenthalt hat; dies gilt auch dann, wenn ihm einzelne Angelegenheiten der Personensorge entzogen sind. Solange in diesen Fällen die Personensorge beiden Elternteilen gemeinsam oder keinem Elternteil zusteht, bleibt die bisherige Zuständigkeit bestehen. Absatz 4 gilt entsprechend.

(6) Lebt ein Kind oder ein Jugendlicher zwei Jahre bei einer Pflegeperson und ist sein Verbleib bei dieser Pflegeperson auf Dauer zu erwarten, so ist oder wird abweichend von den Absätzen 1 bis 5 der örtliche Träger zuständig, in dessen Bereich die Pflegeperson ihren gewöhnlichen Aufenthalt hat. Er hat die Eltern und, falls den Eltern die Personensorge nicht oder nur teilweise zusteht, den Personensorgeberechtigten über den Wechsel der Zuständigkeit zu unterrichten. Endet der Aufenthalt bei der Pflegeperson, so endet die Zuständigkeit nach Satz 1.

(7) Für Leistungen an Kinder oder Jugendliche, die um Asyl nachsuchen oder einen Asylantrag gestellt haben, ist der örtliche Träger zuständig, in dessen Bereich sich die Person vor Beginn der Leistung tatsächlich aufhält; geht der Leistungsgewährung eine Inobhutnahme voraus, so bleibt die nach § 87 begründete Zuständigkeit bestehen. Unterliegt die Person einem Verteilungsverfahren, so richtet sich die örtliche Zuständigkeit nach der Zuweisungsentscheidung der zuständigen Landesbehörde; bis zur Zuweisungsentscheidung gilt Satz 1 entsprechend. Die nach Satz 1 oder 2 begründete örtliche Zuständigkeit bleibt auch nach Abschluss des Asylverfahrens so lange bestehen, bis die für die Bestimmung der örtlichen Zuständigkeit maßgebliche Person einen gewöhnlichen Aufenthalt im Bereich eines anderen Trägers der öffentlichen Jugendhilfe begründet. Eine Unterbrechung der Leistung von bis zu drei Monaten bleibt außer Betracht.

§ 87a SGB VIII Örtliche Zuständigkeit für Erlaubnis, Meldepflichten und Untersagung

(1) Für die Erteilung der Pflegeerlaubnis sowie deren Rücknahme oder Widerruf (§§ 43, 44) ist der örtliche Träger zuständig, in dessen Bereich die Pflegeperson ihren gewöhnlichen Aufenthalt hat. […]

§ 90 SGB VIII Pauschalierte Kostenbeteiligung

(1) Für die Inanspruchnahme von Angeboten

1. der Jugendarbeit nach § 11,
2. der allgemeinen Förderung der Erziehung in der Familie nach § 16 Absatz 1, Absatz 2 Nummer 1 und 3 und

3. der Förderung von Kindern in Tageseinrichtungen und Kindertagespflege nach den §§ 22 bis 24

können Kostenbeiträge festgesetzt werden.

(2) In den Fällen des Absatzes 1 Nummer 1 und 2 kann der Kostenbeitrag auf Antrag ganz oder teilweise erlassen oder ein Teilnahmebeitrag auf Antrag ganz oder teilweise vom Träger der öffentlichen Jugendhilfe übernommen werden, wenn

1. die Belastung
   a) dem Kind oder dem Jugendlichen und seinen Eltern oder
   b) dem jungen Volljährigen

   nicht zuzumuten ist und
2. die Förderung für die Entwicklung des jungen Menschen erforderlich ist

Lebt das Kind oder der Jugendliche nur mit einem Elternteil zusammen, so tritt dieser an die Stelle der Eltern. Für die Feststellung der zumutbaren Belastung gelten die §§ 82 bis 85, 87, 88 und 92a des Zwölften Buches entsprechend, soweit nicht Landesrecht eine andere Regelung trifft. Bei der Einkommensberechnung bleiben das Baukindergeld des Bundes sowie die Eigenheimzulage nach dem Eigenheimzulagengesetz außer Betracht.

(3) Im Fall des Absatzes 1 Nummer 3 sind Kostenbeiträge zu staffeln. Als Kriterien für die Staffelung können insbesondere das Einkommen der Eltern, die Anzahl der kindergeldberechtigten Kinder in der Familie und die tägliche Betreuungszeit des Kindes berücksichtigt werden. Werden die Kostenbeiträge nach dem Einkommen berechnet, bleibt das Baukindergeld des Bundes außer Betracht. Darüber hinaus können weitere Kriterien berücksichtigt werden.

(4) Im Fall des Absatzes 1 Nummer 3 wird der Kostenbeitrag auf Antrag erlassen oder auf Antrag ein Teilnahmebeitrag vom Träger der öffentlichen Jugendhilfe übernommen, wenn die Belastung durch Kostenbeiträge den Eltern und dem Kind nicht zuzumuten ist. Nicht zuzumuten sind Kostenbeiträge immer dann, wenn Eltern oder Kinder Leistungen zur Sicherung des Lebensunterhalts nach dem Zweiten Buch, Leistungen nach dem dritten und vierten Kapitel des Zwölften Buches oder Leistungen nach den §§ 2 und 3 des Asylbewerberleistungsgesetzes beziehen oder wenn die Eltern des Kindes Kinderzuschlag gemäß § 6a des Bundeskindergeldgesetzes oder Wohngeld nach dem Wohngeldgesetz erhalten. Der Träger der öffentlichen Jugendhilfe hat die Eltern über die Möglichkeit einer Antragstellung nach Satz 1 bei unzumutbarer Belastung durch Kostenbeiträge zu beraten. Absatz 2 Satz 2 bis 4 gilt entsprechend.

Einkommensteuergesetz (EStG) (Stand: 01.01.2020)

§ 3 Nr. 9 EStG

Steuerfrei sind [...]

9. Erstattungen nach § 23 Absatz 2 Satz 1 Nummer 3 und 4 sowie nach § 39 Absatz 4 Satz 2 des Achten Buches Sozialgesetzbuch;

§ 11 EStG

(1) Einnahmen sind innerhalb des Kalenderjahres bezogen, in dem sie dem Steuerpflichtigen zugeflossen sind. Regelmäßig wiederkehrende Einnahmen, die dem Steuerpflichtigen kurze Zeit vor Beginn oder kurze Zeit nach Beendigung des Kalenderjahres, zu dem sie wirtschaftlich gehören, zugeflossen sind, gelten als in diesem Kalenderjahr bezogen. Der Steuerpflichtige kann Einnahmen, die auf einer Nutzungsüberlassung im Sinne des Absatzes 2 Satz 3 beruhen, insgesamt auf den Zeitraum gleichmäßig verteilen, für den die Vorauszahlung geleistet wird. Für Einnahmen aus nichtselbständiger Arbeit gilt § 38a Absatz 1 Satz 2 und 3 und § 40 Absatz 3 Satz 2. Die Vorschriften über die Gewinnermittlung (§ 4 Absatz 1, § 5) bleiben unberührt.

(2) Ausgaben sind für das Kalenderjahr abzusetzen, in dem sie geleistet worden sind. Für regelmäßig wiederkehrende Ausgaben gilt Absatz 1 Satz 2 entsprechend. Werden Ausgaben für eine Nutzungsüberlassung von mehr als fünf Jahren im Voraus geleistet, sind sie insgesamt auf den Zeitraum gleichmäßig zu verteilen, für den die Vorauszahlung geleistet wird. Satz 3 ist auf ein Damnum oder Disagio nicht anzuwenden, soweit dieses marktüblich ist. § 42 der Abgabenordnung bleibt unberührt. Die Vorschriften über die Gewinnermittlung (§ 4 Absatz 1, § 5) bleiben unberührt.

§ 18 EStG

(1) Einkünfte aus selbständiger Arbeit sind

1. Einkünfte aus freiberuflicher Tätigkeit. Zu der freiberuflichen Tätigkeit gehören die selbständig ausgeübte wissenschaftliche, künstlerische, schriftstellerische, unterrichtende oder erzieherische Tätigkeit, die selbständige Berufstätigkeit der Ärzte, Zahnärzte, Tierärzte, Rechtsanwälte, Notare, Patentanwälte, Vermessungsingenieure, Ingenieure, Architekten, Handelschemiker, Wirtschaftsprüfer, Steuerberater, beratenden Volks- und Betriebswirte, vereidigten Buchprüfer, Steuerbevollmächtigten, Heilpraktiker, Dentisten, Krankengymnasten, Journalisten, Bild-

berichterstatter, Dolmetscher, Übersetzer, Lotsen und ähnlicher Berufe. Ein Angehöriger eines freien Berufs im Sinne der Sätze 1 und 2 ist auch dann freiberuflich tätig, wenn er sich der Mithilfe fachlich vorgebildeter Arbeitskräfte bedient; Voraussetzung ist, dass er auf Grund eigener Fachkenntnisse leitend und eigenverantwortlich tätig wird. Eine Vertretung im Fall vorübergehender Verhinderung steht der Annahme einer leitenden und eigenverantwortlichen Tätigkeit nicht entgegen;
2. Einkünfte der Einnehmer einer staatlichen Lotterie, wenn sie nicht Einkünfte aus Gewerbebetrieb sind;
3. Einkünfte aus sonstiger selbständiger Arbeit, z.B. Vergütungen für die Vollstreckung von Testamenten, für Vermögensverwaltung und für die Tätigkeit als Aufsichtsratsmitglied;
4. Einkünfte, die ein Beteiligter an einer vermögensverwaltenden Gesellschaft oder Gemeinschaft, deren Zweck im Erwerb, Halten und in der Veräußerung von Anteilen an Kapitalgesellschaften besteht, als Vergütung für Leistungen zur Förderung des Gesellschafts- oder Gemeinschaftszwecks erzielt, wenn der Anspruch auf die Vergütung unter der Voraussetzung eingeräumt worden ist, dass die Gesellschafter oder Gemeinschafter ihr eingezahltes Kapital vollständig zurückerhalten haben; § 15 Absatz 3 ist nicht anzuwenden.

(2) Einkünfte nach Absatz 1 sind auch dann steuerpflichtig, wenn es sich nur um eine vorübergehende Tätigkeit handelt.

(3) Zu den Einkünften aus selbständiger Arbeit gehört auch der Gewinn, der bei der Veräußerung des Vermögens oder eines selbständigen Teils des Vermögens oder eines Anteils am Vermögen erzielt wird, das der selbständigen Arbeit dient. § 16 Absatz 1 Satz 1 Nummer 1 und 2 und Absatz 1 Satz 2 sowie Absatz 2 bis 4 gilt entsprechend.

(4) § 13 Absatz 5 gilt entsprechend, sofern das Grundstück im Veranlagungszeitraum 1986 zu einem der selbständigen Arbeit dienenden Betriebsvermögen gehört hat. § 15 Absatz 1 Satz 1 Nummer 2, Absatz 1a, Absatz 2 Satz 2 und 3, §§ 15a und 15b sind entsprechend anzuwenden.

§ 19 Abs. 1 EStG

(1) Zu den Einkünften aus nichtselbständiger Arbeit gehören

1. Gehälter, Löhne, Gratifikationen, Tantiemen und andere Bezüge und Vorteile für eine Beschäftigung im öffentlichen oder privaten Dienst;

1a. Zuwendungen des Arbeitgebers an seinen Arbeitnehmer und dessen Begleitpersonen anlässlich von Veranstaltungen auf betrieblicher Ebene mit gesellschaftlichem Charakter (Betriebsveranstaltung). Zuwendungen im Sinne des Satzes 1 sind alle Aufwendungen des Arbeitgebers einschließlich Umsatzsteuer unabhängig davon, ob sie einzelnen Arbeitnehmern individuell zurechenbar sind oder ob es sich um einen rechnerischen Anteil an den Kosten der Betriebsveranstaltung handelt, die der Arbeitgeber gegenüber Dritten für den äußeren Rahmen der Betriebsveranstaltung aufwendet. Soweit solche Zuwendungen den Betrag von 110 Euro je Betriebsveranstaltung und teilnehmenden Arbeitnehmer nicht übersteigen, gehören sie nicht zu den Einkünften aus nichtselbständiger Arbeit, wenn die Teilnahme an der Betriebsveranstaltung allen Angehörigen des Betriebs oder eines Betriebsteils offensteht. Satz 3 gilt für bis zu zwei Betriebsveranstaltungen jährlich. Die Zuwendungen im Sinne des Satzes 1 sind abweichend von § 8 Absatz 2 mit den anteilig auf den Arbeitnehmer und dessen Begleitpersonen entfallenden Aufwendungen des Arbeitgebers im Sinne des Satzes 2 anzusetzen;

2. Wartegelder, Ruhegelder, Witwen- und Waisengelder und andere Bezüge und Vorteile aus früheren Dienstleistungen, auch soweit sie von Arbeitgebern ausgleichspflichtiger Personen an ausgleichsberechtigte Personen infolge einer nach § 10 oder § 14 des Versorgungsausgleichsgesetzes durchgeführten Teilung geleistet werden;
3. laufende Beiträge und laufende Zuwendungen des Arbeitgebers aus einem bestehenden Dienstverhältnis an einen Pensionsfonds, eine Pensionskasse oder für eine Direktversicherung für eine betriebliche Altersversorgung. Zu den Einkünften aus nichtselbständiger Arbeit gehören auch Sonderzahlungen, die der Arbeitgeber neben den laufenden Beiträgen und Zuwendungen an eine solche Versorgungseinrichtung leistet, mit Ausnahme der Zahlungen des Arbeitgebers
   a) zur erstmaligen Bereitstellung der Kapitalausstattung zur Erfüllung der Solvabilitätskapitalanforderung nach den §§ 89, 213, auch in Verbindung mit den §§ 234 und 238 des Versicherungsaufsichtsgesetzes,
   b) zur Wiederherstellung einer angemessenen Kapitalausstattung nach unvorhersehbaren Verlusten oder zur Finanzierung der Verstärkung der Rechnungsgrundlagen auf Grund einer unvorhersehbaren und nicht nur vorübergehenden Änderung der Verhältnisse, wobei die Sonderzahlungen nicht zu einer Absenkung des laufenden Beitrags führen oder durch die Absenkung des laufenden Beitrags Sonderzahlungen ausgelöst werden dürfen,
   c) in der Rentenbezugszeit nach § 236 Absatz 2 des Versicherungsaufsichtsgesetzes oder

d) in Form von Sanierungsgeldern;

Sonderzahlungen des Arbeitgebers sind insbesondere Zahlungen an eine Pensionskasse anlässlich

a) seines Ausscheidens aus einer nicht im Wege der Kapitaldeckung finanzierten betrieblichen Altersversorgung oder
b) des Wechsels von einer nicht im Wege der Kapitaldeckung zu einer anderen nicht im Wege der Kapitaldeckung finanzierten betrieblichen Altersversorgung.

Von Sonderzahlungen im Sinne des Satzes 2 zweiter Halbsatz Buchstabe b ist bei laufenden und wiederkehrenden Zahlungen entsprechend dem periodischen Bedarf nur auszugehen, soweit die Bemessung der Zahlungsverpflichtungen des Arbeitgebers in das Versorgungssystem nach dem Wechsel die Bemessung der Zahlungsverpflichtung zum Zeitpunkt des Wechsels übersteigt. Sanierungsgelder sind Sonderzahlungen des Arbeitgebers an eine Pensionskasse anlässlich der Systemumstellung einer nicht im Wege der Kapitaldeckung finanzierten betrieblichen Altersversorgung auf der Finanzierungs- oder Leistungsseite, die der Finanzierung der zum Zeitpunkt der Umstellung bestehenden Versorgungsverpflichtungen oder Versorgungsanwartschaften dienen; bei laufenden und wiederkehrenden Zahlungen entsprechend dem periodischen Bedarf ist nur von Sanierungsgeldern auszugehen, soweit die Bemessung der Zahlungsverpflichtungen des Arbeitgebers in das Versorgungssystem nach der Systemumstellung die Bemessung der Zahlungsverpflichtung zum Zeitpunkt der Systemumstellung übersteigt.

Es ist gleichgültig, ob es sich um laufende oder um einmalige Bezüge handelt und ob ein Rechtsanspruch auf sie besteht. [...]

Umsatzsteuergesetz (UStG) (Stand: 01.01.2020)

§ 4 Nr. 25 UStG

Von den unter § 1Abs. 1 Nr. 1 fallenden Umsätzen sind steuerfrei:

[...]

25. Leistungen der Jugendhilfe nach § 2 Abs. 2 des Achten Buches Sozialgesetzbuch und die Inobhutnahme nach § 42 des Achten Buches Sozialgesetzbuch, wenn diese Leistungen von Trägern der öffentlichen Jugendhilfe oder anderen Einrichtungen mit sozialem Charakter erbracht werden. Andere Einrichtungen mit sozialem Charakter im Sinne dieser Vorschrift sind

a) von der zuständigen Jugendbehörde anerkannte Träger der freien Jugendhilfe, die Kirchen und Religionsgemeinschaften des öffentlichen Rechts sowie die amtlich anerkannten Verbände der freien Wohlfahrtspflege,
b) Einrichtungen, soweit sie
   aa) für ihre Leistungen eine im Achten Buch Sozialgesetzbuch geforderte Erlaubnis besitzen oder nach § 44 oder § 45 Abs. 1 Nr. 1 und 2 des Achten Buches Sozialgesetzbuch einer Erlaubnis nicht bedürfen,
   bb) Leistungen erbringen, die im vorangegangenen Kalenderjahr ganz oder zum überwiegenden Teil durch Träger der öffentlichen Jugendhilfe oder Einrichtungen nach Buchstabe a vergütet wurden,
   cc) Leistungen der Kindertagespflege erbringen, für die sie nach § 23 Absatz 3 des Achten Buches Sozialgesetzbuch geeignet sind, oder
   dd) Leistungen der Adoptionsvermittlung erbringen, für die sie nach § 4 Absatz 1 des Adoptionsvermittlungsgesetzes anerkannt oder nach § 4 Absatz 2 des Adoptionsvermittlungsgesetzes zugelassen sind.

Steuerfrei sind auch

a) die Durchführung von kulturellen und sportlichen Veranstaltungen, wenn die Darbietungen von den von der Jugendhilfe begünstigten Personen selbst erbracht oder die Einnahmen überwiegend zur Deckung der Kosten verwendet werden und diese Leistungen in engem Zusammenhang mit den in Satz 1 bezeichneten Leistungen stehen,
b) die Beherbergung, Beköstigung und die üblichen Naturalleistungen, die diese Einrichtungen den Empfängern der Jugendhilfeleistungen und Mitarbeitern in der Jugendhilfe sowie den bei den Leistungen nach Satz 1 tätigen Personen als Vergütung für die geleisteten Dienste gewähren,

c) Leistungen, die von Einrichtungen erbracht werden, die als Vormünder nach § 1773 des Bürgerlichen Gesetzbuchs oder als Ergänzungspfleger nach § 1909 des Bürgerlichen Gesetzbuchs bestellt worden sind, sofern es sich nicht um Leistungen handelt, die nach § 1835 Absatz 3 des Bürgerlichen Gesetzbuchs vergütet werden; [...]

Rundschreiben

Bundesministerium
der Finanzen

Jörg Kraeusel
Unterabteilungsleiter IVB

POSTANSCHRIFT Bundesministerium der Finanzen, 11016 Berlin

HAUSANSCHRIFT Wilhelmstraße 97, 10117 Berlin
TEL +49 (0) 1888 682-0
FAX +49 (0) 1888 682-0
E-MAIL poststelle@bmf.bund.de
TELEX 886645
DATUM 2. Juli 2008

Vorab per E-Mail
Oberste Finanzbehörden
der Länder

nachrichtlich:

Vertretungen der Länder
beim Bund

- Verteiler U 1 und U 2 -

BETREFF **Umsatzsteuer;**
Neuregelung der Steuerbefreiung für Leistungen im Rahmen der Kinder- und Jugendhilfe zum 1. Januar 2008 durch das Jahressteuergesetz 2008

GZ **IV B 9 - S 7183/07/10001**
DOK **2008/0325481**
(bei Antwort bitte GZ und DOK angeben)

Durch Artikel 8 Nr. 4 Buchstabe c und d des Jahressteuergesetzes 2008 (JStG 2008) vom 20. Dezember 2007, BGBl. I S. 3150 ist § 4 Nr. 23 UStG geändert und § 4 Nr. 25 UStG neu gefasst worden. Die Änderungen sind am 1. Januar 2008 in Kraft getreten (Artikel 28 Abs. 4 JStG 2008).

Unter Bezugnahme auf das Ergebnis der Erörterung mit den obersten Finanzbehörden der Länder gilt zur Anwendung der v. g. Steuerbefreiungsvorschriften Folgendes:

Inhaltsverzeichnis

I. Neufassung des § 4 Nr. 25 UStG

1. Allgemeines

1 Durch die Neufassung des § 4 Nr. 25 UStG ist der Anwendungsbereich dieser Befreiungsvorschrift wesentlich erweitert worden. Nunmehr werden sämtliche Leistungen, die nach den Vorschriften des Achten Buches Sozialgesetzbuch - SGB VIII - (Kinder- und Jugendhilfe) erbracht werden, unter bestimmten Voraussetzungen von der Umsatzsteuer befreit.

2. Begünstigte Leistungen

2 Die Steuerbefreiungsvorschrift des § 4 Nr. 25 Satz 1 UStG umfasst die Leistungen der Jugendhilfe nach § 2 Abs. 2 SGB VIII und die Inobhutnahme nach § 42 SGB VIII.

3 Unter § 2 Abs. 2 SGB VIII fallen folgende Leistungen:

a) Angebote der Jugendarbeit, der Jugendsozialarbeit und des erzieherischen Kinder- und Jugendschutzes (§§ 11 bis 14 SGB VIII);

b) Angebote zur Förderung der Erziehung in der Familie (§§ 16 bis 21 SGB VIII);

c) Angebote zur Förderung von Kindern in Tageseinrichtungen und in Tagespflege (§§ 22 bis 25 SGB VIII);

d) Hilfe zur Erziehung und ergänzende Leistungen (§§ 27 bis 35, 36, 37, 39, 40 SGB VIII);

e) Hilfe für seelisch behinderte Kinder und Jugendliche und ergänzende Leistungen (§§ 35a bis 37, 39, 40 SGB VIII);

f) Hilfe für junge Volljährige und Nachbetreuung (§ 41 SGB VIII).

3. Begünstigte Leistungserbringer

4 Die vorgenannten Leistungen sind steuerfrei, wenn sie durch Träger der öffentlichen Jugendhilfe (§ 69 SGB VIII) oder andere Einrichtungen mit sozialem Charakter erbracht werden. Der Begriff der „anderen Einrichtung mit sozialem Charakter“ entspricht der Formulierung der maßgeblichen gemeinschaftsrechtlichen Grundlage (Artikel 132 Abs. 1 Buchstabe h

Seite 3 Mehrwertsteuer-Systemrichtlinie). Auf der Grundlage der dort eingeräumten Befugnis der Mitgliedstaaten sind insoweit anerkannt:

1. von der zuständigen Jugendbehörde anerkannte Träger der freien Jugendhilfe (§ 75 Abs. 1 SGB VIII), die Kirchen und Religionsgemeinschaften des öffentlichen Rechts sowie die amtlich anerkannten Verbände der freien Wohlfahrtspflege gemäß § 23 UStDV;

2. bestimmte weitere Einrichtungen soweit sie

   a) für ihre Leistungen eine im SGB VIII geforderte Erlaubnis besitzen. Insoweit handelt es sich um die Erlaubnistatbestände des § 43 SGB VIII (Erlaubnis zur Kindertagespflege), § 44 Abs. 1 Satz 1 SGB VIII (Erlaubnis zur Vollzeitpflege), § 45 Abs. 1 Satz 1 SGB VIII (Erlaubnis für den Betrieb einer Einrichtung, in der Kinder oder Jugendliche ganztägig oder für einen Teil des Tages betreut werden oder Unterkunft erhalten) und § 54 SGB VIII (Erlaubnis zur Übernahme von Pflegschaften oder Vormundschaften durch rechtsfähige Vereine);

   b) für ihre Leistungen einer Erlaubnis gemäß SGB VIII nicht bedürfen. Dies sind die in § 44 Abs. 1 Satz 2 SGB VIII geregelten Fälle der Vollzeitpflege sowie der Betrieb einer Einrichtung gemäß § 45 SGB VIII, allerdings nur, wenn es sich um eine Jugendfreizeiteinrichtung, eine Jugendausbildungseinrichtung, eine Jugendherberge oder ein Schullandheim i. S. des § 45 Abs. 1 Satz 2 Nr. 1 SGB VIII oder um ein landesgesetzlich der Schulaufsicht unterstehendes Schülerheim i. S. des § 45 Abs. 1 Satz 2 Nr. 2 SGB VIII handelt. Ausgenommen sind somit die Einrichtungen i. S. des § 45 Abs. 1 Satz 2 Nr. 3 SGB VIII, die außerhalb der Jugendhilfe liegende Aufgaben für Kinder oder Jugendliche wahrnehmen;

   c) Leistungen erbringen, die im vorangegangenen Kalenderjahr ganz oder zum überwiegenden Teil von Trägern der öffentlichen Jugendhilfe (§ 69 SGB VIII), anerkannten Trägern der freien Jugendhilfe (§ 75 Abs. 1 SGB VIII), Kirchen und Religionsgemeinschaften des öffentlichen Rechts oder amtlich anerkannten Verbänden der freien Wohlfahrtspflege gemäß § 23 UStDV vergütet wurden. Eine Vergütung durch die zuvor genannten Träger und Einrichtungen ist aber nur dann gegeben, wenn der Leistungserbringer von diesen unmittelbar bezahlt wird. Die Vergütung ist nicht um eine eventuelle Kostenbeteiligung nach §§ 90 ff. SGB VIII, z.B. der Eltern, zu mindern;

d) Leistungen der Kindertagespflege erbringen, für die sie nach § 24 Abs. 5 SGB VIII vermittelt werden können. Da der Befreiungstatbestand insoweit allein darauf abstellt, dass die Einrichtung für die Kindertagespflege vermittelt werden kann, im Einzelfall also nicht vermittelt werden muss, greift die Steuerbefreiung somit auch in den Fällen, in denen die Leistung „privat" nachgefragt wird.

Der Begriff „Einrichtungen" umfasst dabei auch natürliche Personen.

4. Leistungsberechtigte/-adressaten

5 Das SGB VIII unterscheidet Leistungsberechtigte und Leistungsadressaten. Leistungen der Jugendhilfe - namentlich im Eltern-Kind-Verhältnis - sind meist nicht personenorientiert, sondern systemorientiert. Sie zielen nicht nur auf die Verhaltensänderung einer bestimmten Person ab, sondern auf die Änderung bzw. Verbesserung des Eltern-Kind-Verhältnisses. Deshalb sind leistungsberechtigte Personen

- in der Regel die Eltern,

darüber hinaus

- Kinder im Rahmen der Förderung in Tageseinrichtungen und in Tagespflege,
- Kinder und Jugendliche als Teilnehmer an Veranstaltungen der Jugendarbeit (§ 11),
- Kinder und Jugendliche im Rahmen der Eingliederungshilfe für seelisch Behinderte (§ 35a),
- Junge Volljährige im Rahmen von Veranstaltungen der Jugendarbeit (§ 11) und von Hilfe für junge Volljährige (§ 41).

Leistungsadressaten sind bei Hilfen für Eltern regelmäßig auch Kinder und Jugendliche.

6 Der neue § 4 Nr. 25 UStG verzichtet zudem auf eine eigenständige Definition des „Jugendlichen" (bislang alle Personen vor Vollendung des 27. Lebensjahres). Umsatzsteuerbefreit können daher auch Leistungen an Personen über 27 Jahren sein, z. B. Angebote der Jugendarbeit (§ 11 SGB VIII), die gemäß § 11 Abs. 4 SGB VIII in angemessenem Umfang auch Personen einbeziehen, die das 27. Lebensjahr vollendet haben.

5. Eng mit der Jugendhilfe verbundene Leistungen

7 Steuerfrei sind nach § 4 Nr. 25 Satz 3 Buchstabe a UStG wie bisher auch die Durchführung von kulturellen und sportlichen Veranstaltungen, wenn die Darbietungen von den von der Jugendhilfe begünstigten Personen (Rz. 5 und 6) selbst erbracht oder die Einnahmen überwiegend zur Deckung der Kosten verwendet werden und diese Leistungen in engem Zusammenhang mit den in § 4 Nr. 25 Satz 1 UStG bezeichneten Leistungen (Rz. 2 und 3) stehen.

Seite 5

8 Abweichend vom bisherigen § 4 Nr. 25 Satz 1 Buchstabe c UStG wird im neuen § 4 Nr. 25 Satz 3 Buchstabe a UStG statt der „Jugendlichen“ auf „die von der Jugendhilfe begünstigten Personen“ abgestellt. Danach ist die Einbeziehung von Eltern in die Durchführung von kulturellen und sportlichen Veranstaltungen für die Steuerbefreiung unschädlich, sofern diese Leistungen in engem Zusammenhang mit den Leistungen der Jugendhilfe stehen.

9 Nach § 4 Nr. 25 Satz 3 Buchstabe b UStG sind auch die Beherbergung, Beköstigung und die üblichen Naturalleistungen steuerfrei, die diese Einrichtungen den Empfängern der Jugendhilfeleistungen und Mitarbeitern in der Jugendhilfe sowie den bei den Leistungen nach Satz 1 tätigen Personen als Vergütung für die geleisteten Dienste gewähren.

10 Durch das Abstellen auf den „Empfänger der Jugendhilfeleistungen“ statt wie bisher auf den „Jugendlichen“ wird auch insoweit eine steuerfreie Einbeziehung von Eltern ermöglicht.

II. Änderung des § 4 Nr. 23 UStG

1. Änderung in § 4 Nr. 23 Satz 1 UStG

11 Durch die Streichung der Wörter „Personen und“ im bisherigen § 4 Nr. 23 Satz 1 UStG ist keine inhaltliche Änderung der Steuerbefreiungsvorschrift eingetreten. Nach gefestigter Rechtsprechung des Europäischen Gerichtshofs umfasst der Begriff „Einrichtungen“ auch natürliche Personen, so dass auf eine besondere Nennung von Personen verzichtet wurde.

2. Einfügung des § 4 Nr. 23 Satz 4 UStG

12 Die Vorschrift des § 4 Nr. 23 UStG befreit unter bestimmten Voraussetzungen u. a. Unterkunfts- und Verpflegungsleistungen an Jugendliche bis zur Vollendung des 27. Lebensjahres von der Umsatzsteuer. Der neue Satz 4 in § 4 Nr. 23 UStG regelt, dass diese Steuerbefreiungsvorschrift nicht gilt, soweit eine Leistung der Jugendhilfe nach SGB VIII erbracht wird. Die Leistungen nach § 2 Abs. 2 SGB VIII (Rz. 3) und die Inobhutnahme nach § 42 SGB VIII sind somit nur unter den Voraussetzungen des § 4 Nr. 25 UStG steuerfrei.

III. Anwendung

13 § 4 Nr. 23 und § 4 Nr. 25 UStG in der Fassung des JStG 2008 sind auf nach dem 31. Dezember 2007 erbrachte Leistungen nach SGB VIII anzuwenden. Von der gesetzlichen Neuregelung abweichende Ausführungen in den Umsatzsteuer-Richtlinien - Abschnitt 117 Abs. 2 Satz 8, Abs. 3 Satz 2 und Abs. 4 Satz 4 sowie Abschnitt 119 - sind nicht mehr anzuwenden.

Seite 6 Dieses Schreiben wird im Bundessteuerblatt Teil I veröffentlicht.

Im Auftrag
Kraeusel

Bundesministerium
der Finanzen

POSTANSCHRIFT Bundesministerium der Finanzen, 11016 Berlin

Nur per E-Mail

Oberste Finanzbehörden
der Länder

HAUSANSCHRIFT
TEL
FAX
E-MAIL
DATUM 11. November 2016

BETREFF **Ertragsteuerliche Behandlung der Kindertagespflege**

GZ **IV C 6 - S 2246/07/10002 :005**
DOK **2016/0958810**
(bei Antwort bitte GZ und DOK angeben)

Im Einvernehmen mit den obersten Finanzbehörden der Länder gilt für in der Kindertagespflege vereinnahmte Gelder Folgendes:

I. Definition der Kindertagespflege

Bei der Kindertagespflege nach § 22 Sozialgesetzbuch VIII (SGB VIII) soll eine Kindertagespflegeperson ein einer Kindertagesstätte ähnliches Angebot im familiären Rahmen bieten.

II. Einkunftsart

1. Selbständige Kindertagespflegeperson

Wird die Kindertagespflege im Haushalt der Kindertagespflegeperson, der Personensorgeberechtigten des Kindes oder in anderen geeigneten Räumen vorgenommen und betreut die Kindertagespflegeperson Kinder verschiedener Personensorgeberechtigter eigenverantwortlich, handelt es sich um eine selbständige erzieherische Tätigkeit i. S. v. § 18 Absatz 1 Nummer 1 Einkommensteuergesetz (EStG).

2. Nichtselbständige Kindertagespflegeperson

Betreut die Kindertagespflegeperson ein Kind oder mehrere Kinder in dessen/deren Familie nach Weisungen der Personensorgeberechtigten, ist sie in der Regel Arbeitnehmer, die

www.bundesfinanzministerium.de

Seite 2 Personensorgeberechtigten sind die Arbeitgeber. In diesem Fall erzielt die Kindertagespflegeperson Einkünfte aus nichtselbständiger Arbeit i. S. v. § 19 EStG. Von den Einnahmen aus der Tätigkeit als Kindertagespflegeperson können die tatsächlich angefallenen Werbungskosten (§ 9 Absatz 1 EStG) oder alternativ der Arbeitnehmerpauschbetrag (§ 9a Satz 1 Nummer 1 Buchstabe a EStG) von 1.000 € abgezogen werden.

III. Ermittlung des Gewinns bei einer selbständigen Kindertagespflegeperson

1. Einnahmen

Nach § 23 SGB VIII erhält die Kindertagespflegeperson eine laufende Geldleistung, die neben der Erstattung des Sachaufwands die Förderungsleistung der Kindertagespflegeperson anerkennen soll. Diese Geldleistung ist als steuerpflichtige Einnahme aus freiberuflicher Tätigkeit im Sinne des § 18 Absatz 1 Nummer 1 EStG zu qualifizieren. Dies gilt unabhängig von der Anzahl der betreuten Kinder und von der Herkunft der vereinnahmten Mittel. § 3 Nummer 11 und 26 EStG sind nicht anwendbar.

Die vom Träger der öffentlichen Jugendhilfe geleisteten Erstattungen für Beiträge zu einer Unfallversicherung, die Erstattungen zu einer angemessenen Alterssicherung und zu einer angemessenen Kranken- und Pflegeversicherung nach § 23 Absatz 2 Satz 1 Nummer 3 und 4 SGB VIII sind nach § 3 Nummer 9 EStG steuerfrei.

2. Abzug der tatsächlichen Betriebsausgaben

Von den steuerpflichtigen Einnahmen (vgl. III.1) sind die tatsächlich angefallenen und nachgewiesenen Betriebsausgaben abzuziehen.

Zu den Betriebsausgaben einer Kindertagespflegeperson gehören zum Beispiel folgende tätigkeitsbezogene Aufwendungen für

- Nahrungsmittel, Ausstattungsgegenstände (Mobiliar), Beschäftigungsmaterialien, Fachliteratur, Hygieneartikel,
- Miete und Betriebskosten der zur Kinderbetreuung genutzten Räumlichkeiten,
- Kommunikationskosten,
- Weiterbildungskosten,
- Beiträge für Versicherungen, soweit unmittelbar mit der Tätigkeit im Zusammenhang stehend,
- Fahrtkosten,
- Freizeitgestaltung.

Seite 3 Keine Betriebsausgaben sind die von der Kindertagespflegeperson gezahlten Beiträge zur Alterssicherung, Unfallversicherung und zu einer angemessenen Kranken- und Pflegeversicherung.

3. Betriebsausgabenpauschalen

a) Betriebsausgabenpauschale für betreute Kinder

Bei der Ermittlung der Einkünfte aus der Tätigkeit als Kindertagespflegeperson wird aus Vereinfachungsgründen zugelassen, dass anstelle der tatsächlichen Betriebsausgaben von den erzielten Einnahmen 300 € je Kind und Monat pauschal als Betriebsausgaben abgezogen werden. Der Betriebsausgabenpauschale liegt eine wöchentliche Betreuungszeit von 40 Stunden zugrunde. Soweit die tatsächlich vereinbarte Betreuungszeit hiervon abweicht, ist die Betriebsausgabenpauschale zeitanteilig nach der nachfolgenden Formel zu kürzen:

$$\frac{300\ \text{€} \times \text{vereinbarte wöchentliche Betreuungszeit (max. 40 Stunden)}}{(8\ \text{Stunden} \times 5\ \text{Tage} =)\ 40\ \text{Stunden}}$$

Bei tageweiser Belegung von sog. Freihalteplätzen (vgl. Ausführungen unter b) ist die ggf. nach der obigen Formel gekürzte Betriebsausgabenpauschale von 300 €/Monat/Kind zeitanteilig (Zahl der belegten Tage/pauschal 20 Arbeitstagen im Monat) zu gewähren.

Für Zeiten, in denen die Kindertagespflegeperson verhindert ist, die vereinbarten Betreuungszeiten selbst zu absolvieren (z. B. aufgrund von Urlaub, Krankheit oder Fortbildung), kann die Betriebsausgabenpauschale nur dann abgezogen werden, wenn das Betreuungsgeld für diese Zeit weiter gezahlt wird.

b) Betriebsausgabenpauschale für Freihalteplätze

Werden der Kindertagespflegeperson nach § 23 SGB VIII laufende Geldleistungen für sog. Freihalteplätze gezahlt, die im Fall einer Krankheits-, Urlaubs- oder Fortbildungsvertretung einer anderen Kindertagespflegeperson kurzfristig belegt werden können, wird bei der Ermittlung der Einkünfte aus selbständiger Arbeit aus Vereinfachungsgründen zugelassen, dass anstelle der tatsächlichen Betriebsausgaben von den für den Freihalteplatz gezahlten Einnahmen 40 € je Freihalteplatz und Monat pauschal als Betriebsausgaben abgezogen werden. Bei Belegung der Freihalteplätze ist die Betriebsausgabenpauschale zeitanteilig (Verhältnis der Tage der Belegung des Freihalteplatzes im Monat zu pauschal 20 Arbeitstagen im Monat) zu kürzen.

Seite 4 c) **Voraussetzungen für den Abzug der Betriebsausgabenpauschale**

Findet die Betreuung im Haushalt der Personensorgeberechtigten oder in unentgeltlich zur Verfügung gestellten Räumlichkeiten als selbständige Tätigkeit statt, können die Betriebsausgabenpauschalen nicht abgezogen werden. In diesen Fällen ist nur der Abzug der tatsächlichen Betriebsausgaben möglich.

Die Betriebsausgabenpauschalen dürfen nur bis zur Höhe der Betriebseinnahmen abgezogen werden.

Es können entweder die Betriebsausgabenpauschalen in Anspruch genommen oder die tatsächlichen Betriebsausgaben abgezogen werden. Neben den Betriebsausgabenpauschalen ist ein zusätzlicher Abzug tatsächlicher Betriebsausgaben damit nicht zulässig.

IV. **Berechnungsbeispiel zur Ermittlung der Betriebsausgabenpauschalen**

Eine Kindertagespflegeperson betreut im Jahr 01 4 Kinder. Zudem hält die Kindertagespflegeperson einen Freihalteplatz vor. Kind 1 wird von Januar bis Dezember für jeweils 40 Wochenstunden betreut. Kind 2 wird von Februar bis November für 20 Wochenstunden betreut. Im Juni wird Kind 2 für 3 Wochen krankheitsbedingt nicht betreut. Die Zahlungen des Trägers der öffentlichen Jugendhilfe bleiben jedoch unverändert. Kind 3 wird von August bis Dezember für 45 Wochenstunden betreut. Kind 4 wird von Januar bis Dezember betreut, jedoch nur an 2 Tagen in der Woche für jeweils 9 Stunden.

Der Freihalteplatz ist nur im November für 12 Tage für jeweils 6 Stunden (Kind 5) und im Dezember für 4 Tage für jeweils 8 Stunden (Kind 6) belegt.

Seite 5 Die Kindertagespflegeperson kann im Jahr 01 folgende Betriebsausgabepauschalen geltend machen:

Kind	**Berechnung der Pauschale**	**Pauschale**
Kind 1	300 € x 12 Monate	3.600 €
Kind 2	150 € (300 € x 20 Stunden vereinbarte wöchentliche Betreuungszeit/40 Stunden) x 10 Monate	1.500 €
Kind 3	300 € x 5 Monate	1.500 €
Kind 4	135 € (300 € x 18 Stunden vereinbarte wöchentliche Betreuungszeit/40 Stunden) x 12 Monate	1.620 €
Kind 5 (Belegung Freihalteplatz im November)	6/8 x 300 € x 12 Tage/20 Tagen	135 €
Kind 6 (Belegung Freihalteplatz im Dezember)	300 € x 4 Tage/20 Tagen	60 €
Freihalteplatz	40 € x 10 Monate (Januar bis Oktober) 40 € x 8 Tage/20 Tage für November 40 € x 16 Tage/20 Tage für Dezember	400 € 16 € 32 €

Im Jahr 01 kann die Kindertagespflegeperson insgesamt 8.863 € pauschal als Betriebsausgaben geltend machen.

V. Anwendungsregelungen

Dieses Schreiben ist in allen offenen Fällen anzuwenden. Die BMF-Schreiben vom 17. Dezember 2007 (BStBl 2008 I S. 17), vom 17. Dezember 2008 (BStBl 2009 I S. 15) und vom 20. Mai 2009 (BStBl I S. 642) werden aufgehoben.

Dieses Schreiben wird im Bundessteuerblatt veröffentlicht. Es steht ab sofort für eine Übergangszeit auf den Internet-Seiten des Bundesministeriums der Finanzen zum Download bereit.

Im Auftrag

Abkürzungsverzeichnis

a.F.	alter Fassung
Abs.	Absatz
AG KJHG	Ausführungsgesetz zum Kinder- und Jugendhilfegesetz
AO	Abgabenordnung
BAG	Bundesarbeitsgericht
BEEG	Bundeselterngeld- und Elternzeitgesetz
BFH	Bundesfinanzhof
BGB	Bürgerliches Gesetzbuch
BGH	Bundesgerichtshof
BVerfG	Bundesverfassungsgericht
BVerwG	Bundesverwaltungsgericht
BGW	Berufsgenossenschaft für Gesundheitsdienst und Wohlfahrtspflege
BMF	Bundesministerium der Finanzen
BMFSFJ	Bundesministerium für Familie, Senioren, Frauen und Jugend
BSG	Bundessozialgericht
BZRG	Bundeszentralregistergesetz
bzw.	beziehungsweise
d.h.	das heißt
DJI	Deutsches Jugendinstitut
EStG	Einkommensteuergesetz
e.V.	eingetragener Verein
GG	Grundgesetz
ggf.	gegebenenfalls
GKV	Gesetzliche Krankenversicherung
HKJGB	Hessisches Kinder- und Jugendhilfegesetzbuch
i.d.R.	in der Regel
IfSG	Infektionsschutzgesetz
i.d.S.	in diesem Sinne
i.S.d.	im Sinne des
i.V.m.	in Verbindung mit
JVKostO	Justizverwaltungskostenordnung
KiBiz	Kinderbildungsgesetz
KiföG	Kinderförderungsgesetz
LSG	Landessozialgericht
m.E.	meines Erachtens

MuSchG	Mutterschutzgesetz
n.F.	neuer Fassung
Nr.	Nummer
o.g.	oben genannte(n)
o.ä.	oder ähnlichem
OVG	Oberverwaltungsgericht
QHB	Qualifizierungshandbuch
Rn.	Randnummer
SG	Sozialgericht
SGB	Sozialgesetzbuch
SKBBG	Saarländisches Kinderbetreuungs- und bildungsgesetz
sog.	sogenannte/r/s
TAG	Tagesbetreuungsausbaugesetz
u.U.	unter Umständen
u.a.	unter anderem
u.ä.	und ähnliche
UStG	Umsatzsteuergesetz
VG	Verwaltungsgericht
VGH	Verwaltungsgerichtshof
VO	Verordnung
VwV	Verwaltungsvorschrift
z.B.	zum Beispiel
z.T.	zum Teil

Stichwortverzeichnis